국어 형용사의 연구

국어 형용사의 연구

국어 형용사의 연구

김정남 著

학창 시절을 돌아보면 저자는 운이 좋게도 늘 좋은 국어선생님을 만났던 것 같다. 중학교 1학년 때의 국어선생님은 문법에 대한 눈을 뜨게 해 주셨다. 국어의 음운 동화 현상에 대하여 많이 설명해 주셨고 교과서의 지문에 나오는 거의 매 단어들과 어절들에서 음운 현상을 찾아내게 함으로써 형태소 분석에 대한 안목을 갖게 해 주셨다. 중학교 2학년 때 국어선생님은, 언어학은 논리학이며 곧 철학으로 이어진다면서 국어학에 대한 매력을 갖게 해 주셨다. 중학교 3학년 때 국어선생님은 문장 도해 방식을 자세히 가르치고 많은 연습문제를 통하여 익히게 해 주셔서 구문론에 대한 흥미를 가지게 되었다.

고등학교 때의 국어선생님들은 고전 시가와 산문을 통해 중세국어 문법의 이해를 깊게 해 주셨고 또 대학에서 지도교수로 모시게 된 고영근 선생님을 알게 해 주시기도 하였다. 대학 입학 당시에는 음운론, 특히 고대국어의 음운론을 전공하고 싶은 마음이 있었으나 현대국어 문법론을 전공으로 선택하고 텍스트언어학 및 실용적인 문법론에 관심을 갖게 된 것은 순전히 지도교수님의 덕분이었다.

1985년에 대학에 입학하였으니 서울대학교에 발을 들여놓은 지도 20여 년이 지났다. 국어학에 입문한 지 20년 만에 내 놓는 이 책은 1998년 2학기에 서울대학교 대학원에 제출하였던 박사 학위 논문 「국어 형용사의 연구」의 원고를 바탕으로 이루어졌다. 학위를 받고도 7년이 지나고서야 그 원고를 책으로 꾸릴 생각을 하게 되었다. 알고 보면

98년에 제출한 논문도 초고를 잡은 것은 96년의 일이니 거의 10년 만에 한 권의 책으로 빛을 보게 되는 셈이다. 체재와 형식을 논문의 형태에서 책의 형태로 바꾸고 오자를 바로잡고 문장을 다듬은 정도이며 내용의 수정이나 보완은 최소한으로 하였다.

책을 내기로 마음먹고 원고를 다듬는 데에도 거의 1년이 소요되었으나 새로운 저서가 아니라 박사 논문의 출간본인 점을 생각하니 내용에는 손을 대기 어려웠다. 이미 7년이나 묵어 그 사이 이 분야에서 다른 연구 업적들이 많이 나왔는데도 그것들을 전혀 반영하지 못하였다. 어떻게 보면 학자로서의 의무를 다하지 못한 느낌이나 국어 형용사를 보는 기본적인 시각과 대체적인 논지에는 큰 변화가 없다는 점을 들어 변명에 대신한다.

박사 논문을 내던 당시는 국어의 형용사라는 주제는 크게 주목의 대상이 되지 못하던 때였다. 그러나 최근의 동향을 보면 형용사가 아주 중요하게 부각되고 있다는 느낌이 든다. 형용사의 유형론, 형용사 사전 편찬 등의 작업과 관련하여 국어의 형용사에 대한 연구가 곳곳에서 활발하게 진행되고 있다. 이런 시대적 분위기를 생각하면 이 즈음에 책을 출간하게 되는 것도 어쩌면 오래 전부터 연이 닿아 있는 일이 아니었을까 하는 생각도 든다.

그러나 학부 시절부터 지금까지 저자를 도와주신 여러 분들의 학은과 보살핌이 없었다면 아마 이 책은 세상에 나오기 어려웠을 것이다. 되돌아보면 참으로 행복했던 학부 시절에 저자의 곁에는 늘 훌륭한 가르침을 주시는 존경하는 선생님들이 계셨고 선후배들이 있었고 동기들이 있었다.

국어학의 두 기둥으로 지금까지 우뚝 서 계신 이기문 선생님, 김완진 선생님을 비롯하여 안병희 선생님, 이익섭 선생님, 심재기 선생님, 이병근 선생님, 송기중 선생님, 임홍빈 선생님, 이상억 선생님, 최명옥 선생님, 이현희 선생님. 이런 훌륭하신 선생님들로부터 가르침을 얻을 수 있었던 것을 무엇보다 큰 복으로 생각한다. 또한 학부 시절부터 고영근 선생님을 지도교수님으로 가까이서 모시고 한 가지 한 가지 배웠던 것도 얼마나 큰 행운이었는지 모른다. 학업뿐 아니라 생활 면까지 세심하게 보살펴 주신 은혜에 머리 숙일 뿐이다. 심사 과정에서 논문을 꼼꼼하게 읽고 보완할 점을 지적해 주신 송철의 선생님과 이필영 선생님께도 감사를 드린다.

상업성이 없는 책의 출판을 기꺼이 응낙하고 번거로운 교정 작업을 묵묵히 해 주신 역락의 관계자 여러분께도 감사드린다.

2005. 2. 23.
서천리 연구실에서
김정남

차 례

머리말 | 5

|제1장| 서 론 • 13

1.1. 연구의 목적 및 방법 13
1.2. 기존 논의의 검토 15
1.3. 연구 대상—형용사의 확정 22
1.4. 논의의 구성 25

|제2장| 형용사의 형태론적 특징 • 31

2.1. 파생상의 특징 32
  2.1.1. 파생 결과로서의 형용사 | 33
  2.1.2. 파생 어기로서의 형용사 | 50

2.2. 활용상의 특징 58
  2.2.1. 어말어미와의 결합 | 66
  2.2.2. 선어말어미와의 결합 | 84

|제3장| 형용사의 의미·화용론적 특징 · 95

3.1. 의미론적 분류 ·· 95

3.1.1. 기존의 분류들 | 95
3.1.2. 새로운 분류 | 105

3.2. 형용사의 의미·화용론적 특성 ························· 115

3.2.1. 주관적 판단성 | 116
3.2.2. 인칭 제약성 | 123
3.2.3. 정도성 | 131

|제4장| 형용사의 통사론적 특징 · 137

4.1. 결합가(結合價) ·· 140

4.1.1. 결합가의 개념 | 140
4.1.2. 결합가의 두 층위 | 144

4.2. 보족어와 상황어 ······································ 146

4.2.1. 보족어의 명칭과 형태 | 146
4.2.2. 필수적 보족어와 수의적 보족어 | 153
4.2.3. 수의적 보족어와 상황어 | 162

4.3. 형용사 구문의 보족어 ·································· 168

4.3.1. 주격보족어 | 168
4.3.2. 여타 보족어 | 202

4.4. 형용사 구문의 기본 문형 ······························ 206

4.4.1. 기본 문형 설정의 원칙-0가 형용사 부정의 이유 | 207
4.4.2. 1가 형용사 문형 | 216
4.4.3. 2가 형용사 문형 | 230

|제5장| 결 론 · 243

5.1. 요약 ……………………………………………… 243
5.2. 종합적 논의 …………………………………… 250
5.3. 남는 문제 ……………………………………… 252

❖ 참고문헌 | 254
❖ 부록 : 주요 형용사 목록 | 266
❖ 찾아보기 | 282

제 1 장

서 론

1. 연구의 목적 및 방법

2. 기존 논의의 검토

3. 연구 대상-형용사의 확정

4. 논의의 구성

서 론

1.1. 연구의 목적 및 방법

국어의 문장에서 동사와 형용사는 서술어로서 문장의 핵이 된다. 문장의 뼈대를 주술 구조로 보아 주어와 서술어가 문장의 핵심이라고 하는 견해가 전통 문법 시절부터 지배적인데, 우리는 주어와 서술어 중에서도 서술어가 문장의 핵으로서, 이것이 통사·의미론적으로 필요로 하는 보족어[1]들을 요구하고 그것을 갖추었을 때 비로소 완결된 하나의 문장을 구성한다는 의존 문법적인 관점을 바탕으로 하여 논의를 시작한다.

이런 관점에서 서술어의 논항 구조를 밝히는 일은 문장 구조를 해명

---

[1] 보족어는 떼니에르(L. Tesnière)의 이론에서 사용된 'actant(독일식 철자로는 Aktant)'라는 용어에 대한 번역어인데 우리에게 이미 잘 알려진 영어의 'complement'라는 용어와 비슷한 개념이다. 이 개념을 나타내는 술어로 '보어'라는 명칭이 더 친숙하고 간결한 측면이 있으나 학교문법에서 사용되는 보어라는 개념과의 혼동을 피하기 위하여 이 책에서는 '보족어'라는 술어를 쓴다. 개인적으로는 학교문법의 보어의 범위가 확대되어 이 책에서 논의하는 보족어들의 범위를 포괄해야 한다고 생각하고 있으나 그것은 결코 간단한 문제가 아니다.

하는 일과 같다고 할 수 있다. 그런데 이 서술어의 논항 구조는 서술어의 통사·의미론적인 특성에 따라 결정된다고 보므로 서술어의 특성을 밝히는 것이야말로 통사론의 가장 핵심적이며 일차적인 과제라 하겠다. 따라서 국어에서 서술어 기능을 하는 동사와 형용사라는 두 품사2) 중에서 그동안 동사에 비해 상대적으로 주목을 덜 받아 온 형용사에 대하여 그 형태·통사·의미상의 특성을 종합적으로 살펴보아 국어문법론에서 형용사라는 품사의 위상을 조명해 보고자 한다.

　인구어와 같은 언어의 문법에서는 형용사와 동사가 각각 다른 기능을 하므로 형용사를 동사의 하위 범주로 보거나 동사를 형용사를 포함하는 범주로 이해하는 일은 없다. 영어 등 인구어의 문법에서는 형용사가 동사와 대등한 위치에 있는 단어류라고 할 수 없다. 인구어의 문장 속에서 형용사는 명사를 수식하거나 'be' 동사의 보어가 되어 'be' 동사와 함께 하나의 서술어를 이룬다. 다시 말해 인구어의 형용사는 첫째, 수식어로서의 기능과, 둘째, 명사처럼 서술어를 보충하는 일종의 보족어로서의 기능을 할 뿐이다. 즉, 지배소로서의 측면보다는 의존소로서의 측면을 많이 가진다.

　이는 국어의 경우와 상당히 다른 점이다. 국어에서 형용사는 서술어의 역할을 한다. 용언으로서 동사와 마찬가지의 활용을 하고 논항을 지배하여 문장을 완성하는 기능을 가지는 것이다. 국어의 형용사는 수식어로 사용될 때에도 역시 보족어들을 지배하고 있다. 다만 표면적으로는 그 지배하는 보족어가 공범주로 나타나는 경우가 있을 뿐, 관형사처럼 단순히 체언을 수식하는 단어류는 아닌 것이다. 이렇게 국어의 형용사는 인구어 등의 형용사와 달리 동사와 거의 유사한 기능을 하는 품사류이다. 그런데 바로 이러한 점 때문에 형용사가 동사와 대등한 하나의

---

2) 흔히 명사문을 이끄는 것으로 기술되어 온 '이다'를 형용사의 하나로 본다.

범주로 인식되기보다는 동사의 한 하위부류 정도인 것으로 인식되고 기술되어 왔던 측면이 있다. 형용사를 '상태 동사'라 달리 이름하는 일이 이러한 사실을 단적으로 보여 준다.

그러나 이와 같은 관점은 국어 형용사의 위상을 제대로 파악하는 방법이 될 수 없다고 생각하며 국어의 형용사는 동사의 한 하위 부류가 아니라 동사와 대등하면서도 동사와 조금 다른 형태·통사·의미론적 특성을 지닌 품사인 것으로 다루는 것이 국어 형용사를 다루는 더 좋은 방법이 될 것이라고 생각한다. 그러므로 형용사의 제 특성을 동사의 그것과 비교하여 차이점을 기술하는 방향으로 논의를 진행할 것이다.

1.2. 기존 논의의 검토

국어의 형용사에 대한 논의는 크게 몇 갈래로 나뉜다. 초기의 연구는 종합적인 문법서들에서 품사론의 일환으로 형용사에 대한 논의가 진행되었던 예이다. 주시경(1910)을 비롯하여 박승빈(1935), 최현배(1937) 등이 주목된다. 주시경(1910:28)에서는 형용사를 '엇'이라 하여 9품사의 하나에 넣고 있다. 주시경의 9품사는 명칭은 특이하나 그 내용은 오늘날 학교문법의 9품사에서 '조사'를 제외한 8품사와 같은 것에다가 '끗'이라 하여 어미류들을 별도의 품사로 정하여 포함시킨 것인데 이때 이른바 지정사 '이다'도 끗의 하나로 처리하고 있다.[3]

특이한 것은 '히, 크, 단단하' 등의 어간에 일반적인 '끗(어미)'이 붙

---

3) 임홍빈 선생님께서는 '이다'를 형용사의 하나로 볼 것에 대하여 곳곳에서 언급하셨는데 이 책에서도 '이다'는 형용사의 하나인 것으로 본다. 그 구체적인 이유에 대해서는 4장의 논의를 참조.

은 것은 형용사라 하였으나 '착한, 귀한'처럼 관형사형으로 된 것은 '언'이라 하여 관형사들과 함께 분류하고 '정하게, 크게, 착하게'처럼 형용사 어간에 이른바 부사형어미 '-게'가 연결된 것은 '억'이라 하여 '다, 잘, 이리, 천천히' 등의 부사와 함께 다루고 있다는 점이다. 이것은 형용사의 수식 기능을 크게 고려한 처리이나, 형용사는 특수한 경우가 아니고는 수식 기능을 할 때에도 보족어를 지배하는 특성을 여전히 지니고 있으므로 형용사의 이러한 활용형들에 대하여 수식 기능이 주된 기능인 관형사나 부사 등의 품사로 전성되었다고 보기보다 오늘날의 기술 방식처럼 관형사형, 부사형 등 형용사의 한 활용형으로 처리하는 편이 낫다고 하겠다.

박승빈(1935)에서는 국어의 단어를 그 기능에 따라 크게 다섯 부류로 나누어 놓고 형용사는 용언의 하나에 넣고 있는데 용언 항목에 형용사, 동사 외에 존재사와 지정사를 넣고 있다. 존재사에는 '이스'(오늘날의 '있-')와 '업스'(오늘날의 '없-')의 두 단어가 있다고 하고4) 지정사는 "사물의 시비(是非)를 지정(指定)하는 단어"(박승빈1935:191)라고 하면서 '이'를 들고 있다. 그리고 '이오, 이시다, 이야요, 인, 이든, 일' 등의 활용 예를 '하오, 하시다, 하야요, 한, 하든, 할'의 활용 예와 대조하여 '이'가 '하'와 같은 용언의 일종이라고 하였으며 "지정사는 그 성질상 다른 단어의 보충이 없이는 그 의미가 완성되지 못하는 것임, 그것을 보충하는 단어를 지정사의 보어5)이라고 이름."이라는 설명을 붙여 놓고 있다. 또 지정사의 보어로는 명사가 주로 사용되나 부사가 오는 일도 있다고 하

---

4) 용언의 기본형을 '이스', '업스'처럼 쓴 것은 분석적 단어관에 입각한 것이다. 주시경(1910)에서도 '끗'을 별개의 단어로 인정하여 '엇'의 '몸'은 어간만인 것으로 보고 있는데 이 태도가 박승빈(1935)에도 그대로 이어지고 있는 것을 볼 수 있다.

5) '이다' 앞에 오는 'NP-∅'형의 명사구를 '이다'가 요구하는 논항으로 본 것은 우리의 생각과 일치한다. 우리는 이 명사구에 대하여 무표보격보족어라 이른다. 이에 대해서는 4.2.1 참조.

였다. 이것은 '이다'의 형태 면과 기능 면, 그리고 의미 특질 면에 대하여 두루 언급한 것이라고 하겠는데 '이다'에 대하여 특별한 품사 명칭을 부여한 것은 다르지만 '이'를 하나의 용언으로 본 입장은 이 책의 관점과 일치한다.

최현배(1937)에서는 존재사는 형용사에 넣는 입장을 취하고 지정사만을 '잡음씨'라 하여 따로 두었다.6) 존재사란 '있다'와 '없다' 두 단어를 이르는 것인데 이 책에서는 '있다'의 경우 그 활용 형태를 기준으로 하여 동사에 속하는 '있다'와 형용사에 속하는 '있다'를 나누어 보았고 '없다'의 경우에는 단일한 형태로서 형용사의 범주에 드는 것으로 처리하였다. 최현배(1937:480)에서는 "일과 몬의 바탈(性質)과 모양(狀態)과 있음(存在)의 어떠함을 그리어 내는 씨(풀이씨)"라고 형용사의 정의를 내리면서 '일과 몬을 그리어 내는' 말이라고 하여 모두 형용사가 되는 것은 아니며 풀이힘과 끝바꿈의 특징을 가진 것만이 형용사라고 하였는데 이것은 형용사의 본질적인 특성이 의미 면에 있는 것이 아니라 형태와 통사적인 기능에 있음을 주목한 것이다.

그러면서도 그림씨의 갈래에 대해서는 어휘·의미적인 면에 기준을 두어 속겉 그림씨(성상형용사), 있음 그림씨(존재형용사), 견줌 그림씨(비교형용사), 셈숱 그림씨(수량형용사), 가리킴 그림씨(지시형용사)의 다섯 가지가 있는 것으로 보았다. 형용사의 형태론적 특성에 대해서는 동사와 비교하는 관점에서 설명하였는데, 어간의 불규칙 활용의 예를 제시하고 형용사에 결합하는 어미들의 특성을 기술하였으며 형용사의 시제에 대해서도 상세하게 분류하여 제시하였다. 보조형용사에 대해서도 '도움그림씨'라 하여 따로 설명하고 있다.

---

6) '이다'를 "잡음씨(지정사)"로 따로 세운 근거들에 대한 상세한 논의는 최현배(1956)에 개진되어 있다.

이상 전통 문법이나 학교문법에서는 용언의 한 부류로 형용사를 설정하였고 형용사와 대등한 부류에 속하는 다른 용언류에는 어떤 것이 있는지에 대한 논의가 활발하였다. 즉 지정사니 존재사니 하는 것들을 인정하느냐 하지 않느냐의 문제가 심각하게 논의되었으며7) 형용사의 통사론적인 측면보다는 형태와 의미 면에 대한 기술이 위주가 되었다고 할 수 있다.

형용사에 대하여 통사론적인 접근이 활발해진 것은 60년대 후반부터라고 하겠다. 60년대 후반에 변형생성 문법적인 방법론과 격문법이 우리나라에 소개되면서 형용사의 이중주어 구문에 대한 관심이 높아졌다. 이중주어 구문은 그 이전 전통 문법 시대에도 관심의 대상이 되었으나 주로 대주어-소주어 식의 설명법이 있어 왔을 뿐이었는데 60년대 후반과 70년대에 접어들어 다각도의 접근과 설명이 이루어졌다. 그리고 심리형용사는 특히 이중주어 구문의 유형을 만드는 부류의 하나로서 주목되어 왔다.

남기심(1968)은 형용사가 서술어인 문장들의 기본 구조를 밝힌 작업으로서, 형용사의 기본 문형을 'NA' 유형과 'N_1N_2A' 유형 두 가지로 설정하였고 후자에 대해서는 다시 'N_1'과 'N_2'의 관계와 다른 문장으로의 변형 가능성에 따라 몇 가지 부류로 나누었으며 이른바 심리형용사에 속하는 '무섭다'나 '좋다' 등이 이루는 문장은 'N_1N_2A'가 핵문이고 그 구체적인 격의 형태는 '$N_{1-은}$ $N_{2-가}$ A'라고 하면서 이것은 '-어하다' 구문으로 변형 가능하다고 하였다. 그러나 이때의 '$N_{1-은}$'이나 '$N_{2-가}$'가 무엇인지에 대해서는 아무런 언급을 하지 않고 있다.

이상억(1970)에서는 국어의 여러 가지 문형들을 검토하는 과정에서 형용사나 '이다'가 서술어로 쓰인 이중주어 구문의 각 예들을 들고 각각

---

7) 1950년대의 지정사 논쟁은 유명한 것이다.

의 예문들에 대하여 환원시킬 수 있는 다른 기본 문형을 제시하고 통격 현상을 도입하여 설명하는 방법을 취하였다. 이러한 방법은 양인석(1972)에도 이어진다.

임홍빈(1972, 1974)에서는 국어의 기본적인 문장 구조는 '주어-술어'가 아니라 '주제-평언'이라고 하고 이른바 이중주어 구문의 첫 번째 명사구로 나타나는 'NP-은/는'이나 'NP-이/가'에 대하여 '주제'라고 규정함으로써 형용사가 서술어로 된 문장 중에 많은 수의 이중주어 현상을 해소시키고 본질적인 주격중출문만을 남겨 두는 방법을 취하였다.

이정민(1976)과 김흥수(1989), 김세중(1989), 김세중(1994) 등의 논문은 심리형용사나 심리동사에 초점을 맞추어 구문 구조의 통사적인 측면과 의미·화용적인 측면을 설명한 논의이다. 특히 김세중(1989)는 심리형용사 구문에서 제2 명사구를 보어로 보았다. 격표지가 같게 나타나는 이른바 주격중출문에서 제1 명사구의 '-가'를 '-가$_1$'이라 하고 제2 명사구의 '-가'를 '-가$_2$'라 하여 전자를 '주격조사', 후자를 '보격조사'라고 하였다. 이는 우리의 논의와 일맥을 같이하는 측면이다.

김영희(1988)에서는 형용사를 상태동사라 하고 그 하위 부류로 주관동사와 객관동사, 중성동사를 들고 있다. 주관동사는 '가렵다', '쓰리다' 같은 유기 감각 동사와 '그립다', '반갑다' 등의 심리동사를 말하며 객관동사는 '높다', '넓다' 등의 상태나 속성을 나타내는 형용사를 말하고 중성동사는 객관동사의 용법과 주관동사의 용법을 공유하는 '예쁘다', '멍청하다', '차다' 등의 형용사를 말하는 것이다.

한편 북한에서는 형용사에 대하여 주로 품사론적인 관점에서 연구가 진행되었다. 각종 문법서들에서 다른 품사들과 함께 형용사를 다루고 있는 것이다. 가장 특징적인 것은 하나의 형태가 형용사와 동사 두 품사를 가진 것으로 인정되는 단어들에 대한 것으로, '밝다-밝는다', '크

다·큰다' 등의 짝들에 대하여 전자를 형용사, 후자를 동사라고 규정하고
있는 것이다. 이러한 품사적 양면성을 인정하는 견해는 북한의 거의 모
든 문법서들에서 일치하며 단 하나, 고신숙(1987)에서만 다른 설명을
하고 있어 주목된다. 고신숙(1987:153)에서는

> 하나의 단어로부터 본래의 의미와 다른 의미들이 갈라지면서 문법
> 적형태와 문장론적기능까지도 달라짐으로써 하나의 단어가 두가지
> 품사의 기능을 수행하는 경우에는 언어 행위에서 소극적이고 잔재적
> 인 현상으로 남아 있는 품사적 특성은 사상해버리고 적극적으로 쓰이
> 며 주되는 기능을 수행하는 품사적 특성을 기준으로 하여 해당한 단
> 어들의 품사소속문제를 규정하여야 한다.

고 하면서 '밝다'와 '어둡다'가 '밝는다', '어둡는다'로 쓰이는 것은 동사와
형용사가 미분화 상태에 있던 고대조선어의 잔재적 현상으로 그 쓰임이
매우 소극적이고 이 단어들이 오늘날에는 주로 형용사적 의미로 쓰이는
것이 보편적 현상으로서 "새날이 밝는다"보다 "새날이 밝아온다"가, "날
이 어둡는다"보다는 "날이 어두워진다"가 더 자연스러운 쓰임이므로 '밝
다', '어둡다', '크다' 같은 단어는 형용사에 소속시켜야 한다고 하고 있
다. 그리고 반대로 '늙다'와 같은 단어는 "시간의 흐름과 함께 로쇠한 상
태로 변하여가는 과정성"의 의미를 가지고 있으며 동사의 문법적 형태를
갖추고 나타나므로 동사에 속한다고 규정하고 있다. 그리고 '늙은 총각',
'늙은 소나무'에서의 쓰임은 동사가 형용사적으로 쓰인 것이라고 한다.
    '어둡다'의 경우는 다르겠지만 '밝다'나 '크다' 같은 단어는 단순히 형
용사로만 처리할 수 없다. 우리는 이런 경우들에 대하여 형용사가 영파
생의 과정을 거쳐 동사로도 되었다고 설명하며 따라서 '밝다'나 '크다'는
별개의 어휘 항목으로서 형용사인 경우와 동사인 경우를 나누어 놓아야

한다고 하는 입장을 취한다. 한편 '늙다'의 경우에 동사로서의 '늙다'만을 인정하는 데에는 의견을 같이한다. '늙다'를 형용사로 볼 수 없는 것은 그 활용의 양상이 동사들과 일치하지 형용사와 일치하는 것은 아니라는 점 때문이다. 따라서 '늙은'이나 '늙었다'라는 형태가 의미상으로 형용사의 경우와 유사한 측면을 지니는 것은 사실이나 이 때문에 이를 형용사로 볼 수는 없다.8)

국어 문법론에서 지금까지의 논의들을 전체적으로 살펴볼 때 형용사라고 하는 한 단어류에 대하여 그 전반적인 내용을 살핀 본격적인 연구는 별로 없었다고 판단된다. 개별 형용사들에 대한 연구나 형용사의 특정 부류에 대한 연구는 학자들의 논문 주제가 되어 왔었으나 과연 형용사란 무엇인지에 대한 논의나 형용사라는 품사 전체를 대상으로 하여 체계적으로 전반적인 기술을 행한 것은 많지 않았다. 이런 상황에서 90년대에 들어와 형용사에 관한 박사 논문이 국내에서 두 편, 해외에서 한 편 나왔다. 정인수(1994)와 유현경(1997), 그리고 남지순(1996)이 그것이다.

정인수(1994)는 형용사의 어휘·의미적 특성에만 초점을 맞춘 논의이며 유현경(1997)은 형용사의 문형을 분류적 관점에서 기술한 논문이다. 남지순(1996) 역시 형용사 구문의 분류에 관한 것이다. 그러므로 형용사의 문법이라 이름할 만한 전체적인 논의는 여전히 부족한 상황이었다. 남지순(1996)은 심리형용사 구문만을 다룬 남지순(1993)에서 이미 시도된 방법들을 토대로 형용사의 전체적인 구문 유형을 나누어 세부적으로 기술한 것이다. 특히 모리스 그로스의 어휘문법을 바탕으로 6000여 형용사 하나하나에 대하여 그것이 실제 문장에서 가질 수 있는

---

8) 상태 변화의 의미를 지닌 동사들의 완료형이 형용사적인 쓰임을 보이는 예는 다른 언어들에서도 일반적으로 발견된다고 한다.

논항들의 성격을 자질로 표시한 노력이 돋보인다. 그러나 국어에서 형용사란 어떤 성격을 가진 단어 부류인지 또 형용사를 형용사이게 하는 가장 본질적인 특징은 무엇인지에 대한 구명 없이 의미 면에서 형용사적인 표현에 해당된다고 생각되는 서술어의 형태들을 다 다루고 있는 점과9) 문장을 분류할 때에 표면적인 형태를 지나치게 고려하였다는 점이 문제가 된다고 할 수 있다.

그동안 형용사의 연구가 동사의 연구에 비하여 상대적으로 소홀했던 것은 국어의 용언 중에서 형용사의 비율이 동사에 비해 적다는 점에서 이유를 찾을 수도 있지만,10) 국어의 형용사가 인구어의 형용사와 달리 서술어로 쓰인다는 점을 적극적으로 인정하지 않고 형용사를 동사의 한 하위 부류로만 인식하여 형용사를 독자적인 대상으로 연구하기보다는 동사에 곁들여서 설명하는 방식이 그동안 관행처럼 이어져 왔다는 데서 더 큰 이유를 찾을 수 있을 것이다. 이러한 상황에서 국어의 형용사에 대한 독자적이고도 전반적인 고찰이 필요하다.

1.3. 연구 대상 − 형용사의 확정

형용사는 국어의 문법 체계에서 9품사 중 하나로 자리 잡고 있는 단어 부류 중의 하나이지만 형용사가 무엇인지를 한 마디로 정의내리기는 어렵다. 또 어떤 단어가 형용사인지 아닌지를 판별할 때 기준으로 제시

---

9) 가령 남지순(1996)의 형용사 목록에는 '바보다', '육갑이다', '안간힘이다' 같은 예들과 '잘 빠지다', '잘생겼다' 등의 예들도 포함되어 있다.

10) 사전에 등재된 어휘수를 기준으로 할 때 형용사의 어휘수는 동사의 어휘수의 약 1/3에 해당하는 숫자밖에 되지 않고 실제 사용 빈도에서 보아도 형용사의 사용 빈도는 동사의 1/2 정도의 수준에 머문다는 통계가 있다.(염선모 1991:27, 정인수(1994)에서 재인용.)

할 수 있는 것이 분명하게 확립되어 있지 않아 사람마다 다른 판단을 내리는 부분들이 있다. 심지어 국어사전들에서조차도 몇몇 단어들에 대해서는 형용사라고 하기도 하고 동사라고 하기도 하는 등 품사 규정을 서로 다르게 하고 있어 문제가 된다.

이 책에서는 국어의 형용사에 대하여 형태·의미·통사론적 고찰을 하려 하거니와 이러한 고찰을 통하여 귀납적으로 형용사란 무엇인지에 대한 결론을 얻을 수 있을 것이나 그러한 고찰의 대상이 되는 형용사의 범위를 먼저 한정하는 것도 논의의 편의를 위하여 의의가 있을 것이다. 따라서 무엇을 형용사로 규정하였는지를 먼저 밝히고자 한다.

이 책에서 형용사에 대하여 가지고 있는 개념은 다음과 같은 사실에 토대를 둔다. 국어의 형용사는 첫째, 단어이다. 둘째, 어미 활용을 하는 단어이다. 셋째, 어미 활용을 하는 단어 중에는 형용사가 아닌 것도 있다. 이 세 가지를 종합하면 국어의 형용사는 "특별한 어미 활용을 하는 단어 부류"로 정의된다. 이 밖에 의미론적인 특성과 통사론적인 특성이 형용사의 중요한 부분을 이루기는 하지만 이러한 특성이 무엇을 형용사로 볼 것인지를 판별하는 기준으로 적용되기는 어려우며 특히 의미론적 고려는 형용사 판별에 오히려 혼란을 줄 수 있으므로 이상 세 가지 사실의 바탕에서 형용사를 확정하기로 하였다.

형용사가 '단어'라고 하는 것은 상식이지만 이 사실은 형용사의 범주에 이질적인 요소들의 개입을 막는 데 매우 중요한 기준이 된다. 남지순(1996)을 위시하여 몇몇 논의들에서 명사 혹은 명사적 구성과 '이다'가 통합된 형식의 구성을 형용사로 처리하고 있는 경우를 볼 수 있는데 이런 구성이 형용사가 아니라는 것은 이들 구성이 단어가 아니라는 사실에서 자명해진다. 가령 남지순(1996)에서는 '바보이다', '신사이다', '적극적이다', '동질적이다' 등을 형용사의 범주에 포함시키고 있는데 이

는 의미론적 고려에 너무나 이끌린 처사이며 논의의 출발점에서 형용사
가 무엇인가 하는 기준을 제대로 세워 놓지 않았음을 방증하는 일이라
하겠다.

  '이다' 앞의 구성 요소가 단어가 아닌 경우 즉, 단어보다 작은 형태
소인 경우에는 그 구성에 '이다'가 통합하여 하나의 단어를 이룬 것으로
볼 수 있으므로 그 전체를 복합형용사로 볼 수도 있을 것이다. 그리고
'이다' 앞에 통합되는 요소가 '이다'의 보족어가 될 수 없는 경우라면 그
경우에는 통사적 구성으로 보기 어려우므로 단어 구성으로 보아 전체를
복합어로 인정해야 한다. 전자의 실례는 거의 찾기 어렵고 후자의 예로
는 '그만이다' 같은 예를 들 수 있을 뿐이다. 이런 경우가 아니라면 '이
다'와의 통합 구성은 형용사가 될 수 없다고 보는 것이 우리의 입장이고
그러므로 '이다' 통합 구성 중에는 형용사가 거의 없는 것으로 결론을
내릴 수 있을 것이다.

  다음으로 형용사가 '특별한 활용'을 한다고 한 것은 활용을 하는 단
어들 중에 형용사 외에 동사라는 단어 범주가 더 있기 때문이고 동사와
형용사는 활용의 세부적인 양상에 있어서 차이를 보이기 때문이다. 이
것도 상식적인 이야기 같지만 실제 형용사와 형용사 아닌 것, 즉 동사
를 구별하는 중요한 기준으로 이용되어야 한다. 형용사의 확정에서 의
미론적인 고려가 많이 개입되어 오히려 경계를 모호하게 하는 일이 많
은데 그 경우에도 이 기준만 분명하게 적용하면 혼동을 없앨 수 있다.
역시 남지순(1996)에서 형용사로 제시된 일련의 예들이 사실은 형용사
가 아니라고 하는 것을 이 기준이 보여 준다. '못생기다', '닮다', '늙다',
'썩다', '망가지다' 등등의 단어들에 대하여 남지순(1996)에서는 형용사
라고 하고 있는데 이들 단어들은 전형적인 형용사와 활용의 양상에서
중요한 차이를 보인다. 즉 이런 기본형이 현재 시제의 평서형으로 쓰일

수 없고 '-었-'이 통합된 형태인 '못생겼다', '닮았다', '늙었다', '썩었다', '망가졌다' 등이 직설법 현재 평서법의 의미를 띠고 나타난다는 것인데, 이는 이들 단어들이 기본적으로 동사이며 그 완료형이 의미상으로 형용사적인 용법을 보이는 것이라는 점을 말해 준다. 형용사의 정태적인 의미 속성을 동사는 완료형으로써 충족시킬 수 있을 뿐이기 때문이다.

이상에서 형용사와 형용사 아닌 것의 경계를 분명히하기 위한 기준을 제시하였다. 이 책에서는 이러한 기준에 따라 형용사를 판별하여 800여 형용사로 대상을 한정하였다. 여기서 연구 대상으로 삼은 형용사는 연세대학교 사전편찬실에서 발간된 말뭉치I(300만 마디)의 보고서에서 빈도수 10회 이상 되는 용언들 중 이상의 기준에 의거하여 형용사로 판단되는 것을 필자가 직접 고른 것이다. 사전에 형용사라고 등재되어 있는 단어들을 여과 없이 모두 형용사로 보기도 어려우며 또 수적으로 연구 대상이 너무 방대한 데서 나타나는 어려움을 최소화하기 위한 조치이다. 빈도수가 높은 단어들을 선택한 것은 논의를 현실적인 것이 되게 만들어 준다는 이점도 있다. 사전 등재어 가운데는 실제 용례를 거의 찾기 어려운 '한자어 어기(명사로 판정되지 않는) + 하다'의 예들(無才하다, 綿篤하다, 語訥하다……)이 다수를 차지하고 있는데 이런 예들은 높은 빈도의 말뭉치 자료들로 범위를 제한함으로써 자연스럽게 배제되었다. 이렇게 뽑은 형용사 목록은 부록으로 첨부하였다.

1.4. 논의의 구성

2장에서는 형용사의 형태상의 특징을 가장 분명히 보여 주는 단어 구성 자체를 알아보기 위하여 파생 형용사와 형용사 파생의 조어법에 관한 고찰을 간략히 시도하며 다음으로 형용사의 활용 양상이 동사의 경우와 어떻게 다른지를 상세히 밝히고자 한다. 형용사 어간과 선어말어미 및 어말어미와의 통합 관계를 정밀하게 살펴보고 여기서 나타나는 제약이나 특이성에 대하여서는 통사·의미론적인 해석을 붙여 보기로 하였다.

3장에서는 2장에서의 논의를 바탕으로 형용사의 의미·화용론적인 특징을 살펴본다. 형용사가 동사에 비하여 활용 형태에 많은 제약을 받기도 하고 같은 어미가 그 통합 어간이 동사인가 형용사인가에 따라 다른 의미를 표현하기도 하는데 필자는 그것이 형용사의 의미 특성에 연유한 것이라고 판단하여 형용사의 의미론적 특성에 주목하는 것이다.

기존의 연구들에서도 형용사의 의미론적 특성은 많이 주목을 받아 왔다. 특히 의미론적인 분류에 많은 학자들의 관심이 집중되어 왔던 것이 사실이다. 그러나 그 분류가 일관된 기준을 제시하지 못하고 형용사의 양면적 쓰임을 고려하지 않은 것이라는 비판적 시각에 입각하여 형용사의 의미론적 분류를 새롭게 시도하였다. 이 책에서는 형용사를 크게 비상관적 형용사와 상관적 형용사로 나누고 그 각각을 다시 일곱 가지 유형씩으로 하위 분류한다.

우리의 분류에 따르면 동일한 형태의 형용사가 비상관적 형용사로서는 '성질'의 의미를 표현하고 상관적 형용사로서는 '평가'의 의미를 표현하는 경우가 있다. 이는 그 형용사의 세부적인 의미 차에 따라 나타나는 현상이지만 표면적으로는 형용사가 특정한 문장에서 또는, 용법에서 몇 개의 대상에 대한 서술을 하는지와 관련된다. 가령 '무섭다'가 비상관적 성질 형용사로 나타나는 것은 "호랑이는 무섭다"와 같은 문장에서이며 같은 어형의 '무섭다'가 상관적 정서 평가 형용사로 나타나는 경우는 "철수는 호랑이가 무섭다"와 같은 문장에서이다.

형용사가 기본적인 어휘·의미 면에서는 큰 차이가 없으면서도 상관적 장면과 비상관적 장면에서 이렇게 달리 나타나는 것은 형용사가 지닌 '주관적 판단성'이라는 특성 때문이다. 동사의 경우에는 어떤 주체의 행위나 동작, 사태에 대한 진술이 누구의 관점에서 보더라도 대체로 비슷할 수 있는 데 반하여 형용사의 경우에는 '성질이나 상태, 특성'이라는 것 자체가 보는 이의 관점이나 적용되는 대상에 따라서 다르게 인식될 소지가 많은 것이기 때문에 판단자가 문면에 나타나 형용사의 진술 내용이 그 판단자에 의한 것임을 밝히거나, 어떤 특정한 분야나 기준을 나타내는 명사구가 문장에 나타나 그 진술이 거기에 적용된 내용임을 밝히는 등 상관적 용법을 보이는 것이라고 설명할 수 있다. 이 책에서는 형용사의 이러한 의미 특성을 '주관적 판단성'이라는 화용론적인 개념으로 설명한다. 이 밖에 형용사라는 품사가 지니는 의미·화용론적인 중요한 특성 몇 가지에 대해서도 고찰한다.

4장에서는 형용사의 통사론적 특성을 기술하는 데 있어서 모델로 선택한 의존 문법의 개념들에 대하여 간단히 소개하고 그 개념들을 이용하여 형용사의 지배소로서의 특성을 설명한 뒤 형용사 구문의 기본 문형을 설정한다.

의존 문법의 가장 핵심적인 개념은 결합가이다. 의존 문법에 따르면 동사, 형용사 등 서술어는 그 결합가 특성에 따라 필요로 하는 보족어들을 지배하여 문장을 구성하므로 결합가의 개념을 이해하고 보족어의 명칭과 형태를 살펴보는 일은 형용사 구문의 기본 문형을 밝히는 데 기초가 되기도 한다.

문장에서 서술어를 제외한 나머지 성분들은 크게 보족어와 상황어로 나뉘고 보족어는 다시 통사적으로 반드시 요구되는 필수적 보족어와 그렇지 않은 수의적 보족어로 나뉜다. 그러므로 이들 필수적 보족어와 수의적 보족어, 상황어의 개념과 그 구분 방법에 대한 소개도 한다.

다음으로 형용사 구문에서 가장 중요한 보족어로 등장하는 주어에 대하여 그 통사론적인 특징을 살펴본다. 주어에서 가장 문제가 되는 주격중출 현상에 대해서는 기존의 설명들을 검토하고 의존 문법의 관점에 입각한 설명 방법 하나를 제시한다. 그 밖의 다른 보족어들에 대해서도 형태별로 하나하나 살펴본다. 보족어의 형태와 그 보족어가 서술어로부터 받는 의미역은 일대일로 대응하는 것은 아니고 하나의 형용사나 동사가 한 가지 종류의 보족어 집합만 지배하는 것도 아니다.

형용사들이 보족어의 수와 격 형태를 어떻게 취하느냐에 따라 형용사 구문의 기본 문형이 설정된다. 국어에 0가의 서술어는 존재하지 않는 것으로 보므로 형용사를 1가 형용사와 2가 형용사 두 가지로 나눈다. 1가 형용사는 다시 두 가지의 기본 문형으로 하위 분류되고 2가 형용사는 다시 일곱 가지의 기본 문형으로 하위 분류된다.

5장에서는 앞장들에서 전개된 논의를 요약하고 특히 3장의 의미론적 분류와 4장의 기본 문형의 관계를 유기적으로 관련지어 종합적으로 고찰하며 미처 다루지 못한 문제를 제시하는 것으로 논의를 마치기로 한다.

제 2 장

형용사의 형태론적 특징

1. 파생상의 특징
2. 활용상의 특징

형용사의 형태론적 특징

형용사가 의미 면에서 '상태성'의 자질을 특징적으로 가지고 있다는 점은 그동안 계속하여 강조되어 왔다. 이것을 '비과정적'이라 표현하기도 하였고[1] 출발점과 종결점을 갖지 않아 상적인 속성이 나타나지 않는 것으로 설명하기도 하여 왔다.[2] 그러나 형용사의 이런 상태적인 특징은 명사나 관형사 또는 다른 일부 동사들을 통해서도 나타날 수 있다.[3] 바로 이런 점에서, 형용사를 형용사로 판단하게 하는 보다 중요한 기준은 의미론적인 자질이 아니라 형태론적인 특성이라는 사실이 그동안 주목되어 왔다.[4]

---

1) 고신숙(1987:148)에서는 형용사의 기본적인 특성에 대하여 다음과 같이 말하고 있다.

"형용사는 대상의 성질이나 상태를 나타내는 단어들의 어휘-문법적 부류로서 대상의 비과정적표식에 의하여 특징지어진다. 행동성 또는 과정성의 표식에 의하여 특징지어지는 동사와는 달리 형용사는 대상의 비과정적표식인 성질성과 관련되여있는 단어 부류이다. ……동사 가운데도 가끔 상태를 나타내는 것이 있으나 그 밑바닥에는 과정의 뜻이 깔려 있다."(밑줄 필자)

2) 이지양(1982)와 油谷幸利(1987)이 대표적인 논의이다.

3) 원대성(1985)는 명사의 상적 특성을 고찰한 논문이다.

4) 최현배(1937:481)에서도 '어떤, 무슨, 한, 네' 등의 말이 어떠함을 표시하기는 하나 형용

형용사의 형태론적 특성은 크게 두 가지로 나뉜다. 하나는 단어 형성의 측면에서 고찰할 수 있는 것이고 다른 하나는 활용어미들이 어떻게 연결되는가 하는 점이다. 전자는 형용사가 어떤 형태로 이루어져 있는가, 즉 형용사를 구성하는 요소들—어기나 접미사—의 특성이 어떠한가에 초점을 두는 문제이며 후자는 형용사가 실제 문장 속에 나타날 때 어말어미나 선어말어미들과 어떠한 통합 관계를 보이는지에 관심을 두는 문제이다. 이제 이 두 가지 문제들을 두 소절로 나누어 살펴보기로 하자.

2.1. 파생상의 특징

형용사와 관련된 접미사로는 크게 두 가지 부류가 구별된다. 하나는 접미사 결합 이후에 형용사를 만들어 내는 파생접미사이고 다른 하나는 형용사의 어간에 결합하여 다른 품사류를 이끌어 내는 접미사이다. 전자의 유형에서는 다시 어기의 종류에 따른 분류가 가능할 것이고 후자에서는 접미사가 후접된 이후의 결과물의 성격에 따른 분류가 가능할 것이다. 가령 '향기(香氣)' 같은 어기에 '-롭다'와 같은 접미사가 결합하여 '향기롭다' 같은 형용사가 되는 경우나 '복잡(複雜)' 같은 어기에 '-하다'5)와 같은 접미사가 결합하여 '복잡하다'와 같은 형용사가 이루어지

사로 볼 수는 없다고 하면서 "말본에서의 용어가 단순한 내용 표시가 아니요, 동시에 형식적 법칙적 표시인 것임"을 강조하고 있다. 이는 이들 단어들이 의미상으로나 기능상으로 형용사와 유사한 속성을 가지고 있으나 활용을 하지 않는다는 점을 고려한 것으로 판단된다.

5) '-롭다', '-하다' 등의 형용사 형성 접미사를 '-하-'와 같은 피동사나 사동사 형성 접미사처럼 '-롭-', '-하-' 식으로 표시하지 않은 것은 '-하-'의 경우와 달리 어근을 활용어로 만드는 특징을 '-롭다', '-하다'가 부여한다는 점을 강조하고자 한 때문이다.

는 경우 등이 전자의 예에 속하며 형용사 '밝다'의 어간 '밝-'이 어기로서 그 뒤에 '-히-'와 같은 파생접미사를 결합시켜 '밝히다'와 같은 동사를 만드는 경우라든지 '외롭-'이 접미사 '-이'를 후접시켜 '외로이'와 같은 부사를 만드는 경우 등이 후자의 예에 속한다.6) 이런 파생의 예들은 국어의 여러 품사 부류 중 형용사의 경우에서만 발견되므로 형용사의 형태론적 특징이라는 이름 아래 묶어 보았다.

2.1.1. 파생 결과로서의 형용사

어기가 어떠한 것이든 접미사가 결합된 뒤에 만들어진 단어가 형용사라는 품사 부류에 들면 우리는 그런 단어들에 대하여 파생 형용사라는 명칭을 부여한다. 먼저 파생 형용사의 종류에는 어떠한 것이 있는지 알아보자. 파생 형용사는 파생접미사의 종류에 따라 나눌 수 있다. 이 책의 대상 자료에서 발견되는 대표적인 형용사 파생 접미사는 다음과 같다.7)

    (1) 형용사 파생 접미사
      -하다, -스럽다, -롭다, -답다, -겹/갑/겹/업/압다,
      -ㅂ다, -되다, -지다8), -나다, -차다9)

---

6) '-이'는 파생 부사를 형성하는 접미사이지만 비교적 생산적인 양상을 보여 주며, '적나라하게'나 '자그마하게' 등에 나타나는 이른바 부사형 어미 '-게'와 거의 의미 차이 없이 사용된다. 즉, '-이'와 '-게'는 문법 범주상으로는 다른 영역에 속하는 것이지만 대체로 상보적 쓰임을 갖고 있다고 해도 지나치지 않다. '외로이'의 경우에는 '외롭게'도 가능하지만 '적나라하게'나 '자그마하게'의 경우에는 '*적나라히'라든가 '*자그마히' 같은 형태들이 표준어에는 존재하지 않으며 또 '-이'형 파생을 용인하는 '가만히' 같은 경우는 '가만하게'와 같은 형태가 극도로 제약을 받으므로 '-이'와 '-게'는 어느 정도의 부분집합을 가지고는 있으되 대체로 상보적인 분포를 보인다고 할 수 있다.

7) 우리가 뽑은 형용사 목록에서 단일어로 보이는 형용사는 극히 적은 수에 해당하며 어근과 어근이 합하여 이루어진 합성어의 수도 많지 않고 파생 형용사가 대부분을 차지하는데 그 중에서도 접미사 '-하다'에 의한 파생어가 주류를 이루는 것으로 나타나고 있다.

이상의 형용사 파생 접미사를 몇 가지의 계열로 나누어 보았다.

> (1)′ 형용사 파생 접미사들의 계열
> 가. 제1 계열: -하다
> 나. 제2 계열: -스럽다, -롭다, -답다
> 다. 제3 계열: -겹/갑/겹/업/압/엽다, -ㅂ/브다
> 라. 제4 계열: -되다, -지다, -나다, -차다

【 제1 계열 : -하다 】

'-하다'는 국어의 조어법에서 생산력이 매우 왕성한 접미사로, 자동사나 타동사 중에도 '-하다'를 포함하고 있는 단어들이 매우 많다. 그러므로 '어기＋하다'로 이루어진 파생어는 외견상 동사와 형용사의 구분이 쉽지 않을 것이다. 그러나 어기의 성격과 그 의미상의 특성에서 동사의 것과 형용사의 것은 구별되는 면이 있다. 결론을 먼저 말하면 동사의 경우 '-하다'에 선접하는 어기들이 대체로 명사와 같은 자립 형식인 데 반하여 형용사의 경우에는 비자립 형식인 경우가 대부분이라는 점이다.10)

---

8) '-지다'를 접사로 보는 것은 '지다'가 접사화하는 과정에서 의미상의 변화를 입었다고 생각하기 때문이다. '기름지다', '멋지다' 같은 예에 보이는 '지다'에서는 '변화'의 의미를 발견할 수 없다. 한편 '멀어지다', '예뻐지다' 등의 '-아/어지다' 구성에서 발견되는 '지다'는 '변화'의 의미를 가진 동사로서 앞의 어간과 보조적 연결어미를 매개로 결합하여 합성어를 이룬다.

9) 이 외에도 '-아/어ㅁ직하다'(보암직하다), '-숙하다'(어리숙하다, 익숙하다) 등을 들 수 있을 것이다.

10) '-하다'에 선접하는 형용사의 어근 중 자립 형식으로 분류되는 '건조'나 '무리'의 경우 '건조하다', '무리하다'가 같은 형태로서 동사와 형용사 둘 다로 쓰이는 양면 용언이라는 특징이 있다.

> (1) 가. 그의 문체는 참 건조하다.
> 나. 그의 말은 아무리 생각해 보아도 무리하다.

우선 형용사 파생 접미사 '-하다'에 선접하는 어기들을 몇 가지 유형
으로 나누기 위하여 다음 두 가지 기준을 설정하였다.

(2) '-하다' 선접 어기의 구별 기준
　　〔 + 고유 〕/〔 - 고유 〕
　　〔 + 자립 〕/〔 - 자립 〕

〔+고유〕의 자질은 어원을 한자나 공시적으로 알려진 다른 외국어에서
찾을 수 없는 어기들에 부여하기로 하였다. 〔-고유〕는 고유어가 아닌
어기를 의미하므로 한자어가 아닌 외래어도 포함할 수 있으나 우리가
뽑아 놓은 형용사 목록에는 외래어 어기를 가진 것은 없어서 고유어와
한자어의 대립 현상으로만 나타났다. 〔+자립〕은 자립적으로 쓰이는 단
어의 자격을 지닌 어기를 의미하는데 주로 명사나 부사가 여기에 속하
는 것으로 나타났다. 이 범주에 들지 않는 것은 모두 〔-자립〕으로 처리
하였다.

이상 두 가지 기준의 조합으로 '-하다'에 선접하는 어기를 네 가지
유형으로 나눌 수 있다.

(3) '-하다' 선접 어기(총 568개)의 유형
　　① 〔 + 고유 〕〔 + 자립 〕 : 가득, 그만, 납작, 뜸, 못, 숱, 아
　　　　니, 얌전, 이만, 창피(이상 10개)

---

(2) 가. 바람 때문에 빨래가 빨리 건조한다.
　　　나. 그는 일을 빨리 마치기 위해 요즘 너무 무리한다.

(1)은 이 두 용언이 형용사로 쓰인 예를 보여 주는 것이며 (2)는 같은 용언들이 동사
의 활용 모습을 보여 주는 것이다. 그러므로 이들 어근들이 자립 형식으로 자리 잡을 수
있었던 까닭은 동사의 어근으로도 쓰인다는 특성 때문이 아닌가 하는 추측을 해 볼 수
있다.

② 〔 + 고유 〕〔 - 자립 〕: 거북, 거룩, 개운, 고소, 고요, 구
수, 굳건, 궁금+, 그윽, 까마득, 깔끔, 깨끗, 꾸준, 꿋꿋, 끔
찍, 나른, 날씬, 남짓, 넉넉, 느긋+, 다급, 단단, 달콤, 답답,
대견, 대단, 두툼, 든든, 따뜻, 따분, 따스, 딱, 딱딱, 떠들썩,
떳떳, 또렷, 똑똑, 뚜렷, 뚱뚱, 마땅, 만, 만만, 멀쩡, 못마땅,
뭉클, 비슷, 반듯, 변변, 빽빽, 삔, 불쌍, 뾰족, 뿌듯, 산뜻,
상냥, 생생, 서늘, 서운, 섬뜩, 섭섭, 수월, 시원, 심심, 싱싱,
싸늘, 쌀쌀, 썰렁, 쓸쓸, 씁쓸, 씩씩, 아늑, 아득, 아리송, 앙
상, 애틋, 야릇, 얄팍, 어수선, 어엿, 엉뚱, 온전, 의젓, 익숙,
자욱, 잔잔, 조용, 조촐, 죄송, 지루, 지리, 지저분, 짜릿, 짤
막, 짭짤, 차분, 착잡, 착, 창피, 초라, 축축, 캄캄, 튼튼, 팽
팽, 포근, 푸근, 푸짐, 한심, 허름, 허술, 허전, 홀가분, 환,
후련, 훈훈, 훌륭, 흐뭇(이상 116개)

③ 〔 - 고유 〕〔 + 자립 〕: 건강(健康), 건조(乾燥), 겸손(謙
遜), 고독(孤獨), 다정(多情), 독(毒), 만족(滿足), 무관심
(無關心), 무기력(無氣力), 무리(無理), 무식(無識), 법(法),
분(憤), 불안(不安), 불편(不便), 불행(不幸), 선(善), 성숙
(成熟), 성실(誠實), 소란(騷亂), 순수(純粹), 신비(神秘),
신중(愼重), 안녕(安寧), 안전(安全), 영원(永遠), 오만(傲
慢), 완벽(完璧), 요란(搖亂), 우연(偶然), 위험(危險), 이상
(異狀), 저조(低調), 진실(眞實), 청결(淸潔), 충실(充實),
친절(親切), 투명(透明), 편리(便利), 평등(平等), 평온(平
穩), 풍요(豊饒), 피곤(疲困), 피로(疲勞), 필요(必要), 한가
(閑暇), 행복(幸福), 허무(虛無), 혼란(混亂), 혼잡(混雜)(이
상 50개)

④ 〔 - 고유 〕〔 - 자립 〕: 가능(可能)+, 가상(嘉尙), 가혹(苛
酷)+, 각박(刻薄), 각별(恪別), 간결(簡潔), 간곡(懇曲), 간
단(簡單), 간절(懇切), 간편(簡便)+, 강경(强硬)+, 강렬(强
烈), 강인(强靭), 강(强), 거대(巨大), 거창(巨創), 건실(健
實), 건장(健壯), 건전(健全)+, 격렬(激烈), 격심(激甚), 격

(激), 견고(堅固), 견실(堅實), 결연(決然), 겸허(謙虛), 경건(敬虔), 경미(輕微), 경솔(輕率), 경쾌(輕快), 고고(孤高), 광범위(廣範圍), 고귀(高貴), 고상(高尙), 고유(固有)＋, 곤란(困難), 공공연(公共然), 공연(空然), 공정(公正)＋, 공평(公評)＋, 공허(空虛), 과감(果敢), 과격(過激), 과다(過多)＋, 과도(過度), 과중(過重), 관대(寬大), 광범(廣範), 광활(廣闊), 굉장(宏壯), 교묘(巧妙), 교활(狡猾), 귀(貴), 귀중(貴重)＋, 균등(均等)＋, 극렬(極烈), 극심(極甚), 근사(近似)＋, 근소(僅少), 근엄(謹嚴), 급(急), 급격(急激), 급급(汲汲), 급박(急迫), 급속(急速)＋, 기구(崎嶇), 기묘(奇妙), 기민(機敏), 기발(奇拔), 기이(奇異), 긴밀(緊密), 긴박(緊迫), 긴요(緊要), 나약(懦弱), 난감(難堪), 난처(難處), 난해(難解), 노련(老鍊), 냉담(冷淡), 냉정(冷情), 냉철(冷徹), 농후(濃厚), 늠름(凜凜), 능(能), 능숙(能熟), 다양(多樣), 다행(多幸), 단순(單純), 단정(端正), 단호(斷乎), 담담(潭潭), 당당(堂堂), 대범(大泛), 도도(滔滔), 독실(篤實), 독특(獨特), 동등(同等)＋, 동일(同一), 막강(莫强), 막대(莫大), 막막(寞寞), 막연(漠然), 막중(莫重), 맹렬(猛烈)＋, 명랑(明朗)＋, 명료(明瞭), 명백(明白), 명쾌(明快), 명확(明確), 모호(模糊), 묘(妙), 무관(無關), 무난(無難), 무력(無力)＋, 무료(無聊), 무모(無謀), 무방(無妨), 무분별(無分別), 무사(無事), 무색(無色), 무성(茂盛), 무수(無數), 무심(無心), 무의미(無意味), 무자비(無慈悲), 무질서(無秩序), 무책임(無責任),11) 문란(紊亂), 미묘(微妙), 미미(微微), 미세(微細)＋, 미숙(未熟)＋, 미안(未安), 미약(微弱), 미진(未盡), 미흡(未洽), 민감(敏感)＋, 민망(憫惘), 밀접(密接), 발랄(潑剌), 방대(尨大), 방만(放漫), 분명(分明), 분방(奔放), 분주(奔走),

---

11) '무분별', '무의미', '무자비', '무책임' 등은 접두사 '무'가 붙지 않으면 자립적인 명사로 쓰인다.

불가결(不可缺), 불가능(不可能), 불가피(不可避), 불규칙
(不規則), 불리(不利), 불분명(不分明), 불안정(不安定), 불
우(不遇)＋, 불충분(不充分)＋, 불쾌(不快), 불투명(不透
明)＋, 불필요(不必要), 불합리(不合理), 불확실(不確實), 비
겁(卑怯), 비장(悲壯), 비정(非情), 비참(悲慘), 빈번(頻繁),
빈약(貧弱), 사소(些少), 삭막(索莫), 산적(散積), 살벌(殺
伐), 상당(相當), 상세(詳細), 상이(相異), 상쾌(爽快), 생소
(生疎), 선량(善良), 선명(鮮明), 섬세(纖細), 성급(性急),
세련(洗練), 세밀(細密), 세심(細心), 소박(素朴), 소중(所
重), 소홀(疏忽), 솔직(率直), 쇠약(衰弱), 수려(秀麗), 수상
(殊常), 순(順), 순박(淳朴), 순탄(順坦), 숭고(崇高), 시급
(時急), 신기(新奇), 신선(新鮮)＋, 신성(神聖), 신속(迅速),
신통(神通)＋, 심(甚), 심각(深刻), 심상(尋常), 심심(深深),
심오(深奧), 아담(雅淡), 안락(安樂), 안이(安易), 안일(安
逸), 암담(暗澹), 암울(暗鬱), 애매(曖昧)＋, 애석(哀惜), 애
절(哀切), 약(弱), 양호(良好), 어색(語塞), 억울(抑鬱), 엄
격(嚴格), 엄밀(嚴密), 엄숙(嚴肅), 엄연(嚴然), 엄정(嚴正),
엄중(嚴重), 여전(如前), 역력(歷歷), 연약(軟弱), 열렬(熱
烈), 열악(劣惡), 영롱(玲瓏), 영리(怜悧), 예리(銳利), 예민
(銳敏), 오묘(奧妙), 온건(穩健), 온당(穩當), 온화(溫和),
완강(頑強), 완고(頑固), 완만(緩慢), 완전(完全), 왕성(旺
盛), 용감(勇敢), 용이(容易), 우세(優勢), 우수(優秀)＋, 우
아(優雅), 우울(憂鬱), 울창(鬱蒼), 웅대(雄大), 웅장(雄壯),
원대(遠大), 원만(圓滿), 원활(圓滑), 월등(越等), 위대(偉
大), 유능(有能), 유력(有力), 유리(有利), 유망(有望), 유명
(有名)＋, 유사(類似)＋, 유연(柔軟), 유용(有用), 유익(有
益), 유일(唯一), 유치(幼稚), 유쾌(愉快), 유해(有害), 유효
(有效)＋, 육중(肉重), 윤택(潤澤), 은근(慇懃), 은밀(隱密),
은은(隱隱), 의아(疑訝), 의연(毅然), 인색(吝嗇), 인접(隣
接)＋, 일정(一定)＋, 자명(自明), 자상(仔詳), 자세(仔細),

잔인(殘忍), 잠잠(潛潛), 잡다(雜多), 장엄(莊嚴), 쟁쟁(錚錚), 저렴(低廉), 저명(著名), 적나라(赤裸裸), 적당(適當), 적막(寂寞)＋, 적법(適法), 적절(適切), 적정(適定)＋, 적합(適合)＋, 절묘(絶妙), 절박(切迫)＋, 절실(切實), 정갈(淨渴), 정교(精巧), 정당(正當)＋, 정밀(精密)＋, 정중(鄭重), 정직(正直), 정확(正確), 조급(躁急), 조속(早速), 조잡(粗雜), 족(足), 중대(重大)＋, 중요(重要), 즐비(櫛比), 지극(至極)＋, 지대(至大), 지독(至毒), 진지(眞摯), 집요(執拗), 착실(着實), 찬란(燦爛), 참담(慘憺), 참신(斬新), 참혹(慘酷), 창백(蒼白), 처절(悽絶), 처참(悽慘), 천박(淺薄), 철저(徹底), 청렴(淸廉), 청명(淸明), 청아(淸雅), 청정(淸淨)＋, 초연(超然), 초조(焦燥), 촉박(瘠薄), 총명(聰明), 추악(醜惡), 충만(充滿), 충분(充分)＋, 취약(脆弱)＋, 측은(惻隱), 치밀(緻密), 치열(熾烈), 친(親), 친근(親近), 친숙(親熟), 침울(沈鬱), 침착(沈着), 쾌적(快適), 타당(妥當), 탁(濁), 탁월(卓越), 탄탄(坦坦)＋, 태연(泰然), 통쾌(痛快), 투철(透徹), 특별(特別)＋, 특수(特殊)＋, 특이(特異)＋, 특정(特定)＋, 판이(判異), 팽배(澎湃), 편(便), 편안(便安), 평범(平凡), 포악(暴惡), 풍부(豊富), 풍성(豊盛), 한산(閑散), 한적(閑寂), 합당(合當), 해괴(駭怪), 해박(該博), 허다(許多), 허망(虛妄), 허약(虛弱)＋, 허탈(虛脫), 험(險), 험난(險難), 현격(懸隔), 현란(眩亂), 현명(賢明), 현저(顯著), 혹독(酷毒), 화려(華麗), 화사(華奢), 확고(確固), 확실(確實), 활달(豁達), 활발(活潑), 황량(荒凉), 황폐(荒廢), 황홀(恍惚)(이상 392개)

어기가 고유어인가 아닌가는 비교적 구분 경계가 선명한 문제이지만 자립성 유무는 그렇게 분명하게 획이 그어지는 것이 아니어서 사람마다 다소 견해를 달리하는 부분이 있을 수 있다. 특히 명사와 단순한 어근의 경우 그 경계에 있는 많은 어근성 명사들이 있어서 판별에 어려움이 있었다. 조사와 결합하여 구 구성을 이룰 수 있다고 판단되는 것은 [+자립성]으로 판정하였다.

> (4) 가. 건강을 유지하다, 불행을 겪다, 안녕을 빌다, 편리를 도모
>   하다, 혼잡을 이루다……
>   나. *단정을 보이다, *절묘가 있다, *조속을 바라다, *청명을
>   추구하다, *허약을 떨치다, *혹독을 겪다……

(4가)는 '-하다'의 어기로 쓰인 요소들이 제한적이기는 하지만 조사와 결합하여 구 구성을 이루는 경우를 보인 것이다. 그러므로 이때의 '건강, 불행, 안녕' 등은 명사로 볼 수 있다. (4나)는 '-하다'의 어기로 쓰이는 요소들이 자립성이 없어 조사와 결합하지 못하는 현상을 보여 준다. 그러므로 '단정, 절묘, 조속' 등은 어근일 뿐 명사가 아니다. 조사와 결합할 수 있는 경우에도 더 많은 조사와 결합이 가능한 것도 있고 상대적으로 더 제한적인 것도 있으나 그 정도성까지를 고려하지는 않고 조사와의 결합 여부만을 판별의 기준으로 삼았다. 조사와 결합할 수 있는지의 판단은 필자 스스로의 직관에 따랐다.

네 가지 유형의 비율을 보면 한자어 어기가 고유어 어기에 비하여 압도적으로 많음을 알 수 있고 그 각각에서 비자립 형식의 비율이 자립 형식의 비율에 비하여 압도적으로 높음을 알 수 있다. 한자어 어기 대 고유어 어기의 비율은 505 대 63이고(89%가 한자어), 한자어 어기 내에서 자립 형식과 비자립 형식의 비율은 50 대 392(88%가 비자립 형식), 고유어 어기 내에서 자립 형식과 비자립 형식의 비율은 10 대 116(92%가 비자립 형식)으로 나타났다.

특히 한자어로 된 비자립 형식의 비율이 현저하게 높은데 이들은 한

문 문장에서 '-하다' 없이 이미 형용사로 사용되었던 것으로, 우리말로 해석될 때 그에 맞는 고유어 대당어를 찾지 못하고[12] 구결 또는 토의 성격을 지닌 '-하다'를 접미한 채 사용되어 오다가 국어에 형용사로 자리를 잡은 것들이 아닌가 하는 추측을 하게 하는 예들이다.[13] 이들 형용사 어기들 중에는 제3 유형에서 보듯이 자립 형식으로 쓰이는 것들도 있기는 하지만 이들이 처음부터 명사나 명사 상당어로 국어에 들어온 어휘재는 아닌 듯하고 '-하다' 파생 형용사의 어근에서 출발하여 그 성질이나 상태적 의미를 추상화한 것이거나 아니면 그러한 성질이나 상태를 지닌 개체 정도의 의미로 전용(轉用)되어 명사처럼 쓰이게 된 것들이라고 판단된다.

가령 "사람들은 행복을 추구한다."고 할 때에 '행복'은 자립적인 명사 구실을 하고 있지만 그 의미 내용상으로는 '행복함' 정도로 대치가 가능한 것이므로 '행복'이 과연 자립성을 지닌 것인지 어근에서 크게 벗어나지 않은 상태의 것이라고 보아야 하는지에 문제가 있을 수 있다고 본다.

---

12) 그 한자의 의미를 지닌 고유어가 국어에 있는 경우 그런 한자를 어근으로 한 '-하다' 파생어가 생겨나지 않은 사실이 이러한 점을 방증한다. 가령 '深' 같은 어근은 '깊다'라는 고유어에 밀려 '深하다'라는 파생어를 만들지 못하였고 '高'나 '低'의 경우에도 마찬가지로 '높다'와 '낮다'는 있지만 '高하다'나 '低하다'는 없다.

13) 박승빈(1935:197)에서는 '서늘하다, 약하다, 부지런하다, 정직하다' 같은 단어에 대하여 '서늘, 약, 정직' 등을 어간된 말들이라고 하고 '하'를 어미라고 하여 이 두 부분이 합쳐서 한 단어로 조성되어 있다고 하고 있다. 각각 어기와 접사를 이르는 말이라고 판단되는데, 이 '하' 부분의 의미 기능을 다음과 같이 설명하고 있는 것이 주목된다.

語幹된 말들(서늘, 약, 부지런 등)은 事物의 무슨 狀態를 表示하는 意義를 含有하였으나 文法上 形容詞됨의 勢가 具備되지 못하여서 거기에 <u>形容詞의 勢만을 表示하는 形容詞</u> '하'가 語尾로 添附되어서 비로소 形容詞인 品詞가 完成되는 것임.(현대 맞춤법에 따라 고침. 밑줄 필자.)

접사 '하'가 형용사의 '勢'만을 표시한다고 하는 것은 그것이 형용사의 형식적 요건을 갖추기 위한 것이라는 의미인 것으로 해석된다.

제2, 제4 유형에서 '+'기호를 후접시켜 놓은 것은 비자립 형식이지만 어느 정도는 자립 형식으로 쓰일 가능성이 있는 것들을 의미한다. 이들은 완전한 명사처럼 쓰이는 일은 없으나 '청정 지역, 충분 조건, 허약 체질'처럼 굳어진 구 구성 속에서 마치 관형어와 같은 기능을 하고 있으며14) 이것들 가운데에는 장래에 '행복'과 같은 정도의 자립성을 얻을 만한 것도 있다고 생각된다. 그러나 기본적으로는 이들 어근들의 의미론적 특성이 "과정성을 내포하지 않은 어떤 '속성'이나 '상태'"라는 점은 변함이 없다고 하겠다. 제4 유형의 많은 어기들과 제3 유형의 일부 어기들이 접미사 '-성(性)'과 결합하여 새로운 단어를 만드는 특성이 있다는 점이 바로 이러한 의미론적 특성을 방증한다.

> (5) 가. 독성, 불가능성, 성실성, 순수성······
> 　　나. 가능성, 가혹성, 각박성, 간결성, 간편성, 강경성, 강인성,
> 　　　　다양성······

(5가)는 제3 유형의 어기에 '-성(性)'이 결합한 단어의 예이며 (5나)는 제4 유형의 어기에 '-성(性)'이 결합하여 이루어진 단어의 예이다. '-성'은 "앞에 오는 어기가 가지고 있거나 그것과 관련되는 성질"의 의미를 덧붙이는 접미사이다.

　　제2, 제4 유형의 어기에 '-하다' 접미사가 결합된 형용사에서 그 의미론적 특질은 어기에 의하여 시현되는 것이며 '-하다'는 문법적으로 형용사라는 범주의 형식적 요건을 갖추기 위하여 필요한 것일 뿐이어서 엄밀한 의미에서는 이 접미사 '-하다'가 형용사를 파생시키는 기능을 한다고 보기 어려운 면이 있다. 이 점이 동사를 파생시키는 접미사 '-하다'

---

14) 김영욱(1996)에서는 이러한 예들에 대하여 '관형명사'라 한 바 있다.

의 경우와 크게 다른 점이다.

제1 유형과 제3 유형에서도 어기가 자립적으로 쓰이는 단어이기는 하나 본래부터 자립어로 존재하였을 가능성이 있는 것은 그중의 일부일 뿐이며 나머지의 경우는 '어기＋하다'의 형태에서 분리된 어기가 자립성을 얻은 것으로 판단될 소지가 더 많다.

【 제2 계열 : -스럽다, -롭다, -답다 】

　　(6) 가. -스럽다: 걱정스럽다, 고통(苦痛)스럽다, 다행(多幸)스럽다, 만족(滿足)스럽다, 뻔뻔스럽다, 새삼스럽다, (수월스럽다), (아담스럽다)15), 유감(遺憾)스럽다, 자랑스럽다, 자연(自然)스럽다, 자유(自由)스럽다, 조심(操心)스럽다

　　　　나. -롭다: 감미(甘味)롭다, 공교(功巧)롭다, 괴롭다, 까다롭다, 날카롭다, 다채(多彩)롭다, 단조(單調)롭다, 대수롭다, 번거(煩擧)롭다, 사사(私事)롭다, 새롭다, 순조(順調)롭다, 슬기롭다, 애처롭다, 외롭다, 위태(危殆)롭다, 이(利)롭다, 자유(自由)롭다, 정의(正義)롭다, 지혜(智慧)롭다, 평화(平和)롭다, 한가(閑暇)롭다, 해(害)롭다, 향기(香氣)롭다

　　　　다. -답다: 사람답다, 아름답다, 인간(人間)답다, 정답다, 참답다

(6)의 세 접미사들은 그동안 파생어 형성에서 가장 많은 주목을 받아왔다고 해도 지나치지 않을 것이다. 수적으로 많은 단어를 형성하지도 않으면서 그 제약 조건이 뚜렷하지도 않고 의미 면에서도 특이한 점이

---

15) 괄호 속에 넣은 형태는 작업 도중 사전에서 발견된 것을 추가한 것이며 애초에 작성한 목록 속에는 포함되어 있지 않던 것이다.

있기 때문인 듯하다.

'-스럽다'의 의미에 대해서는 심재기(1982:381)에서 구체적인 실물을 선행소로 할 때, "그 선행소의 특징적 속성에 매우 가깝게 접근했음을 나타내는 것으로 중요한 의미 기능을 삼는다"라고 하면서 이를 〔+미흡성〕의 자질로 표시하였는데16) 김창섭(1994:146)에서는 〔+미흡성〕 대신 '접근성'을 제안하고 있다. '-스럽다'의 생산성에 대해서는 김성규(1987:44)에서 매우 생산적인 결합력을 가진 것이라고 하였고 김창섭(1994:145-146)에서도 "현대국어에서 가장 생산적으로 형용사를 파생하는 접미사"라고 하면서 '-스럽다'가 '괴물스럽다, 보람스럽다, 쪽스럽다' 등의 많은 임시어를 산출한다는 점이 그 사실을 입증한다고 하고 있다. 우리가 자료로 삼은 빈도수 10이상의 800여 형용사 중에는 11개만이 이 접미사가 결합된 형태일 뿐이어서 실제 언어 사용의 측면에서 '-스럽다'가 그다지 활발하게 쓰인다고 판단되지는 않았다.

그러나 접미사의 생산성을 판단하는 기준은 사용 빈도 자체와 일치하는 것이 아니라는 설명이 있다. Baayen & Lieber(1991:802-809)에서는 생산성의 측정 방법을 지수화하는 과정에서 생산성이 높은 접사는 텍스트에서 한 번 출현하는 단발어로 나타나는 비율이 높다고 설명하고 있다. 이런 관점을 받아들여 말뭉치 자료에서 빈도수 1의 형용사들을 조사한 결과, 그중에는 'X-스럽다'형이 매우 높은 비율로 나타나는 것을 볼 수 있었다. 빈도수 1의 형용사는 전체 236개였는바, 그중에서 '-스럽다' 접미사 파생어는 모두 43개였다. 이는 앞서 든 800여 형용사 중 '-스럽다' 형이 11개에 불과했던 비율에 비교하면 매우 높은 비율인 것으로 판단된다.

---

16) 의미 자질은 적극적인 표현을 무표적인 것으로 삼는다는 기준을 따른다면 〔+미흡성〕이 아니라 〔-흡족성〕이라 해야 할 것 같다.

그러므로 '-스럽다'는 현대국어에서 생산성이 높은 접미사라는 기존의 논의들은 타당한 것으로 보인다. 더구나 '-롭다'와 비교해 볼 때에는 '-롭다'의 어기로 여겨지는 많은 어기들에 '-스럽다'가 결합할 수 있는 것으로 보아 '-롭다'는 공시적인 생산성이 더 이상 없는 접미사이고 '-스럽다'는 생산성이 높은 접미사라고 할 수 있을 것 같다.17)

'-롭다'는 '-스럽다'와 의미 면에서 매우 유사한 특징을 지닌 접미사이다. 김창섭(1994:147-148)에서는 "'-롭-'과 '-스럽-'에는 판단 주체의 존재가 전제되므로 '주관적 판단'이라는 의미가 암시된다"는 점을 들어 "어근의 의미를 그대로 투영하는 '-하-'"와의 의미 차이를 설명하면서 다시 "'-롭-'은 단순한 주관적 판단을 암시한다면, '-스럽-'은 더 적극적으로 '주체의 감각적 경험을 통한 주관적 판단'이라는 것을 함축한다"고 이 두 접미사의 의미 차이를 설명하고 있다.

그러나 현대국어에서 이 두 접미사가 사용된 단어의 용례를 보면 이러한 의미 차이가 드러나는 것도 있지만 대체로는 두 접미사가 마치 중세어의 '-둡/룹-'이 그러했던 것처럼 선행 어기의 받침 유무에 따라 상보적 분포를 보여, 이 둘을 한 접미사의 이형태 관계로 볼 수 있는 가능성도 있다. 즉, '-롭-'과 '-스럽-'의 의미를 감각적 경험을 포함하는지의 여부를 절대적 기준으로 하여 나누기는 어렵고 '-스럽-'에 '감각적 경험'이라는 의미가 발견되는 예가 간혹 있다고 하더라도 문제는 '-롭-'과 '-스럽-'이 단어 형성에 있어서 교체 관계에 있지 않고 오히려 상보적인 관계에 있다는 점이다. 가령 '*탐롭다', '*야단롭다'는 되지 않고 '탐스럽다', '야단스럽다'만 성립하는 것이 '탐'이나 '야단'이 '감각적 경험'이라는 의미와 어울리는 어기이기 때문이라기보다는 이들 어기들이 받침이 있

---

17) '-스럽다'가 '-하다'의 영역까지 파고든 예들로 '부지런스럽다', '분주스럽다', '불편스럽다', '불행스럽다'와 같은 예들을 들 수 있다.

다는 형태·음운론적 제약 때문에 '-롭다'의 선행 어기로는 나타나지 못한 때문이라는 점에 주목해야 한다.

그러나 '-롭다'의 경우 역사적으로 '-롭-'의 발달형이고 현대국어에도 음운론적 제약이 그대로 남아 있어 예외 없이 모음으로 끝나는 어기만을 취하고 있으므로 특별히 문제될 것은 없으나 '-스럽다'가 자음으로 끝나는 어기만을 취한다고 설명하는 데에는 문제가 있다. 이렇게 보기에는 상당히 많은 예외를 무시해야 하는 난점이 따르기 때문이다. 우선 우리의 대상 자료들에 국한한다고 해도 '자유'라는 어기가 '-스럽다'와 '-롭다'에 공통된 선행 어기가 된다는 점이 문제가 된다. 그러나 이들 두 단어를 사전에서도 특별히 다른 의미를 지닌 것으로 기술해 놓지 못하고 있는 것으로 보아서는 파생 과정에서의 수의적인 교체형이거나 '-스럽다'가 '-롭다'에 비하여 생산성이 커짐으로써 '-롭다'의 영역을 침범한 예로 처리할 수 있지 않을까 생각한다.18)

---

18) 필자의 개인적인 직관에는 '자유스럽다'는 어색하게 느껴지고 '자유롭다'라는 형태가 정상적인 것으로 받아들여진다. 우리의 자료에서는 발견할 수 없지만 사전(한글학회, 우리말큰사전)의 등재어 중에서 하나의 어기가 '-롭다'와 '-스럽다' 두 접미사와 다 결합하여 파생어를 형성하는 예로 '명예롭다'와 '명예스럽다', 그리고 '재미롭다', '재미스럽다'가 있다. 이에 대해서도 필자의 직관은 '-롭다' 쪽이 더 자연스럽고 정상적인 조어이며 '-스럽다' 쪽은 잘못된 어형이라는 판단을 내리게 한다. '자랑스럽다' 같은 단어에서의 유추가 아닌가 싶다. 역시 사전 등재어로, '의사(意思)스럽다'의 경우 '의사롭다'라는 형태가 없고 '의사스럽다'만 있어 우리의 추정에 적극적인 반례가 된다고 하겠으나 이 단어에 대해서도 필자의 직관은 '의견(意見)스럽다'가 정상적이고 자연스러운 조어라는 판단을 내리게 하며 '의사스럽다'의 경우는 동의 관계에 의한 단어 파생의 확장 현상에서 빚어진 것이 아닌가 한다. '의아스럽다'도 '의심스럽다'에서 유추된 단어가 아닌가 싶다.

이러한 예외들은 현대국어에서 '-스럽다'가 매우 생산적이라는 사실과 무관하지 않다. '-스럽다'는 18세기에 출현하여 '-답다'와 '-롭다'의 교체 관계를 흩뜨리며 그 영역을 침범할 만큼 현대국어에서 생산성이 높은 접미사이다. '-롭다'의 경우 그 생산성의 판단에는 논의에 따라 의견을 달리하는 면이 없지 않으나 '-스럽다'와 관련되어 있다는 사실은 많이 주목되었다.

송철의(1992:209)에서도 "'-롭-'과 '-스럽-'은 그 의미기능이 유사하기 때문인지 '-롭-' 파생어와 '-스럽-' 파생어가 별다른 의미 차이 없이 서로 교체되는 예들이 있다"고 하면서 '자비롭다/자비스럽다, 경사롭다/경사스럽다, 신기롭다/신기스럽다, 영화롭다/영

'-답다'는 "선행 요소의 본성적 내포 의미가 재귀적으로 긍정되어 쓰일 때에는 언제라도 쓰일 수 있"다고 하며(김성규, 1987:45) 통사적 파생에 쓰이는 접미사라는 이름이 붙을 만큼 그 분포가 넓은 것으로 설명되기도 한 접미사이다. 그런데 우리의 형용사 목록에서 '-답다'를 가진 형태는 앞에 제시한 다섯뿐인 것으로 나타난다. 이 중에서도 진정한 의미의 형용사 범주에 드는 것은 '-답다₁'을 접미한 '아름답다', '정답다', '참답다'의 셋이며 '사람답다'와 '인간답다'는 형용사로 볼 수도 있지만 구 구성에 결합하는 '-답다₂'가 결합한 통사적 구성이라고 보는 것이 더 나을 듯하다.[19]

【 제3 계열 : -겁/갑/겹/업/압/엽다, -ㅂ/브다 】

> (7) 가. -겁/갑/겹/업/압/엽다 : 귀엽다, 더럽다, 두껍다, 두렵다, 두텁다, 따갑다, 뜨겁다, 매끄럽다, 매섭다, 무겁다, 무섭다, 반갑다, 보드랍다, 부끄럽다, 부드럽다, 부럽다, 서럽다, 시끄럽다, 싱겁다, 시그럽다, 어렵다, 어지럽다, 우습다, 즐겁다, 지겹다, 차갑다
>
> 나. -ㅂ/브다 : 놀랍다, 고달프다, 고프다, 구슬프다, 기쁘다, 나쁘다, 바쁘다, 슬프다, 아프다, 어설프다, 예쁘다

이상에 열거한 형용사들은 형태상 유사한 접미사를 분석할 수 있을 것으로 판단되어 유형별로 묶어 보았으나 사실상 공시적으로 분석 가능한 것인지에는 의문의 여지가 많다. 그 어기의 특성이 매우 불규칙하고

화스럽다' 등의 예를 들고 있는데 이는 '-스럽다'의 생산성이 커지고 상대적으로 '-롭다'의 생산성은 미약해진 데서도 원인을 찾을 수 있는 문제이다. 수의적 교체형들의 어기가 받침이 없는 형태들이어서 역사적으로 보건대 '-둡-'이 아닌 '-롭-'에 기원을 둔 쪽으로 판별되므로 이것들은 오늘날 '-롭-'으로 이어져야 한다고 생각되기 때문이다.

19) 김창섭(1984)의 '-답₁-', '-답₂-'에 대한 설명 참조.

통시적인 설명을 요하는 것이어서 한 단어 한 단어에 대한 정밀한 고찰
이 요구된다. 여기서는 그러한 문제에까지는 힘이 미치지 못하여 목록
을 나열하는 것에 그쳤다. 이들 접미사나 이와 유사한 접미사류들에 대
한 자세한 분석과 설명은 송철의(1992)에 개진되어 있다.

【 제4 계열 : -되다, -지다[20], -나다[21], -차다 】

    (8) 가. -되다: 고되다, 그릇되다, 성숙되다, 참되다, 헛되다, 호되
              다

      나. -지다: 값지다, 건방지다, 기름지다, 다부지다, 멋지다, 야
              무지다, 후미지다

      다. -나다: 별나다, 엄청나다, 유별나다

      라. -차다: 벅차다, 보람차다, 세차다, 알차다, 우렁차다, 줄기
              차다

이상의 네 접미사는 동사에서 전용되어 형용사를 이루는 접미사의 기능
을 하는 예들이다. 본래는 의미상으로도 동사로서의 특질을 지니고 있
고 활용형에서도 동사의 전형적인 활용형을 보이는 것들이 몇몇 어기들
과 결합하여 새로운 품사인 형용사를 이루는 점이라든지 파생 후에는 '-
ㄴ다' 어미를 취하지 않는 등 활용상으로도 전형적인 형용사의 모습을
보이는 것 등이 특이하다.

    한편 아래 (8′)의 예들은 (8)과 유사한 형태 구성으로 된 단어들이
지만 활용의 양상이 (8)과는 다른 예들이다.

---

20) '-아/어지다'는 통사적 구성으로 보아 파생어가 아닌 합성어로 처리한다. '우거지다' 등이
    이에 속한다.
21) '-아/어나다'에 의한 구성도 파생어에서 제외하였다. '빼어나다', 뛰어나다' 등이 그 예이
    다.

(8)′ 가. 못나다, 이름나다, 잘나다, 못되다, 오래되다
    나. 못났다, 이름났다, 잘났다, 못됐다, 오래됐다
    다. *못난다, *이름난다, *잘난다, *못된다, *오래된다
    라. 못난,   이름난,   잘난,   못된,   오래된
    마. *못나는, *이름나는, *잘나는, *못되는, *오래되는

(8′가)의 예들은 의미 면에서는 형용사에 가깝게 판단되지만 그 활용의 양상을 고려할 때 형용사로 볼 수는 없다. 평서문의 종결형이 (8′가)처럼 나타나지 않고 (8′나)처럼 나타나기 때문이다. (8′)의 경우 (8′가)는 기본형으로만 존재할 뿐 실제적인 활용형이라 보기 어렵고 (8′나)가 평서문에서 현재형으로 사용된다. 즉, (8)의 형용사들의 경우 '-었-'이 결합했을 때에는 과거의 의미가 드러나고 기본형 자체가 현재 평서형이 되는 반면 (8′)의 경우에는 (8′다)와 (8′마) 형태의 활용형이 불가능하고 관형사형도 (8′라)와 같이 나타나는 면은 형용사의 활용과도 유사한 측면이지만, 원칙적으로 (8′가)가 종결형에 나타날 수 없다는 점이 이들 용언을 형용사로 볼 수 없게 하는 결정적인 근거가 된다. 이 용언들은 기본형 자체로 정태적인 의미 속성을 가지지 못하고 '-었-'이 결합하여야 비로소 정태적인 의미를 얻게 되는 것으로 볼 수 있다. 그러나 그렇다고 하여 이들 '-었-'을 접사적인 것으로 볼 수는 없다. (8′나)에서 결합되었던 '-었-'이 (8′라)에서는 영락없이 떨어져 나가기 때문이다.[22] 이렇게 (8′)의 단어들을 형용사가 아닌 동사로 보는 것은 형용

---

22) 송철의(1995) 참조. 남지순(1996:A165-186)의 형용사 목록에는 이와 같은 예들이 '못나다(었), 오래되다(었), 못생기다(었), 잘나다(었), 잘빠지다(었), 잘생기다(었)'과 같은 식으로 등재되어 있다. 심지어 '바라지다(었)'나 '살다(었)', '헐벗다(었)'의 경우에도 이와 같은 예에 포함되어 있다. 그러나 '썩다'는 '오래되다'와 유사한 예인데 목록에 들어 있지 않다. 한편 '결하다, 모자라다, 달싹하다, 뻥긋하다' 등에 대해서는 아무런 단서나 설명 없이 형용사인 것으로 기술하고 있는데 이 예들은 어떤 기준으로 보아도 형용사로 보기 어려운 예들이다.

사를 판별하는 데 있어서 의미론적인 기준보다 형태론적인 기준이 더 중요한 판별 기준이 되어야 한다는 판단 때문이다. 물론 품사 분류에 있어 '의미'라는 기준이 중요하게 적용될 수 있지만 보다 객관적인 분류를 위해서는 '의미'보다 '형태'를 우선시하여야 한다고 본다.

2.1.2. 파생 어기로서의 형용사

【 동사로의 파생 】

동사에는 피동, 또는 사동의 접미사가 있어 능동사를 피동사나 사동사로 만들어 준다. '-이-, -히-, -리-;-기-, -우-, -추-, -구-'가 바로 그러한 접미사이다. 그런데 이들 접미사가 형용사의 어간에 결합하면 피동사나 사동사가 아닌 타동사가 된다. 형용사는 의미 특성상 피동이나 사동형이 될 수 없기 때문이다. 형용사라는 단어류가 기본적으로 '동작성'을 의미 내용으로 가지지 않는 것이 그 원인이다. 따라서 '밝히다, 높이다, 낮추다, 늦추다, 어지럽히다'와 같은 예들은 피동이나 사동의 의미를 부여받지 못하고 다만 형용사의 어간이 어기가 되어 타동사로 파생된 예에 속하게 된다. 이러한 파생이 가능한 형용사는 형태상 대체로 단일형이며 수적으로 매우 제한되어 있다.

형용사의 동사 파생 중 매우 특징적인 것 한 가지는 '-Ø-' 접사에 의한 파생, 이른바 영파생이다. 형용사의 어간과 동사의 어간이 형태상 일치하는 예들에 대하여 형용사가 동사로 영파생되었다고 설명하는데 다음이 그 대표적인 예이다.

> (9) 밝다 ➡ 밝는다 / 크다 ➡ 큰다 / 있다 ➡ 있는다
> / 늦다 ➡ 늦는다 / 무리하다 ➡ 무리한다

기본형이 같은데 동사로 사용되기도 하고 형용사로 사용되기도 하는 (9)와 같은 예들에 대하여 형용사가 영접미사에 의하여 동사로 파생되었다고 보는 것은 이들 단어들을 기본적으로는 형용사인 것으로 인정하는 것이다. 만약 하나의 용언 형태가 동사와 형용사의 양면을 가지고 있다고 보거나 기본적으로 하나는 형용사, 다른 하나는 동사로서 품사를 달리하는 다른 단어들이 동형어로 존재한다고 하는 설명도 있을 수 있다. 다음 '낫다'라는 단어의 경우에는 동형어로 보아 별개의 단어들로 인정하여야 할 예이다.

> (10) 가. 철수가 영희보다 (외모가) 낫다/나았다.
> 　　　나. 철수가 병이 ((빨리)) 낫다/나았다.

(10가)의 '낫다'와 (10나)의 '낫다'는 의미 면에서도 전혀 다르고 결합가도 달라서 각기 다른 보족어를 요구한다.23) 따라서 (10가)의 '낫다'가 형용사이고 (10나)의 '낫다'가 동사이기는 하지만 '낫다'라는 동사가 '낫다'라는 형용사의 영파생에 의하여 만들어진 단어라고 설명할 수 없다. 이들 단어는 파생 관계에 있지 않고 기본적으로 별개의 단어로 있었다고 설명해야 한다.

그러나

> (11) 가. 형광등은 (백열등보다) (빛이) ((훨씬)) 밝았다.
> 　　　나. 날이 ((금방)) 밝았다.

(11가)에서 '밝다'는 형용사이고 (11나)에서 '밝다'는 동사로서 결합가

---

23) 예문에서 ( )는 수의적 보족어를, (( ))는 상황어를 나타낸다. 결합가와 보족어에 대해서는 4.1, 4.2를 각각 참조.

특성도 다르고 의미도 달리 나타난다. 그러나 (10)에서 보인 '낫다'의 예처럼 의미가 전혀 별개의 것은 아니므로 이 두 '밝다'의 유연성(有緣性)을 인정하지 않을 수 없다. 그렇다고 이 둘을 하나의 단어가 형용사로도 쓰이고 동사로도 쓰이는 양면성을 지닌 것이라고 설명할 수는 없다. 어휘적인 의미에서 차이는 없지만 상적인 의미 특성에는 차이가 있고 보족어를 지배하는 양상도 다른 두 단어를 하나의 단어로 처리할 수는 없다. 따라서 이러한 예들에 대하여는 영파생의 설명법을 빌어 (11)에서와 같은 '밝다'와 '밝는다'를 서로 다른 어휘 항목으로 처리하되 그 관련성을 보이고자 한다.24)

【 부사로의 파생 】

형용사의 어간에 이른바 부사형 어미 '-게'가 연결되면 그 형용사는 서술어를 수식하는 상황어의 기능을 하게 된다. 그러나 '-게'가 연결되었다고 해서 그 단어의 품사가 바뀌는 것은 아니다. 그런데 '-이'는 파생 접미사로서 형용사의 어간에 결합되어 그 형용사를 부사로 바꾸어 준다. 그리고 '-이'가 결합된 부사 역시 문장 속에서 상황어나 부가어의 기

---

24) 대체로 파생법은 파생 접사의 형태를 필요로 한다. 영파생은 접사의 형태가 없다는 면에서 파생의 범주에 속하는 것으로 처리해야 할지에 대하여 논란이 있을 수 있다. 고영근(1973/1989:583)에는 같은 형태의 단어에 대하여 파생이라는 과정과 관련 없이 둘 이상의 품사로 처리하는 방안을 Hockett(1958:225-228)과 Robinson(1964:229)의 설명을 원용하여 제시하고 있다.

송철의(1995)에서는 형용사로서의 '크다'와 동사로서의 '크다'를 '크다₁'과 '크다₂'로 구분하고 '크다₂'가 '크다₁'로부터의 영파생의 결과라고 하면서도 그 의미가 아주 동떨어진 것이 아니기 때문에 사전에서는 하나의 표제항 속에 다루어야 한다고 주장하고 있다. 형용사 '크다'와 동사 '크다'의 차이가 형용사 '낫다'와 동사 '낫다'의 차이만큼 크지 않다는 것은 재론할 필요가 없다. 그러나 동사 '크다'에 들어 있는 '과정성'의 의미만으로도 동사 '크다'와 형용사 '크다'는 별개의 어휘 항목으로 설정될 수 있다고 본다. '-이-'나 '-히-' 등 접사가 결합된 피·사동 동사의 경우 하나의 어휘 항목에 들어가는 일이 없는데 영파생의 경우 접사의 형태가 없다는 이유로 동일한 어휘 항목으로 다룰 수는 없다.

능을 한다. 그러나 이러한 파생 부사는 파생 과정에서 그 본래의 형용사로서의 속성을 잃어 논항을 취하지는 않는다. 그리고 '-게'가 거의 모든 형용사에 연결될 수 있는 데 반하여 '-이'는 제한된 숫자의 형용사 어간과만 결합하는 특징을 갖는다.

단일형 형용사들은 그 의미론적 속성에 따라 '-이'형의 부사를 이루는 것도 있고 그렇지 않은 것도 있다. 제1 계열의 접미사가 결합되어 있는 형용사는 어기의 음운론적 특징에 따라 '-이' 또는 '-히' 형태의 파생 부사를 형성하게 되는데 모든 어기가 다 이러한 파생에 참여하는 것은 아니다. 그러나 'X-하다'형 동사의 경우 이러한 부사 파생이라는 조어법적 과정을 보이는 일이 없다는 점을 고려하면 이는 형용사라는 단어 부류의 독특한 특징이라 하겠다. 제2 계열의 접미사가 결합되어 있는 형용사는 예외 없이 '-스레, -로이, -다이25)' 형태로 부사화한다. 제3계열에 속하는 형용사 어기들은 일부만이 이러한 파생에 참여하며 제4계열에 속하는 형용사들은 '그릇되이', '참되이' 정도를 제외하면 거의 이러한 파생어를 형성시키지 못하는 것으로 보인다.

한편 '없다'라는 어간에 '-이'가 결합하여 이루어진 '없이'라는 형태는 통사적으로 특이한 양상을 보이는 것이 주목된다. 즉, '없이'는 파생어로서 이미 부사로 되었음에도 불구하고 여전히 형용사로서의 서술적 속성을 지녀서 보족어를 취하기 때문이다.

    (12) 가. 철수는 워낙 <u>없이</u> 살았던 사람이라 체면을 지킬 줄을 모른다.

---

25) '-스레'는 '-스러이'의 축약형이고, '-스러이'는 '-스럽+-이'로 분석되며, '-로이'는 '-롭+-이', '-다이'는 '-답+-이'로 분석된다.

    한글학회 사전에 '-다이'형이 개별적으로 등재된 것은 '아름다이'와 '정다이'뿐이나 '-다이'가 접미사로 등재되어 있으므로 나머지 단어들에 대해서도 얼마든지 유추하여 형태를 구성할 수 있다고 생각한다.

　　　　나. 철수는 아무런 생각 <u>없이</u> 그냥 하루 하루를 살아간다.

(12가)의 경우에는 '없이'의 보족어가 외현되어 있지 않지만 '가진 것이'
나 '돈이' 정도로 상정될 수 있으며 (12나)의 경우에는 '아무런 생각'으
로 문면에 나타나 있는 것이다. 이런 점에서 이 '-이'를 접미사로 보지
않고 어미의 하나로 다루는 입장도 가능하다고 할 수 있다. 더구나 이
경우에는 '-게'와 배타적 분포를 보이기도 하는 것이다.
　'같다'에서 파생된 부사 '같이'의 경우에도 'NP-와'를 보족어로 취하
는 특징이 있다. '같이'는 '처럼'의 의미를 지닌 것과 '함께'의 의미를 지
닌 것의 두 가지 경우로 나누어 볼 수 있는데 둘 다 'NP-와' 보족어를
취한다. 후자의 경우에는 '함께'와 마찬가지로 부사의 보족어 지배 현상
으로 설명할 수 있으나 전자의 경우에는 '없이'의 경우처럼 파생 부사가
되기 이전에 가지고 있었던 결합가를 그대로 유지하는 현상으로 설명하
는 것이 더 타당할 것이다. 그러므로 '없다 → 없이'나 '같다 → 같이'와
같은 과정에는 굴절의 성격이 들어 있는 것으로 볼 수 있다.

【 명사로의 파생 】

　형용사의 어간을 어기로 하여 명사를 파생시키는 접미사에는 '-이'
와 '-기', '-음'의 세 가지가 있다. 송철의(1992:159)에서는 이 세 접미사
가 완전히 동일한 의미를 지닌 것은 아니지만 한 가지 어기가 이 셋 중
한 접미사와만 결합하는 특성을 제시하면서 이러한 배타적인 분포를 일
종의 블로킹(blocking) 현상으로 설명하였다.
　형용사의 어간이 어기가 된 경우, 접미사 '-이'나 '-기'와 결합하는
예는 '-음'과 결합하는 예에 비하여 다소 제한을 가진다. 즉 '-음' 접미사
의 앞에는 (13가)에서 보듯이 의미 부류상 큰 제약이 없는 다양한 형용

사들이 올 수 있는 데 반하여 '-이'나 '-기'의 앞에 오는 형용사 어간은 (13나, 다)에서 보이는 것처럼 이른바 척도성 명사를 만들 수 있는 형용사들로 제한된다는 특징이 있다.

> (13) 가. 간지럼, 귀여움, 노여움, 미끄럼, 부끄러움, 서글픔, 게으름, 괴로움, 두려움, 기쁨, 거름, 반가움, 지혜로움, 싱거움, 풍요로움……
> 나. (키), 높이, 길이, 깊이, 넓이
> 다. 크기, 밝기, 굵기, 굳기, 세기, 빠르기

더구나 '-이'의 경우에는 공시적으로 생산성이 없는 접미사로 알려져 있다. 김성규(1987:37-38)에서는 새로운 척도 명사를 파생시킬 때에는 '-이'가 선택되는 일이 없고 '-기'가 선택됨을 그 증거로써 제시하고 있다.

그러나 '-이'의 생산성에 대해서는 두 가지 다른 각도에서 고찰될 필요가 있다. 첫째, 동사의 경우에는 아주 활발한 '-이' 접미사 파생이 형용사의 경우에만 제한되는 것으로 결과가 나오는 것은 형용사의 '-이' 파생 형태를 척도 명사에만 국한시킨 데에서 원천적인 문제가 있다는 점과 둘째, '-이'라는 접미사가 형용사를 어기로 하는 경우에는 부사 파생의 경우와 혼동될 소지가 있다는 점이다. 이것은 동사 어간을 어기로 하여 '-이' 형 부사가 파생되는 일이 없다는 사실과 관련지어 생각할 수 있는 문제인데 이러한 동음 현상으로 인하여 형용사의 어간과 '-이'가 결합하여 명사가 되는 일 자체가 차단되는 것이라 볼 수 있다. 실제 (13나)의 예들은 대부분 동음어 현상을 빚고 있다. 명사 '넓이'와 부사 '널리' 정도가 다른 어형으로 나타날 뿐이다.

이와 관련하여 다음의 파생 명사들이 주목된다.

> (14) 가. 말랑이, 끈끈이, 달콤이, 축축이, 꿀꿀이, <u>누더기</u>……
> 나. 깔끔이, 날씬이, 답답이, <u>뚱뚱이</u>, 엉뚱이, 튼튼이, 한심
> 이, 덜렁이, 빤질이, <u>합죽이</u>, <u>멍청이</u>, 땅딸이, 배불뚝이,
> <u>털털이</u>, <u>구부렁이</u>, <u>홀쭉이</u>, <u>넓적이</u>, <u>똘똘이</u>, <u>똑똑이</u>, 배뚱
> 뚱이……
> 다. 멀쩡이, 상냥이, 꾸준이, 쌀쌀이, 썰렁이, 씩씩이, 어수선
> 이, 지저분이, 깜깜이, 껄렁이, 깝죽이, 말끔이, 시끌벅적
> 이(?)……

이 예들은 송철의(1992:135)에서 '-이₃'이라는 접미사에 의하여 파생된 예들로 분류되었던 예들(밑줄 친 단어들)을 일부 포함한다. 송철의(1992)에서는 명사 파생의 접미사 '-이'를 '-이₁', '-이₂', '-이₃'으로 나누어 동사 어간으로부터 명사를 파생시키는 가장 생산적인 접미사 '-이'를 '-이₁'이라 하고 (13나)에서와 같은 파생을 보이는 예들에 대해서는 그 기원이 '익/의'에 있었던 것과도 연관지어 '-이₂'로 나누면서 이것은 현대국어에서 공시적인 생산성이 없는 접미사라고 하였다. 그리고 명사나 어근, 의성·의태어 등에 결합하여 명사를 파생시키는 '-이'를 '-이₃'이라 하였다. 이렇게 '-이'를 세 종류로 나눈 것은 '-이'의 의미 차이에 의한 것은 아니고 어기의 차이에 따른 분류라고 생각된다.

그런데 (14)의 예들을 보면 접미사의 의미는 대체로 '-이₁'의 경우와 유사하고 또 이 의미가 매우 규칙적으로 나타나는 것을 알 수 있다. (14가)에서는 "어기의 성질을 가지고 있는 사물(동물)"이고 (14나)에서는 '-이'의 의미가 "어기의 성질을 가지고 있는 사람"이다. (14다)의 경우 신조어적인 성격을 가지는 단어들인데 이 경우 역시 접미사의 의미는 (14나)의 예들에서와 같다. 이렇게 신조어가 많이 만들어질 수 있는 것을 보면 (14)에 나타난 '-이'는 매우 생산적인 것이라는 판단도 가능

하다. 그렇다면 (14)의 예들에 나타나는 접미사 '-이'를 '-이$_1$'에 포함시킬 수 있는 가능성은 없는 것일까? 송철의(1992:127-130)에서는 '-이$_1$'이 의미가 불규칙하기는 하나 대체로 "-하는 행위 또는 사건", "-하는 물건, 도구", "-하는 사람", "-할 것, -하는 것"을 나타내는 것으로 정리하고 있다. 그리고 이 '-이$_1$'은 "중세국어 이래 가장 대표적인 명사파생 접미사로 간주되어 왔고 현대국어에서도 여전히 생산적인 파생능력을 가지고 있는 것으로 여겨지고 있다"고 하여 그 생산성이 높음을 명시하였다. 그렇다면 '-이$_1$'과 '-이$_3$'의 차이는 조금의 의미 특성과 어기의 차이로 좁혀진다.

(14)의 어기들은 일견 매우 불규칙해 보인다. 그러나 이들을 자세히 살펴보면 형용사를 이루는 어기들임을 알 수 있다. 즉 '-하다'에 선행하여 파생 형용사를 이루는 비자립적인 어기들이 (14)에서는 '-이'에 선행하여 파생 명사를 이루는 것이다. 이것은 앞에서 잠시 언급한, '-하다'형 형용사의 중요한 의미는 어기에 담겨 있고 '하다'는 형용사의 "풀이힘"을 표현하는 형태적 장치라는 설명과 일맥상통하여 그 내용을 뒷받침해 주는 현상이다. 이렇게 (14)의 어기들이 형용사의 어근이라고 하면 규칙적인 어기로 포착할 수 있다. 그렇다면 동사의 어간인 경우와 형용사의 어간 중 '-하-'를 제외한 부분이라는 점은 함께 묶일 수 있는 것이 아닌가 생각된다. 동사의 경우 '-하다'형 동사가 그 앞의 어근이 어기가 되어 '-이'형 파생 명사를 만드는 일이란 없다. 그런데 형용사의 경우 이러한 예들만이 생산적인 접미사 '-이'의 규칙적인 어기가 되는 것이다. 이렇게 '-이'의 선행 어기에서 '-하-'가 규칙적으로 탈락되는 현상은 'X-하다'형 형용사의 어간 'X하-'에 부사화 접미사 '-이'가 결합하여 파생 부사를 형성하는 일이 있음과 연관지어 해석할 수 있다.[26] 'X하-'

---

[26] 앞에서도 언급했지만, 동사의 경우에는 '-이'가 부사를 파생시키는 일이 없는 것이다.

에 '이'가 결합하면 'X-히'가 되는데 만일 명사 파생 접미사의 어기 형태
가 'X'가 아니고 'X하-'였다면 파생 부사와 파생 명사는 원천적으로 구
별이 불가능했을 것이기 때문이다.27)

그러므로 송철의(1992:135)에 제시된 '-이$_3$' 중에서 (14)에 제시된
예들에 포함되는 예들을 '-이$_1$'에 넣을 것을 제안한다. 의미 면에서나 어
기의 규칙성 면에서나 또 생산성 면에서나 '-이$_1$'의 속성이 많다고 여겨
지기 때문이다.28) (14)의 '-이'가 "-하는 행위 또는 사건"이나 "-할 것,
-하는 것" 즉 "어떤 행위의 대상"의 의미를 가지지 못하는 것은 'X하-'에
서의 'X'의 의미가 〔-행위성〕이기 때문이므로 이러한 의미 차이는 문제
가 되지 않는다.

결국 (14)의 예들을 형용사가 어기가 되어 파생 명사가 이루어진
예에 포함시킬 수 있다면 형용사의 명사 파생은 동사의 경우와 마찬가
지로 매우 생산적인 현상이라는 설명을 할 수 있으며 다만 그 파생의
양상에서 형용사의 조어적·의미론적 특질 때문에 'X하-'라는 어간 전
체가 '-이$_3$'의 선행 어기가 되는 것이 아니라 '-하-'가 탈락된 형태인 'X-'
가 '-이$_3$'의 선행 어기가 되는 것이라고 설명할 수 있다.

2.2. 활용상의 특징

형용사는 어미 활용을 하는 용언의 하나이고 다양한 활용형으로 문

---

27) (14가)의 예들은 이와 비슷한 현상을 오늘날 경험하게 되었지만 (14가)에 나타나는 '-
　　이'는 기원적으로는 '-이'의 형태가 아니었으므로 단어 형성 당시에는 동형어를 낳을 가
　　능성이 없었던 것이고 어쩌면 이 접미사 즉 '-이$_2$'가 오늘날 생산성을 잃게 된 것은 "-의/
　　의 〉 -이"라는 변화 과정에도 원인이 있는 것이라고 할 수도 있을지 모르겠다.
28) '곰배팔이, 절름발이, 육손이……'에 나타나는 '-이'는 생산적이지도 않고 그 어기가 규칙
　　적이지도 않으므로 여전히 '-이$_3$'으로 두는 것이 좋을 것 같다.

장 속에 실재한다. 그러므로 형용사의 활용 양상을 체계적으로 기술하는 것은 형용사 연구의 중요한 일부가 된다.

　형용사의 경우 동사와 달리 그 기본형이 그대로 문장 속에 나타나는 일이 많기는 하지만 대개의 경우는 여러 다양한 어미를 취한 모습으로 실현되며 표면상 기본형이라고 하더라도 무표적(unmarked) 선어말어미 '-∅-' 같은 것이 내재되어 있는 것으로 분석하는 것이 일반적이다(고영근, 1998:15-18). 이는 용언이 어말어미나 선어말어미를 통하여 그 통사·의미론적 기능을 발휘할 수 있음을 의미한다. 용언의 문장 속에서의 지위나 그 용언이 서술어로 사용된 문장의 서법적 특징은 어말어미를 통하여 드러나고 그 용언의 시제나 동작상, 또는 높임과 관련한 통사·의미론적 기능은 선어말어미를 통하여 드러난다. 그러므로 용언의 활용은 이러한 측면에서는 형태론적인 현상이 아니라 통사론적 현상이며 이 통사론적 현상을 지배하는 통합상의 제약은 용언의 의미론적 특성에 근거한다는 점에서 통사·의미론적 현상이라고 할 수 있다.

　용언의 활용을 살펴보는 방식은 크게 두 가지로 나누어진다. 하나는 활용 과정에서 나타나는 형태론적 특징에 초점을 맞추는 것으로, 이 경우 연구자는 어간이나 어미의 이형태와 그 분포에 주로 주목하게 된다. 다른 하나는 통사·의미론적 특성에 주안점을 두는 것으로, 이때 연구자는 일차적으로 개별 용언 또는 특정 용언 부류에 대하여 결합 가능한 선어말어미와 어말어미의 목록을 확인하는 작업을 통하여 용언들의 활용상의 통합 관계를 관찰하게 된다. 그리고 결합상의 제약이 나타날 때 그 이유를 설명하는 과정에서 용언의 의미론적 특성을 추출해 낸다. 용언의 어간과 개별 어미들의 통합 관계나 어미들 간의 계열 관계를 확인하는 일은 일차적으로는 형태론의 소관 사항이라 할 수 있으나 그 통합상의 제약을 통하여 어간과 어미 간의 통사·의미론적 특성을 파악하는 일은 형태론의 범위를 넘어서는 일인 것이다.

이렇게 볼 때 형용사의 활용도 형태론적 조명과 통사·의미론적 조명을 달리 받아야 하고 따라서 장도 나누어 기술하는 방법을 취할 수도 있겠으나 전체적인 체계와 기술상의 편의를 위하여 둘을 한데 묶어 놓았다. 그리고 전통적으로 '활용'이 형태론의 대상으로 더 많이 인식되어 온 것을 감안하여 형태론 부분에 넣었다. 그러나 우리가 더 역점을 두어 기술할 부분은 형용사 활용의 통사·의미론적 특징이다.

활용의 양상, 즉 어간에 어떤 어미가 결합하고 어떤 어미가 결합에 제약을 보이는지는 국어에서 동사와 형용사를 판별하는 중요한 기준이 되고 있다. 이 밖에도 의미론적 특성이 중요시되기도 하지만 의미론적 기준이 객관적인 검증을 하기 어려운 부분이 많다는 점과 비교해 볼 때 활용의 양상이야말로 주관적인 요소가 개입되지 않는 가장 선명한 판단 준거가 되는 것이다.

송철의(1995)의 논의도 이런 사실을 기본적으로 전제하고 있는 것으로 생각된다. "'크다'가 형용사로도 기능하고 동사로도 기능한다는 사실은 다음과 같은 활용의 양상이나 부사로부터의 수식 관계를 통해서 확인할 수 있다"고 하면서 '크다'의 활용 패러다임을 두 가지로 들고 그 각각을 '좋다'의 것과 '가다'의 것과 각각 대비시켜 활용의 양상이 동일함을 들어 하나를 형용사적인 것으로, 다른 하나를 동사적인 것으로 규정하면서 '크다'를 '크다$_1$'과 '크다$_2$'로 나누고 있는데 이것은 용언이 어떤 활용의 패러다임을 보여 주는지가 곧 그 용언의 품사를 결정한다는 생각을 전제하고 있는 것으로 해석된다.[29]

---

29) '익다'와 '설다'에 대해서도 같은 방식으로 검증하여 이 두 단어를 모두 동사와 형용사의 두 가지 품사를 가진 것으로 처리하고 있다. 그러나 '없다'와 같은 예를 이 방식에 적용하여 패러다임을 만들어 보면 형용사의 활용 패러다임과 일치하지 않는 면을 보이므로 과연 활용의 패러다임이 품사의 분류에 절대적인 기준으로 이용될 수 있을까를 의심할 수

흔히 활용 면에서 동사와 형용사를 구분하는 가장 큰 기준이 되는
것은 시제상 현재형이 '-는다'로 실현되느냐 아니면 현재형과 기본형이
같은 형태로 나타나느냐라고 할 수 있다. 현재형이 '-는다'의 형태로 나
타나면 동사이고 '-다'형, 즉 기본형이 그대로 직설법 현재형으로 나타

도 있다.

> (1) 가. 좋다 : 좋다,   좋구나,   좋은 사람,   날씨가 {참/*빨리} 좋구나
>   나. 가다 : 간다,   가는구나,   가는 사람,   세월이 {*참/빨리} 가는구나
>   다. 없다 : 없다,   없구나,   없는 일,   일이 {참/*빨리} 없구나

(1가)가 형용사의 전형적인 활용 양상을 보여 주고 (1나)는 동사의 전형적인 활용 양상
을 보여 주는데 (1다)에는 (1가)적인 요소와 (1나)적인 요소가 혼재되어 있기 때문이
다. 그러나 (1다)에서 문제가 되는 '없는'이라는 활용형은 '있다'의 활용형 '있는'에 유추
된 것으로 보아 예외적인 활용형으로 다룰 수 있다. 사실 '없다'의 관형사형이 '없는'으로
나타나기 시작한 것은 16세기『소학언해』에서의 일이지만 '없는'이 '없슨' 식의 활용형을
완전히 몰아내기까지에는 무려 4세기가 소요된 것으로 볼 수 있다. 1939년까지만 거슬
러 올라가도 '업슨'과 같은 활용형이 현재시제 관형사형으로 나타났던 것을 확인할 수 있
다.

> (2) <u>실업슨</u> 말씀 고만두세요. <u>쓸데업는</u> 근심말구 잠을 잘자게 그러면 달기 어련이 때
> 마치 울겟나. 〈홍명희, 林巨正(1939. 1.)〉
> (3) 기둥이 나라면, 할머니는 고전적인, 그래서 약간은 신비한 허위를 떠받치고 있는
> 기둥쯤 될지도 모른다는 <u>실없는</u> 생각을 하며 나는 다시 달콤한 새벽잠에 빠져들었다. 〈김
> 동리, 황토기(1939. 5.〉

(2)에서 우리는 '없슨'형과 '업는'형이 공존하여 동요하는 것을 볼 수 있으며 (3)에서도
'없는'형이 나타나는 것을 볼 수 있다. 이 밖에도 나도향이나 염상섭의 소설 등 1920년
대와 30년대의 여러 글들에서 '업슨'과 같은 활용형이 나타났던 것을 볼 수가 있는데
(2)와 (3)을 볼 때 아마도 홍명희의 소설『林巨正』이 '업슨' 식의 활용을 보이는 가장 후
대의 문헌이 아닌가 싶다. '있다'의 경우에는 좀 더 이른 시기에 '잇는'과 '잇슨'이 같은 글
속에서 공존하다가 '잇는'으로 통일되는 모습을 볼 수가 있다.(≪신여성≫ 1923년 11월
호에 나오는 예문 참조) 그러나 이러한 동요나 시대순의 뒤섞임은 그 자체가 논의의 대
상은 아니고 우리는 이러한 자료들에서 '있다', '없다' 두 형용사의 관형사형 어미가 '-은'
형태에서 '-는' 형태로 바뀌는 과정을 확인할 수 있다는 데에 의의를 둔다. 이로써 이 두
형용사에 나타나는 '-는'형의 활용형은 예외적인 것으로 처리하는 일이 가능하다는 점이
밝혀질 수 있기 때문이다. 따라서 형용사를 확정하는 가장 중요한 기준은 활용의 양상이
라는 사실에는 의심의 여지가 없으며 아울러 이러한 '-는' 형태의 관형사형 어미에 너무
얽매여 '있다'와 '없다' 두 용언을 동사로 규정할 이유는 없음을 알 수 있다.

나면 형용사라고 하는 것이 가장 선명한 판단 준거가 된다. 의미론적으로 비슷한 특질을 지니고 있고 그래서 반의어의 짝이 되는 단어들이라고 하더라도 한쪽은 형용사, 다른 한쪽은 동사로 분류되는 단어들이 있다는 사실은 형용사의 확정 기준이 의미론적인 면에보다도 형태적인 면에 더 많이 있음을 의미한다.

   (15) (가)   (나)
     있다(있는다) ⇔ 없다(*없는다)
     밝다(밝는다) ⇔ 어둡다(*어둡는다)
     크다(큰다) ⇔ 작다(*작는다)

위의 (15가)의 단어들과 (15나)의 단어들은 각각 서로 반의어의 짝이 되는 단어들이지만 대체로 (15가)의 경우에 동사로, (15나)의 경우에 형용사로 각각 규정하고 있다. 물론 문법가들이 이러한 분류에 완전히 의견의 일치를 보이는 것은 아니며 사전에서도 (가)류에 대하여 형용사와 동사 양쪽의 특성을 다 지니는 것으로 기술하기도 하고 동사로만 규정해 놓고 있기도 하는 등 일관된 처리를 해 놓지 않고 있는 실정이기는 하지만30) 적어도 (나)의 형태들에 대하여 동사라고 규정하는 일은 없다. 이것은 형용사의 판별 기준으로 그 활용의 양상이 매우 중요하게 이용되고 있음을 다시 한번 강조해 준다고 할 수 있다.

 우리는 (15가)의 예들에 대하여는 동사와 형용사 두 품사를 다 인정하고 (15나)에 대해서는 형용사 한 가지 속성만 가진 것으로 본다. 그러므로 엄밀하게 말하면 (15가)와 (15나)가 반의어의 짝이 되는 것

---

30) 한글학회의 《우리말 큰사전》에서는 '있다'의 형용사적인 측면을 고려하지 않고 '제움직씨'로만 기술하고 있다. 아마도 '있어라', '있자' 같은 활용 형태가 있음을 기준으로 한 처리이겠지만 이런 활용형이 가능한 '있다'와 그렇지 않은 '있다'가 있다는 사실을 배려하지 않았고 또 이 두 '있다'에 미세하나마 의미 차이가 있는 것을 고려하지 않은 탓인 듯하다.

은 아니고 (15가) 형태의 형용사와 (15나)가 반의어의 짝이 되는 것이
라고 해야 한다. 송철의(1995)의 방식으로 활용의 양상을 살펴볼 때에
(15가)의 단어들은 형용사로서의 측면과 동사로서의 측면을 다 가지고
있으며 (15나)의 단어들은 형용사로서의 측면만을 가지고 있다.

      (16) 가. 있다$_1$: 있다,   있구나,   <u>있는</u>,   있을
          나. 크다$_1$: 크다,   크구나,   큰,   클
          다. 밝다$_1$: 밝다,   밝구나,   밝은,   밝을
      (17) 가. 있다$_2$: 있는다, 있는구나, 있은[31]), 있는, 있을
                     있어라, 있자
          나. 크다$_2$: 큰다,   크는구나, 큰   크는, 클,
                     커라,   크자
          다. 밝다$_2$: 밝는다, 밝는구나, 밝은, 밝는, 밝을,
                     밝아라, 밝자[32])

---

31) '있은'이라는 활용형이 나타나는 예로 다음과 같은 것을 들 수 있다.

   우리가 함께 <u>있은</u> 지도 벌써 3년이 되었다.
   아이가 할머니 집에 <u>있은</u> 뒤로 살이 토실토실 올랐다.

32) 동사라고 하여 모든 동사가 어떤 상황에서나 명령형과 청유형을 자유롭게 가지는 것은
아니다. '밝다'의 경우 '밝자'나 '밝아라' 같은 활용형은 제한을 받는다.

   (1) 가. 새벽아! 어서 밝아라.
       나. 우리 함께 밝자.

(1가)는 의인화가 된 문장이라고 할 수 있다. 아니면 주문을 외우는 상황이라고 해야
성립할 수 있다. (1나)도 전구들이 사람처럼 서로 대화하는 동화의 세계에서나 자연스
러운 문장이다. 이것은 아마도 '밝다'가 성질 형용사로 나타날 때 주격보족어로 인물 명
사를 취하지 않는다는 사실과 관련이 있지 않을까 한다. '크다'는 인물 명사를 주격보족
어로 취한다는 점에서 명령형과 청유형이 자유롭게 나타나는 예이다. 반면 똑같이 인물
명사를 주격보족어로 취하는 동사라고 하더라도 '늙다' 같은 경우에는 "함께 늙자" 같은
청유형은 가능하나 "늙어라"나 "늙으십시오" 같은 명령형은 잘 나타나기 어렵다. 이런 현
상들은 모두 용언의 상적 특성이나 의미상의 제약이 활용형에 영향을 미치는 예를 보여
주는 것이라고 하겠다.

    (18) 가. 없다$_1$: 없다,   없구나,   <u>없는</u>,   없을

        나. 작다$_1$: 작다,   작구나,   작은,   작을

        다. 어둡다$_1$: 어둡다,   어둡구나,   어두운,   어두울

    (19) 가. 없다$_2$: *없는다, *없는구나, *없은, *없는, *없을,

                *없어라, *없자

        나. 작다$_2$: *작는다, *작는구나, *작은, *작는, *작을,

                *작아라, *작자

        다. 어둡다$_2$: *어둡는다, *어둡는구나, *어두운 *어둡는,

                *어두울, *어두워라, *어둡자

(16)은 '있다', '크다', '밝다'가 형용사의 활용 양상을 보여 주는 예이고 (17)은 같은 형태의 단어들이 동사로서의 활용 패러다임을 보여 주는 예이다. 그래서 형용사 '있다', '크다', '밝다'는 '있다$_1$', '크다$_1$', '밝다$_1$'이라 하고 동사로서의 '있다', '크다', '밝다'는 '있다$_2$', '크다$_2$', '밝다$_2$'라 구분하기로 한다. 한편 '없다', '작다', '어둡다'는 (18)에서 보는 것처럼 형용사로서의 활용은 보이지만 (19)의 활용형들이 성립하지 않는 것으로 보아 동사로서의 측면은 인정할 수 없다. 그런데 여기서 한 가지 문제가 되는 것은 '있다$_1$'과 '없다'의 관형사형이다. 이들의 현재 시제 관형사형은 위의 (16가)와 (18가)에서 각각 보듯이 '있는'과 '없는'이다. 이러한 관형사형은 동사의 활용 패러다임에서 나타나는 것이다. 그러나 이 '있는'과 '없는'이라는 형태가 나타났다고 해서 이 형태에 얽매여 이 단어들을 형용사 아닌 동사로 규정할 수는 없다. 이들은 형태상 동사적인 활용어미를 취하였으나 다른 활용형과 의미상의 특성을 고려하여 형용사로 규정할 수밖에 없다.

    결국 이러한 동사와 형용사의 구별은 일차적으로는 활용의 양상을

기준으로 하게 된다. 그래서 '있다'류는 동사와 형용사 두 가지 품사를 가진 것으로 기술하고 '없다'류는 형용사라는 단일한 품사로 기술하는 것이다.[33] 이렇게 동사와 형용사가 활용어미를 다르게 취한다는 사실은 형용사를 동사의 한 하위 범주로 볼 수 없는 중요한 이유이다.

최현배(1937)에서도 동사와 형용사의 활용상의 차이에 주목하고 있다. 최현배(1937:495-496)에서는 움직씨(동사)에 있는 목적꼴과 때벌림꼴(時間的羅列形)이 그림씨(형용사)에 없고, 그림씨에는 뜻함꼴(의도형)도 잘 쓰이지 않으며 움직씨에 없는 힘줌꼴(강조형)이 그림씨에 있는 것으로 보고 있다. 즉, 목적꼴의 '-(으)러'가 형용사 어간에 연결되지 못하고 뜻함꼴의 '-(으)려' 같은 것이 형용사에서는 제약을 받으며 대신 동사 어간에는 연결되지 않는 '-(으)나, -디, -고' 같은 어미가 강조 용법으로 쓰여 '넓으나 넓은', '차디 찬', '깊고 깊은'[34] 같은 형태가 힘줌꼴로 나타난다는 것이다.

이외에도 형용사와 동사는 서로 다른 활용 양상을 보여 결합 가능한 어미의 목록이 동일하지 않을 뿐더러 어떤 경우에는 동일한 형태의 어미가 결합하더라도 완전히 다른 의미로 해석되어 같은 어미로 처리할 수 없는 것도 있고 또 어미 뒤에 연결되는 보조용언의 형태에 따라 의미가 달라지는 것도 있다. 본장에서는 이런 개별적인 결합 양상을 정밀

---

33) 이상억(1970:297-300)에서는 형용사로서의 '있다'와 자동사로서의 '있다'를 분명하게 구분해 놓고 있다. 형용사로서의 '있다'는 '소유'의 의미를 가진 것으로, "그가 돈이 있다" 와 같은 문장 구조를 이루며 자동사로서의 '있다'는 '존재'의 의미를 가진 것으로, "책이 (여기에) 있다"와 같은 문장을 이룬다고 하였다. 그리고 형용사 '있다'의 경어는 '있으시 다'이며 자동사 '있다'의 경어는 '계시다'로 구분되어 나타난다고 하였다. 그리고 '없다'는 경어도 '없으시다'로 나타나고 나머지 활용형도 형용사 '없다'와 같은 양상으로 나타나는 점을, '계시다'가 자동사 '있다'와 같은 활용 양상을 보이는 점과 대비시켜 일람표로 제시 하였다.
34) 형용사의 이러한 강조 용법에 대해서는 김창섭(1981)에서는 활용이 아닌 파생으로 처리하고 있기도 하다.

하게 기술하는 것을 목표로 한다. 이제 형용사가 동사와 다른 활용 양상을 보이는 예들을 중심으로 어말어미와 형용사 어간의 결합 양상을 살펴보겠다.

2.2.1. 어말어미와의 결합

본 소절에서는 형용사의 어간에 어말어미가 어떤 양상으로 결합되는지를 살펴본다. 통합 관계의 확인에 사용할 어말어미는 크게 종결어미와 연결어미, 전성어미로 나뉜다. 종결어미는 문장을 끝맺는 어미로서 화자의 발화 의도와 청자에 대한 존비의 등급에 따라 여러 가지 형태가 나타난다. 연결어미는 문장과 문장을 연결하는 어미와 용언과 용언을 연결하는 어미로 크게 나뉘지만 형태상의 차이는 별로 없으므로 따로 나누어 기술하지는 않는다. 다만 용언과 용언을 연결하는 어미들 중에는 어미와 뒤의 용언—대개 보조용언이 여기에 해당한다—이 한 덩어리의 의미로 해석되는 경우들이 있고 그것이 양태나 동작상 등과도 관련이 있어 하나의 연결된 형태로 다루어야 할 것들이 있다고 판단되므로 그런 복합 형태들을 이 자리에서 함께 다루려고 한다. 전성어미의 경우에도 뒤에 연결되는 보조용언과 긴밀한 결합 양상을 보이는 것이 있어 전성어미를 다루는 자리에서는 그런 예들을 포함시켜 기술하고자 한다.

【 문장 종결어미 】

현대국어의 종결어미는 문장을 끝맺는 데 쓰는 것으로, 평서, 의문, 명령, 청유, 약속, 허락, 감탄 등의 문체법과 청자에 대한 존비법이 복합되어 나타나는 것이 특징이다. 형용사의 경우 명령법, 청유법, 약속법, 허락법 어미와의 결합을 허용하지 않으므로 평서법과 의문법, 감탄법의 세 가지 유형의 종결어미들과의 결합형만을 기술하기로 하였고 동사의 경우에는 평서, 의문, 감탄, 명령, 청유의 다섯 가지를 기술하였다. 명령형과 청유형은 동사와 형용사의 차이를 부각시키는 관점에서 기술하였다. 두 표에서 서로 다른 활용 어미의 형태가 나타나는 것은 진한 글자로 나타내었다.

 표1, 2를 비교하여 보면 어미들의 형태상의 차이는 명령형이나 청유형에서만이 아니라 다른 어미 형태들에서도 나타남을 알 수 있다. 활용 어미는 어간과의 결합 과정에서 어간 형태의 음운론적인 특성에 따라 형태음운론적인 교체형을 보인다는 사실이 일반적으로 알려져 있지만 이 표에서 진한 글자로 표시하여 대비시켜 놓은 어미의 예들을 보면 음운론적인 요인에서 결과된 이형태가 아니라 형용사와 동사라는 범주상의 차이에서 유래한 형태상의 차이가 분명하게 드러나는 것을 볼 수 있다.

〈표1〉 형용사의 종결어미

	평서법	의문법	감탄법	**명령법**	**청유법**
합쇼체	-ㅂ니다/-습니다	-ㅂ니까/-습니까	**-구료**	·	·
해요체	-어요, -지요	-어요,-지요,-나요	**-군요**	·	·
하오체	-오/-소	-오/-소	-오/-소	·	·
하게체	-(으)이, -네	-(으)ㄴ가, -나	**-네그려**	·	·
해체	-어	-어	**-군**	·	·
해라체	-다	-(으)냐, -니	**-구나, -도다, -어라**	·	·

〈표2〉 동사의 종결어미

	평서법	의문법	감탄법	**명령법**	**청유법**
합쇼체	-ㅂ니다/-습니다	-ㅂ니까/-습니까	**-는구료**	**-(으)십시오**	**-(으)십시다**

해요체	-어요, -지요	-어요,-지요,-나요	**-는군요**	**-어요/-세요**	**-어요/-세요**
하오체	-오/-소	-오/-소	-오/-소	**-오/-소**	**-오/-소**
하게체	-네	**-는가**, -나	-네그려	**-게**	**-세**
해체	-어	-어	**-는군**	**-어**	**-어**
해라체	-ㄴ다/-는다	-느냐, -니	**-는구나, -는도다**	**-어라**	**-자**

위의 표에서 어미의 형태를 결정한 것과 관련하여 설명을 덧붙인다면, 첫째 하오체의 어미 '-오/소'와, 둘째 해요체의 '-어요', '-지요'에 대해서 이다.

먼저 하오체에서는 어간이 받침이 있는 경우 '-소'와 '-으오'가 교체를 보인다고도 할 수 있으나 현대국어에서 하오체는 소실되는 과정에 있다고도 할 수 있을 만큼 그 쓰임이 적고 따라서 현대국어 화자들의 직관을 판단 근거로 삼기 어렵다고 생각된다. 고영근(1974/1989:271)에서는 개화기 이후의 자료들을 조사한 결과 '-으오'는 나타나지 않고 '-소'만이 나타난다는 것을 지적하고 있어 그 기술에 따라 하오체 어미로 '-오'와 '-소'만을 넣었다. 최명옥(1991)에서도 "-o는 모음으로 끝나는 어간과, -so는 순수자음으로 끝나는 어간과 각각 통합된다"고 기술하고 있다.

다음으로, '해요체'의 어미에 '-어요' 외에 '-지요'를 넣었는데 고영근(1974/1989:262)에서는 '하지체'와 '하지요체'를 따로 설정하고 있어 주목된다. 존비의 등급상 '해요체'와 '하지요체', 그리고 '해체'와 '하지체'가 크게 다른 것 같지는 않으나 명령법에 이 어미가 쓰일 경우에는 '하지체'나 '하지요체'가 '간접성'의 의미를 담고 있으므로 청자에 대하여 상대적으로 더 높은 등급의 대우를 하는 것처럼 느껴진다.

이제 표에서 진한 글씨로 나타나 있는 어미들 하나 하나에 주목해

보자. 평서법에서 해라체의 어미로, 형용사의 경우에는 '-다'가 나타나지만 동사의 경우에는 '-ㄴ다'와 '-는다'가 나타난다. 그러나 이것은 관점에 따라 평서형의 종결어미에 나타나는 차이가 아니라고 볼 수도 있다. 왜냐하면 동사의 경우 과거 시제 선어말어미가 개재하면 '먹었는다'가 아닌 '먹었다'형의 활용이 나타나므로 '-ㄴ-'이나 '-는-'을 '-었-'이나 '-겠-'과 계열 관계에 있는 선어말어미로 분석해 내는 방법도 가능하기 때문이다.

그런데 형용사의 경우에는 '-었-'이나 '-겠-'과 계열 관계에 있는 선어말어미의 형태가 '-ㄴ-'이나 '-는-'으로 나타나지 않는다. 표면적으로 보면 '좋다–좋았다–좋겠다'의 패러다임을 보이므로 그 '-ㄴ-'이나 '-는-'에 해당하는 형태가 없는 것이라고 할 수도 있다. 그러나 형용사의 현재 시제에도 그것을 나타내는 선어말어미가 있을 것이 요구되므로 우리는 이런 경우 대개 무표적 '-∅-'를 설정하는 방식을 쓴다.[35]

다음으로 하게체의 평서법 어미가 주목된다. '-(으)이'는 형용사의 어간에만 결합하여 받침 없는 어간인 경우 '예쁘이'와 같은 형태로, 또 받침 있는 어간인 경우에 '같으이'와 같은 형태로 활용한다. 한편 형용사의 어간은 '예쁘네', '같네'에서 보듯이 '-네'라는 어말어미와도 결합할 수 있다. 그러나 동사는 '가네', '먹네'처럼 '-네'라는 어미를 취할 수는 있으나 '*가이', '*먹으이' 같은 '-(으)이' 결합 형태가 평서형에서 나타나지는 않는다.[36]

---

35) 무표적인 '∅'의 용법에 대한 자세한 설명은 고영근(1998:63) 참조.

36) 이윤하(1993)에서는 그동안 이 어미가 형용사의 어간에만 결합하는 것으로 기술되었던 것은 잘못이라고 하면서 '-(으)이'가 동사와 형용사에 두루 쓰인다고 하였으나 실제로 그런지 의심스럽다. 앞에서도 언급하였듯이 '하게체'는 실제 쓰임이 매우 적은 형식이므로 현대국어의 화자들이 직관에 따라 바르게 쓸 수 있는 영역을 이미 벗어난 것이라고 보는 것이 우리의 입장이다. 이윤하(1993)에서는 '-(으)이'가 동사에 나타나는 경우 형용사에서와 달리 명령형의 어미로 쓰인다고 하고 있으나 이 설명 또한 의심스럽다. 하게체의 명령형 어미로는 '-게'가 분명히 존재하고 이 명령형 어미는 하게체의 다른 어미

‘-네’가 동사와 형용사에 두루 쓰이고 ‘-(으)이’가 형용사에만 쓰인다는 사실은 좀 깊이 고찰될 필요가 있다. ‘-네’는 ‘-느-’와 ‘-이’로 분석할 수 있다.37) 그렇다면 동사 어간에 붙는 어미와 형용사 어간에 붙는 어미의 차이는 ‘-느-’의 유무로 귀결된다.38) 이렇게 ‘-네’를 ‘-느-’ 복합체로 해석할 때 한 가지 문제가 되는 것은 ‘-네’가 현대국어에서 형용사 어간에 결합하는 사실을 어떻게 받아들일 것인가 하는 문제이다. 우리는 여기에 대해서 ‘유연성의 상실’이라는 설명을 붙이고자 한다. ‘-네’라는 어미가 현대국어의 화자들에게 공시적으로 더 이상 분석되지 않는 단일형인 것으로 받아들여지고 그래서 그 속에 들어 있는 ‘-느-’라는 형태소에 대한 인식이 없어졌기 때문에 ‘-네’는 동사와 형용사에 자유롭게 결합할 수 있는 것이라고 설명할 수 있다.39) 이러한 해석과 설명은 의문법 어미 ‘-나’와 ‘-니’, 그리고 감탄법 어미 ‘-네그려’가 동사와 형용사에 공통으로 나타나는 현상에도 그대로 적용될 수 있다.40)

들에 비해서 사용 빈도가 높은 편인 점을 고려할 때 그것과 같은 등급의, 같은 서법 어미로, 형용사의 어간에 결합할 때는 평서형으로 쓰이는 어미인 ‘-(으)이’가 쓰인다는 것은 일반적으로 받아들이기 쉽지 않다.

고영근(1974/1989:254)에는 ‘-(으)이’의 형태에 대한 동요상이 잘 기술되어 있으며 개화기 이후의 문학 작품에서 ‘-(으)이’가 쓰인 예를 들어 놓고 있지만, 이 어미가 형용사에만 쓰이는 것이라는 점에 대해서만은 조금도 의심을 보이지 않고 있다.

37) 고영근(1974/1989:154)에서는 ‘-느-’와 ‘-이’가 合體되어 ‘-네’로 되었다고 설명한다.

38) ‘-데’도 ‘-더-’+‘-이’로 분석된다.

39) 이와 완전히 같은 맥락에서 논의된 것은 아니지만 이영경(1992:44)에서도 ‘-느-’의 기능 약화와 체계 내에서의 불안정성이 ‘-느-’가 응축된 형태로 개재되어 있는 ‘-네, -니, -습니다, -습니까’ 등 일련의 어미들로 하여금 형용사와 자유롭게 통합할 수 있게 하였다고 설명하고 있다.

40) 한편 이러한 현상을 유추로 설명하는 일도 있다. 현대국어로 오면서 어미들의 여러 이형태가 단일형으로 통일되는 현상을 많이 볼 수 있는데 이것을 모두 넓은 의미의 유추로 해석할 수도 있다. 앞에서 ‘없는’과 같은 관형사형도 동사 ‘있다’의 관형형 ‘있는’에 형용사 ‘있다’의 관형형이 유추되어 통일되고 이어 일어난 유추라 할 수 있고 ‘먹지’ 대신 ‘먹으지’, ‘웃지’ 대신 ‘웃으지’ 같은 형태의 활용이 특히 어린 아이들과 여자들의 말에서 많이 나타나는 현상도 이렇게 볼 수 있다. 심지어 ‘선생님이가’, ‘밥이가’ 같은 형태의 조사 결합형도 유추로 해석될 수 있는 것들이다.

의문법의 어미에서는 간접의문의 하게체 어미 '-(으)ㄴ가'와 '-는가'가 형용사와 동사에 분명히 구분되어 쓰이는 것을 볼 수 있다. 형용사의 경우 매개모음 '으'의 개재 여부에 따라 '-은가'와 '-ㄴ가'가 교체를 보이지만 동사의 경우에는 어간의 받침 유무에 관계 없이 모두 '-는가'라는 형태로 나타난다. 그러므로 형용사의 경우에는 이 어미의 기본형을 '-ㄴ가'로 잡을 수 있고 동사의 경우에는 '-ㄴ가' 앞에 '-느-'라는 선어말어미 형태가 통합되어 나타나는 것이라고 하겠다. 이것은 동사와 형용사의 현재 시제 관형사형 어미 '-은'과 '-는'에서 보여 주는 것과 똑같은 활용의 양상이다. 우리는 여기서 동사와 형용사의 차이를 유발하는 '-느-'의 정체가 형용사와 동사의 의미 특성의 차이와 관련된 것이라는 사실을 추론해 낼 수 있다.

이 '-느-'는 중세국어에서는 '-ᄂᆞ-'로 나타났던 서법 관련 선어말어미이다. 허웅(1975:878)에서는 '-ᄂᆞ-'를 현실법의 선어말어미로 규정하면서 그 쓰임을 "어떤 행동이나 상태가 <u>방금 눈앞에 나타나고 있는</u> 것을 기술하거나 방금 눈앞에서 나타나 있는 것으로 생각하면서 기술하는 방법"(밑줄 필자)이라고 설명하고 실제 중세국어의 예문을 들어 '-ᄂᆞ-'의 쓰임을 설명하면서 다음과 같이 덧붙이고 있다.

> 「-ᄂᆞ-」는 상태를 나타내는 풀이씨(그림씨)나 잡음씨에 붙는 일이 별로 없다. 그림씨에 붙은 예는 몇 개 보이나 (굳ᄂᆞ니, 어듭ᄂᆞ니, 졸ᄂᆞ니), 「-이다」에 붙은 예는 하나뿐이다(隨之矣ᄂᆞ니). 그러나 이 예도 한문의 토이며, 그 속뜻은 움직씨적이다. 그러므로 같은 문장 안의, 같은 표현법일지라도, 그림씨에는 「-ᄂᆞ-」가 붙지 않고, 움직씨에는 '-ᄂᆞ-'가 붙는 일이 있다.(허웅, 1975:881)

허웅(1975)에서는 몇몇 예들 때문에 형용사의 경우를 완전히 배제할 수 없어 '-ᄂ-'의 의미를 설명할 때 '행동'뿐 아니라 '상태'에 대해서도 배려를 하고 있지만 전체적인 논조는 중세국어에서 '-ᄂ-'는 대체로 동사의 어간에 결합하는 요소로서의 성격이 강했다는 쪽으로 기울어 있다고 해석된다.

고영근(1981:15)에서도 "직설법의 형태는 <u>원칙적으로 동사에서만</u> 확인되므로 형용사와 지정사의 어형은 분석의 대상으로 삼을 필요가 없다"(밑줄 필자)고 하면서 '-ᄂ-'가 형용사 및 지정사에 붙는 일은 "현대어의 '밝는다, 붉는다'에 나타나는 '-는/ㄴ-'과 같이 동사 전성으로 설명하는 것이 좋을 듯하다"고 각주에서 덧붙이고 있다.

앞의 두 논의에서 발견되는 현실법, 직설법 같은 용어와 그 의미 해석, 그리고 실례로 들어 놓은 '-ᄂ-'의 쓰임을 살펴보면 '-ᄂ-'는 동태성의 의미 자질을 지닌 용언의 어간에 결합하여 그 동작이 방금 눈앞에서 실현되고 있다는 의미를 표현하는 선어말어미라는 결론을 내릴 수 있다. 움직임이나 과정적인 의미를 담고 있지 않은 형용사나 '이다'의 어간에는 바로 이런 이유 때문에 '-ᄂ-'가 결합할 수 없는 것이다.

이런 관점에서 허웅(1975)에서 제시한 형용사의 예들은 다시 검토될 필요가 있다. 몇몇 예로 제시된 것 중에 '어둡ᄂ니' 같은 경우는 날이 어두워 가는 과정적인 의미가 내포되어 있으므로 '-ᄂ-'와 결합할 수 있었던 것이라고 생각한다. 그렇게 보면 '어둡ᄂ니'의 예는 형용사의 예라고 할 수 없다. 현대국어에서 '어둡다'는 중세국어에서의 '어둡다'나 현대국어의 '밝다'와 달리 과정적인 의미를 가지고 있지 않은 형용사일 뿐이므로 '*어둡는다'와 같은 활용을 할 수 없고 '어두워진다' 같은 표현으로만 그 과정적인 의미를 나타내게 된다. 중세국어의 경우 우리가 그 언어에 대한 직관을 가지고 있지 않으므로 자료에 의존할 수밖에 없는데 그런 제약 때문에 몇몇 형용사가 선어말어미 '-ᄂ-'와 결합하는 예를 그대로 받아들일 수밖에 없는지도 모른다.

현대국어에 오면 '-느-'는 개인 방언이나 발화 실수가 아니면 형용사나 '이다'의 어간과 결합하는 일이 없다. 이것은 우리의 직관으로 검증된다. 이 '-느-'는 상과 관련된 것으로 알려진 선어말어미 중에서 형용사 어간과의 결합에 가장 많은 제약을 보인다.41) '-느-'가 선접해 있는 관형사형 어미 '-는', 해라체 의문법 어미 '-느냐', 간접의문형 어미 '-는가', '-는고' 등이 모두 형용사 어간에 후접할 수 없는 것이다.42)

결국 형용사와 동사의 어간에 결합하는 하게체 의문법 어미에 차이가 있는 것은 형용사의 비동태적, 비과정적 의미 특질 때문에 선어말어미 '-느-'와의 결합이 제약되는 데에 이유가 있다고 하겠다.43) 이 차이는 관형사형 어미와 그것을 포함한 모든 복합어미들에서도 공통되게 나타난다. '-(으)ㄴ가'와 '-는가'가 본질적으로 관형사형 어미 결합체이기 때문이다.

감탄법 어미에서는 동사의 어미에만 나타나는 '-는-'의 문제가 주목

---

41) 선어말 어미 '-느-'가 현대국어에서 분석 가능한지 아닌지에 대해서는 여러 견해들이 대립하고 있다. 여기서는 이 형태의 분석 가능성 같은 형태론적인 논의를 하려고 하지는 않는다.

42) 최근에는 동사에 결합하는 형태 '-느냐'와 형용사에 결합하는 형태 '-(으)냐'가 '-냐'로 통일되어 가는 모습을 보여 주는 발화 실수들이 나타나 주목된다. "예쁘지 않냐?, 벌써 가냐?" 등에서 '-냐'라는 어말어미는 '-니'와 매우 흡사한 양상을 보여 준다.

43) '-느-'를 서법과 관련된 것으로 보지 않고 '상'과 관련된 것이라고 본 논의도 있다. 나진석(1971)에서는 동사로 표현되는 동작은 '동태성'을 띤 것이고 형용사의 의미 내용인 상태나 성질은 '정태적'인 것이라고 하면서 '상(相, aspect)'은 동태적인 동사와만 관련이 있고 정태적인 형용사와는 관련이 없는 것이라고 설명하고 있다.

　　"그림씨의 「이적」꼴은 「나아감」이라는 「상」과 관계없고 「끝남」이라는 상과도 관계없다."(pp. 145-146)

　　이것은 국어의 형용사에는 상의 범주가 없다는 말로서, '상' 범주와 관련된 선어말어미와 형용사 어간이 결합할 수 없거나 적어도 결합에 제약이 따른다는 말로 받아들일 수 있다.

된다. 이것은 앞에서 설명한 '-느-'의 문제와 평행한 관점에서 설명될 수 있을 것이므로 더 부연하지 않는다. 다음으로 형용사에만 나타나는 감탄법 어미로 '-어라'라는 형태가 있다. '-어라'는 형용사의 어간과 결합하여 감탄의 의미를 나타낸다는 점에서는 '-구나' 및 '-도다'와 유사하나 문장의 형태 면에서는 이것들과 달리 매우 특이한 구조를 이룬다.

> (20) 가. 철수는 키가 훤칠하다.
> 나. 철수는 키가 훤칠하구나./훤칠하도다.
> 다. *철수는 키가 훤칠해라./*철수는 훤칠해라./*키가 훤칠해라.
> 라. ((아이)), 훤칠해라./((아이구)), 좋아라.
> 라′. 그 모습이 참으로 아름다워라.

(20가)와 같은 평서형의 문장을 감탄문으로 만들 때 '-구나'나 '-도다'는 어말어미의 교체만으로도 문장이 성립하여 (20나)의 감탄문을 이루는 반면 '-어라'의 경우에는 (20다)에서 보듯 어말어미만 '-어라'로 바꾼다고 해서 감탄문이 성립되는 것은 아니다. (20라)는 '-어라'라는 감탄형 어미가 자연스럽게 나타나는 문장 구조를 보인 것인데 보족어들이 모두 생략되고 형용사만이 서술어로 나타난 점이 주목된다. 이것은 감탄법이라는 서법이 구어, 특히 상대방을 전제로 하는 대화체에 많이 나타나는 것이라는 점과 연관지어 설명할 수 있는데 '-어라'는 그러한 대화체의 특성이 극도로 많이 나타나는 어미라고 할 수 있겠다. 한편, 시 등의 문어체에서는 (20라′)처럼 형용사의 '-어라' 감탄형이 보족어를 갖추고 나타나기도 한다.

　　명령형과 청유형의 어미는 동사의 경우에 다양하게 나타나지만 형용사에서는 볼 수 없다.

이상의 논의들을 종합하면 어말어미에서 형용사와 동사의 차이를 이루는 것은 '-느-' 또는 '-는-' 통합체 어미의 경우와 명령형, 청유형의 경우로 요약된다. '-느-', '-는-' 통합체 어말어미의 경우 엄밀히 말하면 선어말어미에서의 문제이지만 공시적인 분석 관점에서 보면 선어말어미가 추출되지 않으므로 어말어미의 문제라고 하여도 좋다.

'-느-'는 "시간상의 과정을 함의하는 용언에서 어떤 동작이나 작용이 바로 현재 시점에서 직접적으로 일어나고 있음"을 뜻하는 선어말어미라고 할 수 있다. 형용사의 어간에 명령형이나 청유형의 어미가 통합될 수 없는 것도 바로 이 동태성, 과정성과 관련되어 설명될 수 있다. 명령이나 청유는 어떤 정태적인 현상이나 판단과 같은 진술에 대해서는 성립할 수 없는 것이기 때문이다.

【 연결어미 】

이 소절에서는 형용사의 활용에서 나타나는 연결어미와의 통합 제약을 살펴보기로 한다.

> (21) 가. 계기성: -자, -자마자, -고서, -어서
>   나. 목적성: -으러, -고자, -으려고, -으려다
>   다. 계기성＋목적성: -느라고

(21)의 연결어미들은 현대국어의 용언 어간에 결합할 수 있는 연결어미 중 형용사 어간과는 통합이 제약되는 어미들이다.

(21가)의 '-자'나 '-자마자'는 어떤 행위나 동작이 일어나고 바로 다른 행위나 동작이 연결됨을 의미하는 어미이다. 형태상으로 보면 '-자마자'는 '-자'에 '마자(〈말자)'가 결합한 구 구성이 하나의 어미 단위로 된

것처럼 보이고 의미 면에서도 별 차이가 없는 것으로 기술되어 왔다. 최현배(1937:515)에서는 '-자'만 연결어미에 포함시키고 '-자마자'에 대해서는 언급조차 하지 않고 있으며, 이은경(1996:35-41)에서는 이 두 어미가 시간상의 '계기성'이라는 의미를 지닌 '-고, -고서, -어서' 등의 다른 연결어미들과 다른 특성을 보이며 부정의 범위와 수식의 범위에 있어 이 두 어미가 차이를 보이는 것으로 기술하고 있다. 여기에 덧붙여, 이 두 어미는 좀 더 섬세한 차이를 보이며 그것은 어미 자체에서 추출될 수 있는 것이 아니라 이 어미들이 통합되어 있는 어간의 특성과 관련되는 측면이 있다는 점을 지적하고자 한다.

(22) 가. 철수i는 ei 숟가락을 놓자마자 일어섰다.
　　가′. *철수i는 ej 숟가락을 놓자 일어섰다.
　　나. 철수는 영희가 숟가락을 놓자마자 일어섰다.
　　나′. 철수는 영희가 숟가락을 놓자 일어섰다.
　　다. 철수는 영희가 밥을 먹자마자 일어섰다.
　　다′. 철수는 영희가 밥을 먹자 일어섰다.
(23) 가. *하늘i은 ei 파랗자마자 다시 검었다.
　　가′. 하늘i은 ei 파래지자마자 다시 검어졌다.
　　나. *날씨가 따뜻하자 풀빛이 짙다.
　　나′. 날씨가 따뜻해지자 풀빛이 짙어졌다.
　　나″. 날씨가 따뜻해지자마자 풀빛이 짙어졌다.

(22)는 '-자마자'에 선행하는 어간이 동사로 되어 있고 후행하는 용언도 동사인 예문이다. 어떤 행위가 일어나고 곧 이어 다른 행위가 이어진다는 의미를 '-자마자'가 표현하고 있다. 그런데 (22가)와 (22가′)을 비교해 보면 '-자'는 '-자마자'와 그 쓰임이 일치하지 않는 것을 알 수 있다. (22가′)이 성립에 이상을 보이는 것은 '-자'가 '-자마자'와 달리 동

일 주어의 계기적 행위를 표현하지 못하는 특성을 가지고 있기 때문으로 해석된다. (22나′)이 성립하는 것으로 보아 '-자'는 연속되는 두 행위의 주어가 다를 것을 요구한다. '-자마자'의 경우 (22가)와 (22나)가 똑같이 성립되는 것으로 보아 이러한 비동일 주어 제약 같은 것은 없는데 '-자'의 경우에는 '비동일 주어'일 것이 전제되어야 성립된다.

그러면 '-자'와 '-자마자' 사이에는 이러한 차이밖에 없는가? (22다)와 (22다′)의 예문을 비교해 보자. (22다)는 철수가 일어선 행위가 영희가 밥을 다 먹은 후에 일어난 것임을 의미하는 문장이다. 반면 (22다′)은 철수가 일어선 행위가 영희가 밥을 먹기 시작하고서 바로 일어난 것이라는 의미를 표현한다. 이러한 차이는 (22나)와 (22나′)에서는 발견되지 않았던 것이다. 이것은 무엇을 의미하는가? 이러한 차이는 어디에서 오는가? 그것은 '-자'와 '-자마자'에 선행하는 어간의 상적 자질과 관련이 있는 것으로 해석된다. '숟가락을 놓다'라는 행위와 '밥을 먹다'라는 행위가 가지는 상적 차이는 전자는 순간적으로 일어나는 일이어서 과정적인 의미나 시작과 끝 등을 파악하기 어렵고 후자의 경우에는 일정 동안 진행되는 일이므로 시작과 끝을 알 수 있는 행위라는 점에 있다.44)

이렇게 '-자'나 '-자마자'에 선행하는 어간의 상적 의미 특질에 따라 문장의 의미가 달라지는 측면은 있지만 과정적인 의미를 담고 있는 용

---

44) '-고 있다'라는 구성에 의하여 동작이 진행되고 있다는 의미를 나타낼 수 있는 동사는 전자가 아니라 후자라는 것도 이와 관련되는 문제이다. "철수는 숟가락을 놓고 있다"와 "철수는 밥을 먹고 있다"에서 전자의 경우 '완료'의 의미가, 후자의 경우 '진행'의 의미가 파악되는 것은 이 때문이다. 상의 관점에서 보면 동사와 형용사만이 대별되는 것이 아니고 동사들도 상의 차이에 따라 얼마든지 세분화될 수 있다. 그리고 상의 연구는 상을 표현하는 형태만을 대상으로 하여서는 안 되며 그 형태가 통합되는 용언 어간의 의미 자질에 대한 고찰이 병행되어야 한다. 이런 관점에 바탕을 둔 논의로는 이남순(1981)과 이지양(1982)가 주목되며 최근의 이호승(1997)도 이와 관련된다.

언이거나 아니거나에 관계 없이 기본적으로 '-자'나 '-자마자'와의 통합이 거부되지는 않는다. 이들 어미는 선행 어간이 '행위'나 '과정'의 의미를 담고 있기만 하면 통합을 허용하는 것이다. 형용사의 경우 예문 (23가)와 (23나)에서 보듯이 '-자마자'의 선행 어간이 될 수 없다. 형용사가 기본적으로 '행위'나 '과정'의 의미를 내포하고 있지 않기 때문이다. (23가′)과 (23나″)이 성립하는 것은 형용사인 '따뜻하다'와 '짙다'를 과정적인 의미를 담은 형태인 '따뜻해지다'와 '짙어지다'로 바꾸어 놓았기 때문이다. 한편 (23나′)과 (23나″)에서는 '-자'와 '-자마자'가 의미 차이를 드러내는 것을 볼 수 있다. '따뜻해지다'가 상적인 속성에서 '놓다'보다는 '먹다'에 가까운 과정적인 의미 속성을 가지고 있기 때문에 (23나′)의 "따뜻해지자"는 "따뜻해지기 시작하자"의 의미를 담게 되고 (23나″)의 "따뜻해지자마자"는 "완전히 따뜻해지고 나자"라는 의미를 내포하는 것이라고 해석된다.

　이제 '-자'와 '-자마자'의 공통점과 차이점을 요약하면 다음 (24)와 같이 정리된다.

> (24) 가. '-자'와 '-자마자'는 행위나 과정의 의미를 지닌 용언의 어
> 　　　간에만 결합하여 그 행위나 과정 뒤에 다른 행위나 과정
> 　　　이 바로 이어짐을 의미하는 연결어미이다.
> 　　나. '-자'는 선행절과 후행절의 주어가 다를 것을 요구하는 제
> 　　　약이 있으며 '-자마자'에는 그런 제약이 없다.
> 　　다. 주어가 다른 두 절이 '-자'나 '-자마자'로 연결될 때 이
> 　　　어미들의 선행 어간이 〔+과정성〕의 의미를 지니고 있으
> 　　　면 '-자'가 통합된 구성은 그 과정의 "시작 시점 이후"의
> 　　　의미를 띠고 '-자마자'가 통합된 구성은 그 과정의 "완료
> 　　　시점 이후"의 의미를 띤다.

계기성의 의미를 가진 다른 연결어미로 '-고서'와 '-어서'를 들 수 있다. 이들 연결어미는 다음과 같은 통합상의 제약을 보인다. '-고서'는 행위성의 동사 뒤에 연결되어 다음 행위가 이어지는 의미를 나타내고 '-어서'는 과정성의 의미를 지닌 동사 뒤에 연결되어 계기의 의미를 나타내는 특징이 있다. 그 전형적인 쓰임은 다음 (25)와 같다.

> (25) 가. 철수가 밥을 먹고서 학교에 간다.
> 가′. *철수가 나이가 많고서 학교에 간다.
> 나. 철수가 자라서 의사가 될 것이다.
> 나′. 철수가 커서 의사가 될 것이다.

(25가)의 '-고서'에 선행하는 절의 위치에 형용사가 서술어인 문장이 올 수는 없다. (25가′)의 경우 용인되지 않는 문장이지만 혹 용인 가능성이 있다면 그 경우 '-고서'의 의미는 "계기성"이 아닌 "조건"으로 해석된다. (25나)의 경우도 마찬가지이다. (25나′)의 경우 '크다'는 형상 형용사 '크다'가 아니라 과정적인 의미가 들어 있는 동사 '크다'이다.

'-고서'는 시간상의 연속적인 사건을 나열하는 데 쓰이는 연결어미이므로 어떤 동작이나 과정의 의미를 지니는 용언만을 선행 어간으로 취할 수 있다.

> (26) 가. 아버지가 퇴근을 하시고서 어머니가 집으로 돌아오셨다.
> 나. *날씨가 따뜻하고서 꽃 빛깔이 짙었다.
> 나′. 날씨가 따뜻해지고서 꽃 빛깔이 짙어졌다.

(26가)가 용인되고 (26나)가 용인되지 못하는 것은 이러한 의미 특성에서 나온 제약 때문이라고 하겠다. (26나)는 '따뜻하다'나 '짙다'가 과

정적 의미를 지닌 '따뜻해지다'나 '짙어지다'와 같은 동사로 바뀌면 용인 가능해진다. (26나')이 바로 그런한 사실을 보여 준다.

(21나)의 어미들은 '목적'의 의미를 나타내는 연결어미라고 알려져 있다. 예문 (27가)에서 보는 바와 같이 '-(으)러'는 '일하-'와 같은 동사의 어간에만 결합할 수 있고 '기쁘-'같은 형용사 어간에는 결합할 수 없다.

(27) 가. 철수는 일하러 간다.
     나. *영희는 기쁘러 떠난다.
     다. 철수는 성공하러 떠난다/*일한다/*열심이다.
     라. 철수는 성공하기 위하여 일한다/열심이다.

한편 '-(으)러'는 선행 어간만을 동사로 제한하는 것이 아니라 후행 용언도 특별한 동사로 제한하는 특징이 있다. (27다)가 이 사실을 보여 준다. 같은 '목적'의 의미를 지닌 '-기 위하여' 구성의 뒤에는 (27라)에서처럼 다른 동사나 형용사 상당어구가 올 수 있으나 (27다)에서 보듯이 '-러' 뒤에는 "이동"과 관련된 의미를 표현하는 특별한 동사만이 올 수 있다.[45]

다음으로 '-고자, -(으)려고, -(으)려다'를 살펴보자.

(28) 가. 철수는 영원히 살고자 (하여) 하나님을 믿는다.
     나. *영희는 예쁘고자 (하여) 화장을 한다.
     다. 영희는 예뻐지고자 (하여) 화장을 한다.
     라. 영희는 예쁘게 보이고자 (하여) 화장을 한다.
(29) 가. 철수는 영원히 살려고 (하여) 하나님을 믿는다.

---

45) '-러' 연결어미 구문에 관한 자세한 논의는 홍재성(1987:1-19)를 참조.

　　　　　나. *영희는 예쁘려고 (하여) 화장을 한다.
　　　　　다. 영희는 예뻐지려고 (하여) 화장을 한다.
　　　　　라. 영희는 예쁘게 보이려고 (하여) 화장을 한다.
　　(30) 가. 철수는 영원히 살려다 더 일찍 죽었다.
　　　　　나. *영희는 예쁘려다 얼굴을 망쳤다.
　　　　　다. 영희는 예뻐지려다 얼굴을 망쳤다.
　　　　　라. 영희는 예쁘게 보이려다 얼굴을 망쳤다.

(28가), (29가), (30가)는 선행절의 용언이 동사로서 문장의 성립에 이상이 없다. 그러나 각 예문의 (나) 문장은 선행절의 용언이 형용사로서 우리의 직관으로는 적격한 문장이 아니다. (28나)는 (28다)처럼 형용사 '예쁘다'가 '예뻐지다'처럼 과정적 의미를 담은 동사로 바뀌거나 아니면 (28라)처럼 '예쁘게 보이다'로 바뀌어 '-고자'에 통합되는 용언이 동사인 '보이다'로 될 때에는 성립이 가능한 문장이 된다.

　이것은 '-고자'라는 연결어미의 의미 속성과 관련이 있는 문제이다. '-고자'는 의도나 목적을 나타내는 연결어미이다. 의도나 목적은 기본적으로 (어떤 행위를 통하여) 결과적으로 그렇게 되기를 요구하는 의미를 가지고 있다. "그렇게 된다"는 것은 변화의 의미를 띠며 동태성을 지닌 용언으로 나타날 수 있는 의미이다. 정태적인 상황이고 고정적인 상황에 대하여 의도나 목적을 가질 수는 없다. 바로 이러한 '-고자'의 의미 특성이 이 어미를 형용사의 어간과 통합하지 못하게 하는 요인이라고 하겠다.[46] 이러한 설명은 (29)의 '-려고'나 (30)의 '-려다'의 경우에도 그

---

46) 우리는 "나무가 조용하고자 하나 바람이 가만 두지 않는다.", "머리털이 검고자 하거든, 약을 발라라.(최현배 1937:496에서 잘 쓰지 않는 문장의 예로 제시한 것.)" 등의 예문에 대하여 비적격한 쓰임이라고 판단한다. '조용하고자'는 '조용히 있고자'의 의미로, '검고자'는 '검어지고자'의 의미로 해석된다. 이렇게 '행위'나 '작용'의 의미를 담고 있지 않은 경우에는 '-고자'의 선행 어간이 될 수 없다고 본다.

대로 적용된다. '-려다'는 '-려고 하다'의 줄임 형태로 이해할 수 있다. 그리고 '-고자'나 '-려고'는 '-고자 하여'나 '-려고 하여'에서 '하여'가 생략된 형태로 이해할 수 있다.

한편 '-려고 하다'가 후행절을 갖지 않을 때는 '의도'나 '목적'의 의미를 갖지 않고 "어떤 상황이나 상태로의 진입"이라는 양태적인 의미를 표현하는 어말어미처럼 사용되는 일이 있다.

> (31) 가. 영희는 아빠가 무서우려고 한다.
> 　　　나. 영희는 그 일을 하려고 한다.
> 　　　나'. 영희는 그 일을 하고자 한다.
> 　　　나". 영희는 이제 막 그 일을 하려고 한다.
> (32) 가. 영희는 운이 좋으려다 말았다.
> 　　　나. 철수는 밥을 먹으려다 말았다.

(31가)에서 '-려고 하다'는 하나의 복합 구성으로서 어떤 행위를 통하여 '무섭다'는 결과를 얻으려는 것이 아니라 이제 막 '무서운' 상태에 들어서려고 한다는 의미를 표현한다. 그러므로 이때의 '-려고 하다'는 선행 어간으로 형용사를 요구한다. (31나)는 '-려고 하다'가 후행절을 갖지 않지만 선행 어간으로 동사를 취하였기 때문에 '의도'의 의미를 내포하는 것으로 해석된다. 그러나 (31나)에서도 '-려고 하다'를 기동상(起動相)적인 의미를 지닌 것으로 해석하는 것이 완전히 배제되지는 않는다. (31나)는 (31나')으로만이 아니라 (31나")처럼 해석될 수도 있는 중의성을 지녔기 때문이다. (32가)의 예문에서 보듯이 '-려다'도 후행절이 없이 뒤에 '말다'라는 용언이 뒤따르는 경우에는 '의도'나 '목적'의 의미가 없어지고 양태적인 의미만이 나타난다. 즉, 이제 막 어떤 상태에 들어가려다가 그렇게 되지 않는다는 의미를 내포하고 있는 것이다.

이때 선행 어간이 '상태'의 의미를 나타내는 형용사가 되는 것은 물론이다. (32가)에서 "운이 좋으려다 만" 것은 주어인 영희의 의지나 의도와는 관계 없는 일이고 이 문장의 의미는 다만 그런 상태로 돌입하려다 만 것에 대한 객관적인 표현일 뿐이다. 그러나 (32나)에서처럼 '-려다 말다'의 선행 어간이 동사로 되면 다시 '의도'의 의미가 되살아난다.

이상에서 결론적으로 얻을 수 있는 것은 '-고자'나 '-려고'나 '-려다'와 같은 연결어미는 그 '목적'이나 '의도'와 같은 의미 특성상 형용사를 선행 어간으로 선택할 수 없으나 이들 어미가 특별한 구성에서 관용적으로 사용될 때에는 목적이나 의도의 의미가 없어지고 어떤 상황으로의 진입이라는 양태적 의미를 띠게 되므로 그런 경우에 한하여 형용사 어간과 통합할 수 있다는 사실이다.

이제 (21다)의 '-느라고'에 대하여 살펴보자. '-느라고'는 시간적인 계기성의 의미와 목적의 의미를 복합적으로 가지고 있는 어미이다. '-느라고'는 '-느-'가 가진 의미를 포함하고 있으므로 어떤 행위가 현재 눈앞에서 일어나는 동태적인 의미를 지닌 용언만이 결합될 수 있다. (33가)가 성립하고 (33나)가 성립하지 못하는 것은 이러한 이유 때문이다.

> (33) 가. 철수는 짐을 싸느라고 왔다갔다 한다.
> 　　　나. *영희는 기쁘느라고 정신이 없다.

(33나)의 '기쁘다' 같은 형용사는 '싸다'처럼 동태성을 갖지 못하기 때문에 '-느-'와 의미 충돌이 생겨 '-느라고'형의 활용을 못 하는 것으로 설명된다.

【 전성어미 】

전성어미는 관형사형 어미와 명사형 어미로 나뉘는데 관형사형 어미의 경우 형용사 어간에 직접 통합된다기보다는 선어말어미와 결합된 형태로 형용사와 통합된다고 기술하는 것이 바람직하다고 생각된다. 표면적으로 '예쁜'이나 '좋은' 같은 형태가 나타나기는 하나 이들이 활용의 전체 체계에서 '가는'이라든지 '먹는'이라는 형태와 평형한 관계에 놓이는 것을 고려하면 형용사 어간과 '-은'의 통합 형태가 아닌 '어간-+-∅-+-은'의 통합형으로 분석되어야 하기 때문이다. 따라서 관형사형 어미와의 결합 양상은 2.2.2에서 자세히 살펴보기로 한다.

　명사형 어미에는 '-음'과 '-기'가 있다. 이들 어미들은 형용사 어간에서 특별히 제약을 보이지는 않고 다양한 형태로 나타난다. 또 명사형 어미라고 할 수는 없지만 문장을 명사절로 이끌어 주는 요소로서 '-(으)ㄴ 것'을 들 수 있다. '-(으)ㄴ 것'은 형태상으로는 하나의 어미가 아니고 관형사형 어미에 형식명사 '것'이 결합한 구 형태의 것이지만 기능상으로는 하나의 어미라고 하여도 무방하다. 그 기능 면에서는 '-음'이나 '-기'와 비슷한 성격을 가지고 있기 때문이다. 이 '-(으)ㄴ 것'과의 통합 양상도 형용사와 동사에서 큰 차이가 발견되지 않는다. 동사의 경우 '-(느)ㄴ 것'의 형태로 나타나고 형용사에서는 '-(으)ㄴ 것'의 형태로 나타난다는 형태상의 차이밖에는 없다. 이 차이는 '것'에 선행하는 관형사형 어미, 더 엄밀히 말하면 관형사형 어미 앞에 오는 선어말어미에서의 차이로서, 결국 서법 관련의 '-느/-∅-'의 문제로 귀결되므로 역시 2.2.2에서 한꺼번에 살펴볼 것이다.

2.2.2. 선어말어미와의 결합

　선어말어미가 형용사 어간에 결합할 때 형태 면이나 통사 면, 또는 의미 면에서 특이한 점이 발견되는 세 가지 예를 중심으로 기술하고자 한다.

【 -(으)시- 】

높임 관련 선어말어미 '-(으)시-'는 최근의 문법 연구에서 '일치소'라는 명칭으로 불릴 만큼, 문장 속의 어떤 요소와 관련하여 그 출현이 좌우되는 것인지에 관심이 많이 모아졌었다. 동사의 어간, 형용사의 어간에 구분 없이 연결될 수 있어 그 형태론적인 결합 자체에는 제한이 없다고 하겠으나 지금까지의 관찰 방식대로 주어나 주어와 관련된 명사구의 의미와 관련하여 나타나는 것이라는 설명만으로는 '-(으)시-'의 분포를 완전히 해명할 수 없다고 생각한다.

'-(으)시-'가 문장 속의 어떤 성분에 일치하는 양상을 보이는 것은 분명하다. 그런데 그것이 단일한 모습으로 나타나지 않는 것은 '-(으)시-' 자체가 역동적이거나 불투명한 것이어서가 아니라 '-(으)시-'에 선행하는 어간의 성격이 어떠한가에 따라 '-(으)시-'에 일치하는 요소가 달라지기 때문이라고 해석하는 것은 어떨까? 자동사나 타동사 어간에 '-(으)시-'가 결합하여 나타나는 경우, '-(으)시-'의 의미는 분명하고 단일한 해석의 적용을 받을 수 있다. "주체(주어)의 높임"이라는 것이 바로 그것이다. 그런데 형용사가 서술어로 쓰인 문장에서 '-(으)시-'의 의미에 대해서는 다소 유동적인 해석을 해 온 것이 사실이다.

> (34) 가. 어머님은 아름다우시다.
> 　　　 나. 아버님은 외로우시다.
> (35) 가. 선생님은 키가 크시다.
> 　　　 나. 선생님은 목소리도 우렁차시다.
> 　　　 다. 그분은 품성이 수려하시다.
> (35′) 가. *나무는 키가 크시다.

　　　　나. *그 꼬마는 목소리도 우렁차시다.

　　　　다. *난초는 품성이 수려하시다.

　(36)　가. 나는 할머니가 좋다.

　　　　나. *나는 할머니가 좋으시다.

　　　　다. ??좋으신 하나님

　　　　다′. 하나님은 좋으신 분이시다.

　(37)　가. 선생님은 에어컨이 안 시원하십니까?

　　　　나. 선생님은 차 안이 답답하시죠?

　　　　다. 선생님은 이게 작으시다고요?

　(38)　가. *내가 〔e 꼭 만날〕 분이 있으시니까 잠깐 나갔다 올게.

　　　　나. 아버님이 꼭 만날 아이가 있으시니까 만나고 오실 때까
　　　　　　지 우리 여기서 기다리자.

(34)의 예문들에서는 '-(으)시-'가 주어를 높이는 요소로 등장한다고 설명하였으나 (35)의 예문들에 나타나는 '-(으)시-'에 대해서는 주어가 존귀한 인물의 일부분이거나 존귀한 인물과 관련된 어떤 것일 때 존귀한 인물을 간접적으로 높이기 위하여 '-(으)시-'가 사용된다고 설명해 왔다. 즉 (35)의 예문들에서 주어는 두 번째 명사구인 '키가'나 '목소리도', '품성이'이며 이러한 주어들은 그 자체로 높임의 대상이 되지는 않으나 이들의 서술어에 '-(으)시-'라는 높임 관련 선어말어미가 결부되는 것은 이들 주어들이 그 앞에 오는 '주제'와 의미상 연관이 되어 있고 그 '주제'들이 높임을 받아야 할 존귀한 대상이기 때문에 간접 높임법으로 '-(으)시-'가 사용된다는 것이다.

　그러나 우리의 관점에서는 (35)와 (35′)의 각 예문들에서 주어는 첫 번째 명사구인 것으로 설명하므로 주어와 '-(으)시-'의 일치 현상을 더 잘 설명할 수 있다. (36)~(38)의 각 예문들에서도 역시 첫 번째 명사구가 주어이다. 이 명사구들을 주어로 볼 경우 '-(으)시-'는 어느

경우에나 주어를 높이는 기능을 일관되게 유지할 수 있다. (35)의 문장들에서와 달리 (35′)의 예문들에서 '-(으)시-'가 제약되는 것은 주어가 높임을 받을 수 없는 단어로 대치되었기 때문이다. (36)에서도 (36가)는 성립하지만 (36나)는 성립하지 않는다. '좋다'의 주어가 '나는'이 아니라 '할머니'라면 왜 '-(으)시-'가 할머니에 일치하여 나타나지 않는 것일까? (37)의 경우에도 여전히 '-(으)시-'는 첫 번째 명사구 '선생님'에 일치하는 요소이다. 임홍빈(1985)에서는 '-(으)시-'를 경험주에 일치하여 나타나는 것으로 설명함으로써 (36), (37)과 같은 문장에서의 '-(으)시-'의 출현을 설명하였지만 (38)의 예문에서는 제1 명사구가 경험주로도 해석되지 않는데 역시 '-(으)시-'는 제1 명사구에 일치하여 나타나고 제2 명사구에 일치하여 나타나지 않는다. (38가)가 성립하지 않는 것은 '있으시다'의 주어가 '분'이 아니라 '내가'로 선택되었음을 말해 주는 것이며 (38나)에서도 '-(으)시-'는 첫 번째 명사구인 '아버님'에 일치하여 나타나는 것임을 알 수 있다.

임홍빈(1997다)에서는 그동안 국어에서 '-(으)시-'를 AGR로 규정하였던 몇몇 논의들47)을 비판하면서 '-(으)시-'가 AGR이려면 주어에 일치하는 요소이어야 하는데 실제로는 주어에 관련되는 측면도 있지만 그렇지 않은 예가 많이 있다고 하고 다음과 같은 예문을 들고 있다.

(39) 가. 아버님이 손이 크시다.(임66가)
　　　 나. 철수가 손이 크다.(임66나)

(39가)에서 주어는 '손이'인데 '크시다'에 '-(으)시-'가 나타난 것은 이 '-(으)시-'가 주어에 일치하는 요소가 아닌 증거라고 하고 역으로 '-(으)

---

47) 이러한 논의의 대표적인 예로 유동석(1993)을 들 수 있다.

시-'가 주격을 배당하는 것이라면 (39나)에서는 '-(으)시-'가 나타나 있지 않으니 '철수가'와 '손이' 중 무엇이 주격을 배당받을지가 결정되지 못하는 문제가 있다고 하였다. 이 책에서는 '-(으)시-'가 주어에 일치하는 요소이기는 하지만 이것이 적극적으로 주격을 배당하지는 않는다고 본다. 그리고 (39가)에서 주어를 '아버님이'로 보고 (39나)에서 주어를 '철수가'로 보면 '-(으)시-'가, 주어로 나타난 단어의 높임 자질에 의하여 나타나기도 하고 나타나지 않기도 하는 것을 선명하게 설명할 수가 있다.

지금까지의 설명을 정리하면 형용사 어간에 결합하는 '-(으)시-' 역시 동사에서와 마찬가지로 주어에 일치하여 나타나는 요소로 해석된다는 것이다. 다만 이 '-(으)시-'를 영어에서 나타나는 성이나 수의 일치와 같은 맥락에서 다룰 수 없는 것은, '-(으)시-'가 순전히 문법적인 일치 관계를 보이는 선어말어미가 아니라 발화자의 존대 의사에 좌우되어 나타나는 화용론적인 요소라는 점 때문이다.

【 -겠- 】

'-겠-'은 미래 시제를 나타내는 선어말어미라는 것을 전제하고 그 위에 '추량'이나 '의도' 등의 의미를 가지는 것으로 본다. 형용사에 결합한 '-겠-'은 '의도'보다 '추량'의 의미가 두드러진다는 특징이 있다.

'-겠-'의 의미에 대해서는 서정수(1977:11)에서 다음과 같이 설명하고 있다.

> (40) Action 동사가 말할이의 행동을 서술할 때 '-겠-'이 의도를 나타난다. 동일한 형태의 동사라도 비행동성으로 쓰일 경우에는 '-겠-'이 추량의 뜻을 나타내고, 행동성으로 쓰일 경우에는 의도의 뜻을 나타낸다.

(40)의 설명은 자동사로서의 '있다'와 형용사로서의 '있다'가 이루는 구
문에 적용시켜 보면 그 차이를 분명하게 알 수 있을 것이다.

        (41) 가. 나는 여기에 있겠다.
            가'. 철수는 그곳에 있겠다.
            나. 철수는 돈이 많이 있겠다.
            나'. *나는 돈이 많이 있겠다.

(41가)는 '-겠-'이 '의도'의 의미를 표현하는 예이고 (41나)는 '-겠-'이
'추량'의 의미를 표현하는 경우이다. 평서문인 경우에 '의도'의 '-겠-'은
주어가 화자와 동일한 일인칭의 형태로 나타날 것을 요구한다. 그리고
'추량'의 '-겠-'은 주어가 화자와 동일 인물이 아닐 것을 요구하므로 비
일인칭 주어가 나타나는 것이 특징이다. (41가')과 (41나)에서 '추량'
의 의미를 지닌 '-겠-'이 쓰인 문장의 주어는 3인칭으로 나타난다. 여기
서 주목하여야 할 것은 (41나')이 성립되지 않는다는 것이다. '의도'의
'-겠-'으로 표현하기 위하여 주어 자리에 일인칭 대명사를 썼으나 이 문
장은 어느 쪽으로도 해석되지 못하고 비문법적인 문장으로서 받아들일
수 없는 것이 된다. 이것은 (41나')의 구문이 형용사 구문이라는 것과
관련이 있다. '있다'는 자동사도 있고 형용사도 있는데 소유의 '있다'는
형용사로 해석되는 것이다. 그러므로 이 형용사 '있다'에는 '의도'의 '-겠
-'이 결합할 수 없는 것이라고 하겠다.
    (41가)와 (41가')은 동사 구문이므로 문장의 종결법과 주어와의
관계에 따라[48] '-겠-'이 '의도'를 나타내는 것으로 해석될 수도 있고 '추
량'을 나타내는 것으로 해석될 수도 있다. 그러나 형용사 구문에서는

---

48) 의문문에서는 청자를 가리키는 2인칭 대명사가 주어로 올 때 '-겠-'이 '의도'로 해석되고
    비이인칭 주어가 올 때에는 '추량'으로 해석된다.

'의도'로의 해석이 불가능하다.

임홍빈(1980)에서는 [+Action] 동사라는 것이 '-겠-'이 의도의 의미를 가지기 위한 필요조건도 충분조건도 될 수 없고 다만 화자가 문제의 일이나 사태를 [+Self-Controllable]의 것으로 인식하는지의 여부가 '-겠-'의 의도성을 성립시키는 조건이 된다고 설명한다.

> (42) 가. 나는 앞으로 하느님을 믿겠다.
> 나. 나는 끝까지 행복하겠다.
> 나′ 끝까지 행복하겠다.
> 다. 나는 너에게 잡히겠다.

(42)의 각 예문에 서술어로 나타난 것은 [+Action]의 동사가 아닌데 '-겠-'이 '의도'로 해석되는 것을 설명한 것이다. (42)의 예 중에서 (42나)가 형용사에 '-겠-'이 결합하여 '의도'의 의미를 나타내는 경우이다. 화자의 강력한 의지가 나타나는 것은 화자가 '행복하다'라는 사태에 대하여 스스로 통제할 수 있는 것이라고 판단하였기 때문이라는 설명이다.

그러나 (42나)의 주어 부분을 잘라내고 (42나′)과 같은 형식을 만들었을 때 일반적인 화자들은 빈 주어 자리에 1인칭의 주어를 넣는 것을 주저할 것이다. 비일인칭의 주어를 넣었을 때 '-겠-'이 '추량'으로 해석되어 훨씬 자연스러운 문장이 되기 때문이다. 이것은 형용사의 의미 자질과 관련된 문제이다. 형용사로 표현되는 일이나 사태는 애초에 화자의 자기 통제 영역을 벗어나는 문제인지도 모른다. (42나)에서 '행복하겠다'는 "행복한 상태를 유지하고자 한다"는 의미로 해석되기보다는 "행복하게 살고자 한다"는 의미로 해석되는 것이 더 자연스럽다.

그러므로 형용사의 이러한 쓰임은 예외적인 것이며 일반적으로는 형용사 구문에 나타나는 '-겠-'은 '추량'으로만 해석된다고 본다. 이것은 형용사의 '비행동성'이나 '비직접성'이라는 의미 자질과 연관된 것으로 설명할 수 있다. (42다)에서 '피동사'가 형용사와 마찬가지로 〔-Action〕 동사의 예로 나타난 것은 형용사와 피동사가 연관을 가지고 있음을 보여 준다. 형용사와 피동사가 가지는 이러한 의미의 공통성은 형용사 구문과 피동사 구문이 구조적으로 비슷한 면을 드러내는 이유가 되기도 한다.

【 -(으)Ø- 】

'-(으)Ø-'는 직설법 선어말어미로 알려져 있는 '-느-'와 상보적 분포를 보이는 영형태의 선어말어미를 표기한 것이다.

    (43) 가. 가느냐, 먹느냐
        나. *예쁘느냐, *싫느냐
    (44) 가. *싫냐
        나. 싫으냐

'-느-'는 (43)의 예문에서 보이는 것처럼 동사의 어간에만 통합하는 특성이 있으므로 형용사의 경우에는 직설법의 선어말어미가 없다고 설명하는 방법도 가능하지만 형용사의 경우 '-느-'가 결여된 형태의 활용을 하는 것이 아니라 '-느-'와 같은 자격을 지니는 '-(으)Ø-'가 '-느-' 자리에 나타나는 것으로 설명하는 방법을 취한다. 왜냐하면 (44가)가 표준적인 활용형이 아니고 (44나)가 어법에 맞는 활용형이기 때문이다.

제 3 장

형용사의 의미·화용론적 특징

1. 의미론적 분류

2. 형용사의 의미·화용론적 특성

형용사의 의미·화용론적 특징

3.1. 의미론적 분류

3.1.1. 기존의 분류들

국어의 형용사는 동사에 비하여 의미론적으로 일정한 부류로 묶을 수 있는 특징을 가지고 있다. 그래서 문법 연구의 초기부터 의미론적 분류에 학자들의 관심이 많이 집중되어 왔다. 이러한 의미상의 분류는 20세기 초반의 전통 문법서에서도 많이 나타나는데, 그중에서도 최현배(1937:482-490)이 가장 자세한 분류를 보여 주고 있어 오늘날까지 많이 이용되고 있다. 최현배(1937)의 분류는 다음 (1)과 같다.

(1) 가. 속겉 그림씨(性狀形容詞)
    나. 있음 그림씨(存在形容詞)
    다. 견줌 그림씨(比較形容詞)
    라. 셈숱 그림씨(數量形容詞)
    마. 가리킴 그림씨(指示形容詞)

(1가)는 다시 '감각적, 정의적(情意的), 이지적, 행동적, 물리생리적'이
라는 다섯 가지 부류로 나뉜다. 그리고 감각적 형용사는 다시 시각(검
다, 희다, 밝다, 어둡다 등), 미각(달다, 쓰다 등), 청각(시끄럽다, 고요하다 등),
후각(지리다, 비리다 등), 촉각(미끄럽다, 무겁다, 차다, 아프다, 가렵다 등), 평
형 감각(어지럽다 등), 유기 감각(답답하다, 아니꼽다 등), 시간 공간 감각(빠
르다, 멀다, 크다, 높다 등) 형용사로 나뉘며 정의적 형용사는 또 심리적(기
쁘다, 슬프다 등), 평가적(참되다, 착하다, 모질다 등) 형용사로 나뉜다. 그 밖
에 이지적(슬기롭다, 어리석다 등), 행동적(민첩하다, 느리다 등), 물리생리적
변화(새롭다, 낡다, 헐다1) 등) 형용사는 하위 부류가 없다.

　　(1나)는 일이나 몬의 있음을 보이는 그림씨로서 적극적인 '있다, 계
시다'와 소극적인 '없다'를 예로 들고 있다.

　　(1다)는 두 가지 이상의 일이나 몬을 견주어 보고서 그것들이 서로
어떤 관계에 있음을 보이는 그림씨라고 하고 '같다, 다르다, 비슷하다,
낫다, 못하다'의 예를 들고 있다.

　　(1라)는 일이나 몬의 셈과 숱이 어떠함을 나타내는 그림씨라 하여
'적다, 많다, 수많다, 작다, 크다' 등의 예를 제시하고 있다.

　　(1마)는 잡힘(定) 가리킴 그림씨와 안잡힘(不定) 가리킴 그림씨로 나
뉘는데 전자에는 '이러하다, 그러하다, 저러하다'의 예가 속하고 후자에
는 '어떠하다, 아무러하다' 등의 예가 속한다고 한다.

　　이상에서 제시한 최현배(1937)의 분류를 따르면 대부분의 형용사는
(1가)에 속하고 (1나~마)에 속하는 형용사는 수적으로 매우 제한되어

---

1) '낡다', '헐다'는 활용의 양상으로 볼 때 형용사에 속할 수 없는 것인데 여기 넣은 것은 의
　미에 이끌린 탓인 듯하다. 남지순(1996)에서도 '낡다'와 '늙다'를 형용사 목록에 포함시키
　고 있다. 그러면서도 이것들과 똑 같은 형태·의미적 양상을 보이는 '썩다'의 경우는 형용
　사에 포함시키지 않고 있다. 이런 부류의 용언들은 활용 면을 고려할 때 형용사로 볼 수
　없음이 이미 2장에서 밝혀졌다.

있는 것을 볼 수 있다. 이것은 (1나)~(1마)의 형용사들이 그만큼 의미상의 특수성을 가지고 있다는 말도 된다. 그러나 이러한 의미상의 분류가 개별 단어들의 의미상의 공통성을 드러내는 데에 그쳐서는 그 분류가 큰 의의를 가질 수 없다. 동사나 형용사의 경우 그 의미론적 특성의 차이가 통사적 특성의 차이를 유발한다는 관점에 설 때, 형용사의 의미론적 분류가 통사 구조상의 차이와 어느 정도 연관을 가지고 나타나 주어야 그 분류가 바람직한 것이라고 할 수 있다.

최현배(1937:487)에서는 이들 형용사의 의미상의 분류가 문장의 유형과 연관을 맺어 설명되는 경우가 한 가지 나온다. (1다)의 경우가 그것이다.

(2) 견줌 그림씨는 그 쓰히는 법으로 보아서 특별한 법이 있음이 다른 그림씨들과 다르다. 곧 견줌 그림씨가 월의 풀이가 될 적에는, 반드시 그 견줌의 표준을 보이는 말(이것을 특히 기움말(補語)이라 하는 일이 있음)이 있어야 한다. 이를테면,

　　희기가 눈과 같다.
　　이 사람의 말이 저 사람의 말과 다르다.
　　ㄱ의 성적이 ㄴ의 성적보다 낫다.
　　ㄴ의 인물이 ㄱ의 인물보다 못하다.

에서, '같다, 다르다, 낫다, 못하다'가 견줌 그림씨인데, 제 홀로는 능히 월의 풀이의 뜻을 완성하지 못하고, 그 견줌의 표준을 보이는 말 '눈과, 저 사람의 말과, ㄴ의 성적보다, ㄱ의 인물보다'를 더불어 비로소 온전한 풀이말을 이루었나니, 이러한 의미에서 견줌 그림씨는 안옹근 그림씨(不完全形容詞)라 할 만하니라.

(2)는 이른바 비교 형용사의 문장 유형에 대한 상세한 기술이라는 점에서 의의가 있다. 그러나 다른 형용사 부류에 대하여는 전혀 문형에 대한 언급이 없다는 점으로 미루어 보아 최현배(1937)에서는 다른 대부분의 형용사들의 경우 'NP-이' 하나만을 요구하는 서술어인 것으로 간주하고 있으리라는 판단을 할 수 있다. 즉 다른 형용사들의 경우 이른바 기움말이 필요 없는 옹근 그림씨로 간주하고 있는 것이다. 최현배(1937: 485-486)에는 이러한 생각을 확인시켜 주는 설명이 나온다.

> (3) 그런데 낱낱의 말의 소속은 그 본자리를 보인 것이니, 이것이
>   그 본자리에서 다른 자리로 임시로 비유적으로 전용이 되는 일이
>   많으니라. 이를테면,
>
> '밝다'
> 햇빛이 밝다.(시각적)
> 그 사람이 퍽 밝다.(이지적)
> '길다'
> 간짓대가 길다.(공간적)
> 낮이 길다.(시간적)
> '넓다'
> 방이 넓다.(공간적)
> 마음이 넓다.(심리적)
>
> 에서와 같으니라.

(3)은 (1가)에 속하는 형용사들의 하위 부류에 대하여 문형을 "NP-이 Adj"으로 규정하고 있는 것을 보여 준다. 위의 인용문에서 "그 사람이 퍽 밝다"에서 '이지적' 판단 형용사로 사용된 '밝다'의 경우 "그 사람이

<u>수학에/취리에/농사일에</u> 퍽 밝다"처럼 'NP-에' 보족어를 요구한다는 사실이 고려되지 않고 있다. '길다'의 경우 공간적이냐 시간적이냐 하는 의미 차가 문형의 차이까지를 유발하지는 않는다. 그러나 '넓다'의 경우에도 "방이 넓다"의 경우 한 자리 서술어인 반면 "마음이 넓다"의 경우 "영희는 마음이 넓다"와 같이 두 자리 서술어로 쓰이는 면이 있다.

　(3)에서는 형용사가 본래 시각적 형용사, 공간적 감각 형용사 등 한 가지에 속하고 그것이 다른 의미를 나타내는 문장에 사용된 경우 "임시로 비유적으로 전용"된 것이라는 설명을 하고 있는데 이러한 설명에는 문제가 있다. 즉, 어떤 단어가 다의어적인 현상을 보일 때 어원적으로 어떤 의미가 기본 의미라는 설명을 할 수는 있어도 공시적으로 여러 가지 의미로 사용되는 경우 한 가지가 기본이고 다른 것은 임시로 전용된 것이라는 설명을 하기는 쉽지 않은 것이다. 우리는 어떤 형용사(다른 단어도 마찬가지이지만)가 기초적인 어휘이고 사용 빈도가 높을수록 다의어적인 측면이 있음에 주목하고 또 이런 다의 현상이 적극적으로 문형의 차이까지를 유발하는 것으로 본다. 그러므로 한 단어(동형어가 아닌 다의어로 인정되는 경우)의 결합가가 그 단어의 여러 가지 의미에 따라 다양하게 기술되는 현상을 당연하게 받아들이는 입장이다.[2]

　이제 최현배(1937)에 언급되어 있지는 않으나 (1)의 분류가 구문의 차이와 유의적인 관련을 지니고 나타나는 다른 예들을 더 살펴보자. (1나)의 존재 형용사의 경우에는 "NP$_1$-은 NP$_2$-가 Adj"나 "NP$_1$-에/에게 NP$_2$-가 Adj" 등의 구문 유형을 만드는 특징이 있다. 그러나 (1라)의

---

2) 물론 한 형용사가 의미 차이가 거의 없이 두 가지 이상의 구문을 이루는 경우도 있고 비슷한 의미의 동사가 서로 다른 유형의 구문을 이루는 경우도 있다. 즉, 하나의 동사가 둘 이상의 문형에 나타나는 경우에 그 각각의 문형에서 동사의 의미 차이가 크지 않은 경우가 있다는 말이다. 이것은 개별 형용사들의 결합가와 보족어 지배 특성에 달린 문제이다. 그러므로 의미론적 분류와 통사론적 분류가 일치하지 않는 면도 있음을 염두에 두어야 한다.

수량 형용사나 (1마)의 지시 형용사의 경우에는 이러한 의미론적 유형이 구문상의 특징까지를 만드는 것 같지는 않다. 그러므로 (1라)나 (1마)의 예들은 (1가)의 예들과 함께 다루어도 무방할 것이다. 물론 (1가)는 구문상 단일한 성격의 것들로만 이루어져 있지는 않지만 (1라)와 (1마)의 예들도 여기에 함께 넣어 다시 구문의 유형을 나누어 봄직하다.

　　다음으로 남기심·고영근(1993:118)에서는 형용사의 의미를 다음 (4)와 같이 나누고 있다.

　　　　(4) 가. 감각적 의미(검다, 달다, 높다……)
　　　　　　 나. 화자의 대상에 대한 평가(착하다, 아름답다……)
　　　　　　 다. 비교(같다, 다르다……)
　　　　　　 라. 존재(있다, 없다……)
　　　　　　 마. 화자의 심리상태(고프다, 아프다, 싫다……)

여기서 비교 형용사와 존재 형용사를 따로 세운 것은 최현배(1937)의 방법과 비슷하다. 지시 형용사를 따로 두지 않은 것은 '이러하다, 그러하다, 저러하다'를 특정한 의미 부류로 넣는 것이 어렵다는 판단에서인 듯하다. 최현배(1937)의 감각 형용사 중 유기감각 형용사와 정의적 형용사 중 심리적 형용사를 남기심·고영근(1993)에서는 화자의 심리 상태를 표현하는 것으로 하여 (4마)와 같이 한 부류로 묶어 독립시켜 놓았다. 그리고 이에 대해서는 대응되는 타동사(고파하다, 아파하다, 싫어하다……)를 상정할 수 있고 그렇게 타동사로 교체된 대응 구문이 있다는 점을 들어 (4가~라)의 형용사들과 문법적으로 차이를 가진다고 설명하고 있다. 형용사의 의미론적 분류가 통사적인 현상과 어떻게 연결될 수 있는지에 대한 설명이다.

그러나 (4가)에 속하는 '맵다'의 경우에도 '매워하다'가 성립되고 (4나)에 속하는 '예쁘다'의 경우에도 '예뻐하다'가 성립되므로 이 기준이 절대적으로 적용된다고 보기는 어렵다. 그리고 (4)의 분류 중에는 이것 말고도 통사적인 특징을 드러내는 부류들이 더 있다. 앞에 언급한 것처럼 비교 형용사나 존재 형용사의 구분도 사실은 의미상의 분류라기보다는 구문을 의식한 분류라고 할 수 있다. '같다, 다르다, 있다, 없다'라는 의미는 '크다, 작다'와 같이 감각적 의미에 포함될 수도 있고 평가적인 의미에 포함될 수도 있는데 이렇게 따로 나눈 것은 이 형용사들이 결합가 특성을 달리 보여 별도의 문형을 만드는 특징을 고려한 것이라고 판단된다.

유현경(1997)에서는 형용사의 의미 자질에 따라 형용사의 격틀을 설정하고 형용사가 격틀에 따라 이루는 구문의 유형을 분류하였다. 유현경(1997)은 형용사 구문에서 주어의 의미역이 무엇인가에 따라 형용사를 크게 주관형용사와 객관형용사로 나누었다. 즉, 주어의 의미역이 경험주(Experiencer)일 때는 주관형용사로, 대상(Theme)이나 처소(Location)일 때는 객관형용사로 분류하는 것이다. 그리고 그 각각의 형용사들이 실제로 문장 속에서 어떤 구문으로 나타나는지, 그 구문들은 어떤 문장 유형과 변형 관계에 있는지를 기준으로 다시 하위 분류를 하였다.

형용사를 주관형용사와 객관형용사로 양분하는 방법은 이미 이정민(1976)에서부터 있었다. 김세중(1989)에서는 '주관형용사'를 '심리형용사', '객관형용사'를 '속성형용사'라 부르고 있으나 여전히 이런 양분법적인 입장을 취하고 있다. 심리형용사는 속성형용사와는 의미, 통사 양면에서 구별이 된다고 하면서 심리형용사와 속성형용사를 구분하는 방법으로 두 가지 테스트를 제시하는데, 하나는 '-기로 유명하다/소문이 자자하다'에 선행할 수 있으면 속성형용사이고 그렇지 않으면 심리형용사라고 하는 것이며 다른 하나는 '지금'과 공기할 수 있으면 심리형용사이고 그렇지 않으면 속성형용사라고 하는 것이다. 이러한 기준을 적용할 때 형용사는 주관형용사와 객관형용사, 그리고 두 가지 특성을 공유하는 형용사로 나누어질 수 있다고 하였고 또 속성형용사는 한 자리 서술어인 데 반하여 심리형용사는 두 자리 서술어라고 하였다.

　　김홍수(1993)은 주관형용사를 '심리동사'의 일부로 다루어 그 의미·화용론적인 특성을 설명한 논문인데, 이 논문에서는 '내적 경험'이라는 의미 특성을 지닌 동사를 심리동사로 보고 있다.

　　　(5) 가. 승호는 인선이를 다시 만난 것이 기뻤다.(김34ㄱ)
　　　　　나. 승호는 김치가 매웠다.(김34ㄴ)

(5가)의 '기쁘다'와 (5나)의 '맵다'는 주어의 '내적 경험'을 표현하는 동사이므로 심리동사라고 본 것이다.

　　김홍수(1993:61-79)에서는 의미 특성과 내면 격틀을 주된 기준으로 하여 심리동사를 하위 분류하고 있는데 여기서 형용사들만 가려 뽑으면 다음과 같다.

　　　(6) 정서 형용사
　　　　　(가) 주체의 정서가 어휘의미의 주가 됨.('슬프다'류)
　　　　　(나) 대상의 속성이 어휘의미의 주가 됨.('예쁘다'류)
　　　(7) 감각 형용사
　　　　　(가) 주체 중심적: 통각, 유기감각, 온도감각('아프다'류)
　　　　　(나) 대상 중심적: 시각, 청각, 미각, 후각, 촉각('맵다'류)
　　　(8) 경험 관련 평가 형용사('어렵다'류) … 양태 구문
　　　(9) '싶다'류
　　　(10) '있다'류 : 심리동사 구문을 이루지는 않지만 경험 표현에 관여
　　　　　　　하는 형용사로 보았음.

(6)~(9)의 형용사들은 모두 "NP-는 NP-이 Adj" 구성을 가진다는 특징을 보인다. (9)의 경우에는 '싶다'가 단독으로 'V'가 되는 것이 아니고 'V-고' 형까지 포함하여 하나의 'V'를 이루는 점이 다를 뿐이다. 이러한 분류는 동일한 통사 구조를 만드는 형용사 부류에서 그 문장 구조에 나타나는 두 명사구의 의미 관계가 어떻게 이루어져 있는지를 형용사의 의미 특성과 관련지어 설명하였다는 점에 의의가 있다고 할 수 있다.

이렇게 이른바 주관형용사에 대한 관심이 객관형용사의 것에 비하여 높았고 논의도 많이 이루어졌다. 그러나 형용사는 주관형용사와 객관형용사로 완전히 양분하기 어려운 측면이 있다. 김세중(1989)에서도 주관형용사와 객관형용사의 두 가지 특성을 공유하는 형용사들이 있음이 지적되었고 특히 유현경(1997)에서처럼 형용사를 격틀에 따라 주관적인 부류와 객관적인 부류로 나눈다고 할 때 주관형용사의 격틀과 객관형용사의 격틀을 공유하는 유형에 대한 문제가 생긴다. 유현경(1997)에서는 주어의 의미역을 기준으로 주관형용사와 객관형용사를 나눈다고 하였는데 동일한 형용사가 어떤 문장에서는 '경험주'를 주어의 의미역으로 하고 어떤 문장에서는 '대상'이나 '처소'를 주어의 의미역으로 하는 현상을 설명하는 것이 난점으로 남는다. 이것은 형용사 자체에 객관적이거나 주관적인 속성이 들어 있는 것이 아니라 실제로 그 형용사가 서술어로 나타난 구문에 따라 그 형용사의 의미가 달라진다는 것인데 그렇게 되면 형용사를 객관형용사와 주관형용사로 분류하는 것 자체가 의미가 없어지기 때문이다. 그러므로 형용사를 어휘적인 차원에서 객관형용사와 주관형용사로 나눌 것이 아니라 동일한 어떤 형용사가 실제 구문에서 객관적 용법으로 사용되었는지 주관적 용법으로 사용되었는지를 판별하는 것이 더 합리적인 방법이 될 것이라 생각한다.

김흥수(1993)에서의 분류에서도 가령 주체의 정서가 어휘 의미의 주가 되는 '슬프다'류와 대상의 속성이 어휘 의미의 주가 되는 '예쁘다'류가 나누어져 있지만, 다음 (11)의 문장에서는 이런 구분이 선명히 이루어지지 않음을 볼 수 있다.

> (11) 가. 나는 이 영화가 가장 슬프다.
> 나. 나는 우리 딸이 제일 예쁘다.

(11가)에서 '슬프다'라는 단어의 어휘 의미에 '대상의 속성'이 더 부차적인 것이라 하기 어렵고 (11나)에서는 반대로 '예쁘다'라는 단어의 어휘 의미에 '주체의 정서'가 부차적인 것이 된다고 단언하기 어렵기 때문이다. 한편,

> (12) 가. 나는 호랑이가 무섭다.
> 나. 호랑이는 무서운 동물이다.

'무섭다'라는 하나의 단어가 (12가)에서는 주체의 정서를 표현하고 있고 (12나)에서는 대상의 속성을 표현하고 있다. 그래서 사전에서도 '무섭다'라는 단어는 이 각각의 경우에 의미가 다소 다른 것으로 기술되어 있다.

> (13) '무섭다'의 사전적 의미(김민수 외, 국어대사전)
> 가. 마음에 두려운 느낌이 있고 불안하다.
> 나. 성질이나 기세 따위가 몹시 사납다.

(13가)는 (12가)의 문장에 나타난 '무섭다'의 의미에 대응되는 것이고 (13나)는 (12나)의 문장에 나타난 '무섭다'의 의미에 대응되는 것이다.

그러므로 형용사의 의미는 문장을 고려하지 않은 상태에서 추출하기 어렵고 의미론적 분류 역시 단어들을 고립적으로 다룰 때는 혼동을 초래하기 쉽다.[3] 만일 명사의 경우라면 그 명사가 어떤 문장에 쓰였느냐에 따라 그 의미가 크게 달라지지 않을 수 있지만 형용사의 경우에는 문장에서 가장 중심이 되는 지배소로서 어떤 보족어들을 취하고 나타났느냐에 따라서 의미가 많이 달라질 수 있기에 더욱 그러하다.[4]

3.1.2. 새로운 분류

이상에서 제시한 문제들을 극소화하는 방안으로 형용사를 크게 비상관적 형용사와 상관적 형용사로 나누었다. 비상관적 형용사는 형용사가 어떤 대상의 상태나 특징 등을 기술할 때 그 대상 자체에 대하여 다른 대상과의 관련을 고려하지 않은 채 기술하는 경우를 말한다. 즉, 인물의 정서나 감각, 인물이나 사물의 성질, 형상, 그리고 수량, 빈도 등의 의미를 단지 하나의 대상에 국한해서만 표현하고 다른 대상과의 관련성이나 관계 의미 등은 표현하지 않는 것이다. 한편 상관적 형용사는

---

3) 이른바 감각 형용사인 '컬컬하다'의 경우에도 마찬가지이다. '컬컬하다'는 사전(한글학회, 우리말큰사전)에 다음과 같이 기술되어 있다.

  1. 목이 몹시 말라서 물이나 술 같은 것을 마시고 싶은 생각이 간절하다.
    나는 목이 컬컬하다. / 나는 더 걷고 싶었으나 배도 출출하고 목도 컬컬해서 길가에 늘어서 있는 주막집 가운데 하나로 들어갔다.
  2. 맵거나 텁텁해서 목을 자극하는 맛이 나다.
    찌게가 제법 컬컬하고 맛이 있죠. / 컬컬한 매운탕

  이 경우에도 주체의 감각이 주가 되는지 대상의 속성이 주가 되는지는 형용사를 단독적으로 보아서는 판단하기 어려운 문제이다.

4) 이것은 문장 생성 차원에서는 형용사의 의미 자체가 달라서 보족어가 달리 지배된다고 설명되는 것이지만, 반대로 문장의 의미 해석 차원에서는 보족어가 어떤 것이 나타났느냐에 따라서 형용사의 의미가 달리 해석되는 것이다.

어떤 대상에 대하여 그 대상 자체만의 상태나 성질 등을 표현하는 것이 아니라 항상 다른 대상과의 관련을 고려하고 그러한 관계 의미를 내포시켜 표현하는 경우를 이른다.

형용사의 어휘적 의미가 성질이나 상태인 경우 비상관적 장면에서는 단독적이고 절대적인 의미로 표현되는 것이며 상관적 장면에서는 특정한 주체가 감지한 상태나 성질, 혹은 다른 대상과의 관련 속에서 파악된 상대적이고 다소 주관적인 성질이나 상태가 될 수 있다. 그러므로 '상관적/비상관적'의 분류는 논항의 수와도 관련이 된다. 상관적 장면에 쓰이는 형용사에는 형용사의 의미를 표현하는 데 있어서 서로 관련된 두 가지 이상의 대상이 존재하므로 대체로 2가의 결합가를 가지게 되고 비상관적 장면에서는 1가의 결합가를 가지는 것으로 나타나기 때문이다.

그러나 이러한 자릿수는 통사적 개념으로 곧바로 이어지는 것은 아니다. 논항이나 자릿수의 개념은 문장의 통사적 구조를 만드는 데 중요한 기준이 되기는 하지만 이것들은 기본적으로 통사론적 개념이 아니라 논리·의미적 개념이기 때문이다. 더구나 표면적인 통사 구조상 두 개의 논항을 취하는 것으로 보이는 형용사들 중 이 분류에서는 비상관적 형용사에 넣은 예들이 많이 있는데 그 이유는 논항들 간의 의미론적 관련성에 대한 고려가 우선되었기 때문이다.

이렇게 형용사의 의미론적 분류에 일차적인 기준으로 '상관성/비상관성'이라는 것을 설정한 이유는 형용사의 의미론적 분류에 있어서 형용사의 어휘적인 의미 내용도 중요하지만 그 어휘적 의미가 비상관적 장면에 쓰였느냐 상관적 장면에 쓰였느냐에 따라서 성격이 다른 범주로 묶일 수 있기 때문이다. 가령 '짜다, 달다, 시다' 등의 형용사는 비상관적 장면에서는 사물의 속성이나 상태를 나타내는 형용사로 규정되지만

상관적 장면에서는 대상에 대한 주체의 감각적 평가 내용을 표현하는
형용사의 범주에 들게 된다.

      (14) 가. 소금은 짜다.
           나. 이 국은 짜다.
           다. 나는 이 국이 짜다.

(14가)에서 '짜다'는 비상관적 형용사로서 '소금'의 속성을 표현하는 서
술어이고 (14나)에서 역시 '짜다'가 비상관적 형용사로서 '국'의 상태를
표현하는 서술어로 나타난다.[5] 그러나 (14다)에서는 같은 '짜다'가 '국'
에 대한 '나'의 감각적 평가의 의미를 표현한다. 이렇게 하나의 형용사
가 상관적 장면에 쓰였는지 그렇지 않은지는 형용사가 취하는 논항 수
와 관련이 있다. 비상관적 형용사는 대체로 하나의 논항만을 취하며 논
항이 두 개 나타나는 경우에도 그 둘의 관계가 긴밀하다. 이른바 "비양
도적 소유"에 해당하는 관계에 있는 명사들이 같은 의미역을 부여받고
나타나는 것으로 해석된다.

      (15) 가. 소금은 맛이 짜다.
           나. 소금의 맛이 짜다.

(14가)는 (15가)처럼 표면적으로 두 개의 논항을 취하고 나타날 수도
있으나 '소금'과 '맛'의 관계는 "양도 불가능한 소유 관계"이며 따라서
(15가)는 (15나)와 같은 의미의 문장인 것으로 해석되어 왔다. 그리고

---

5) '속성'과 '상태'는 엄밀히 말해서는 구분되어야 할 개념이지만 이러한 '속성'이나 '상태'를 특
   별히 구별하지 않고 '성질'이라는 부류에 함께 넣었다. 둘 다 비상관적인 용법을 보이고 문
   형 면에서도 차이가 발견되지 않기 때문이다.

'맛이'라는 명사구는 '소금은'과 같은 의미역을 부여받기는 하나 생략이 가능한 잉여적 정보에 해당된다고 할 수 있으며 (15가)의 구조에서 '맛이'가 빠진 (14가)가 통사적으로도 불완전한 문장이 아니므로 우리는 이러한 경우에 '맛이'를 수의적 보족어라고 한다.6)

형용사의 '상관성/비상관성'이라는 기준에 따른 분류는 이렇게 동일한 형용사가 두 가지 다른 용법으로 쓰이는 현상만을 유효하게 설명하는 것이 아니라 개별 형용사들을 상관적으로만 사용되는 형용사와 비상관적 용법만을 보이는 형용사로 구분하는 데에도 유효하다.

> (16) 가. 나는 심심하다.
> 　　　나. *나는 철수가 심심하다.
> 　　　다. *나는 철수에게 심심하다.
> 　　　라. *나는 철수와 심심하다.

가령 '심심하다' 같은 형용사는 (16가)처럼 비상관적 장면에만 쓰일 수 있고 상관적 장면에는 나타날 수 없다. (16나~라) 중에 어느 하나도 성립하지 않는 것이다.

기존의 분류들에서 주관형용사와 객관형용사, 또는 심리형용사와 비심리형용사를 나누었던 것은 용법의 문제를 도외시하고 어휘의 의미 자체에만 치우쳤기 때문에 많은 형용사들이 이 분류에서 서로 겹쳐서 교집합을 이루는 것을 설명하는 데 난점이 있었고 그리하여 중성 형용사나 중립 형용사를 따로 설정하는 등의 방법을 동원하기도 하였으나 그 분류 결과가 깔끔하지 못했다.7)

---

6) 수의적 보족어는 결합가의 수에 포함되지 않는다. 수의적 보족어의 개념 및 필수적 보족어나 상황어 등과의 구별에 대해서는 4장에서 다시 설명한다.

7) 초기의 형용사 연구에서는 형용사를 객관형용사와 주관형용사로 크게 나누어 객관형용사의 경우에는 '판단자'가 문면에 나타나지 않는 제2 유형의 문장을 구성하고 주관형용사의

'비상관적/상관적'의 구분은 '객관적/주관적' 또는 '심리적/비심리적'의 구분과는 좀 다르다. 이른바 객관적 형용사의 경우 다른 대상과의 관련을 고려하는 경우에도 진술자의 주관적인 판단보다는 객관적인 기준이나 근거에 따라 판단하여 진술하는 경우를 이르고, 또 화자나 판단자가 자신의 내면이 아닌 외부 상태를 진술하는 경우를 이르는 것이며 소위 주관적인 형용사는 화자가 자신의 심리 상태를 진술하거나 다른 대상에 대한 자신의 주관적인 판단을 드러낼 때 쓰는 형용사로 알려져

경우에는 '판단자'를 제1 명사구의 자리에 위치시키는 제1 유형의 문장 구조를 이루는 것으로 기술하여 왔던 것이 일반적인 방법이었다. 그리고 두 가지 유형의 형용사문 중에서 제2 유형을 일반적인 형용사문의 구조라고 생각하여 왔었다. 형용사는 일반적으로 주어 하나만을 요구하는 한 자리 서술어라고 하였고 그에 따라 형용사문의 기본 문형을 다음 (1)과 같이 설정하였던 것이 이러한 우리 문법학계의 사정을 반영하고 있다.

    (1) 무엇이 어떠하다.

이러한 문형은 객관형용사가 서술어로 된 문장에 적합한 틀이라고 하겠다. 그러나 김영희(1980)에서도 제시한 다음 (2)의 예들과 같이 소위 객관형용사라 하더라도 상관적 장면에 나타나는 일이 매우 많다.

    (2) 가. 나는 이 길이 멀다.
        나. 나는 뒷동산이 높다.

'멀다'와 '높다'는 객관형용사로 알려져 있다. 그런데 이들 형용사들이 이루는 문장은 화자의 판단문이다. 이것은 소위 객관형용사라고 하더라도 그것이 형용사인 한에 있어서는 화자에 따른 판단이 달라질 수 있다는 것을 함의한다. 김영희(1980)에서는 객관형용사의 용법과 주관형용사의 용법을 둘 다 보이는 예들을 중성동사라 하여 제시하면서 그 예로 '예쁘다, 멍청하다, 차다'와 같은 것을 들고 있는데, 이렇게 객관형용사가 주관형용사의 용법을 획득한 것으로 판단된 예들을 중성동사라 하여 따로 구분하고는 있지만, 이런 예들 외에도 모든 객관형용사들이 다 (2)와 같은 구조를 이룰 수 있는 것으로 보았기 때문에 모든 객관형용사들이 다 주관형용사와 같은 용법으로 사용될 수 있다는 점에서 굳이 중성동사를 따로 설정하는 의의가 없다고 생각된다.

    김세중(1994:44-49)에서는 '사랑스럽다'나 '귀엽다'와 같은 형용사에 대해서 준심리형용사라는 용어를 사용하고 있다. 이들 형용사는 속성 표현으로도 쓰이고 심리 표현으로도 쓰인다는 점이 준심리형용사를 설정한 근거이다. 우리의 문형 개념으로 하면 제1 유형과 제2 유형의 문장 형식이 다 가능한 형용사를 이렇게 본 것이다.

있다. 그런데 심리 상태를 표현하는 것이라고 하여 모두 내면적이라고 만 하기도 어렵고 또 모두 주관적이라고 하기도 어려운 것이다. 외적 근거나 자극, 대상 등을 상정할 수 없을 때는 주관적이고 심리적인 요소가 강한 반면, 대상을 상정할 수 있는 경우에는 객관적이라고 할 수 있으나 또 그런 경우에도 심리적인 표현이라는 점을 부정할 수는 없으므로 그 경계가 선명하지 않다. 더구나 김세중(1989)에서 속성 형용사는 한 자리 서술어이고 심리형용사는 두 자리 서술어라고 함으로써 주관형용사의 경우에 두 개의 필수 논항이 필요한 것으로 기술하고 있는 점을 고려할 때 혼동이 더욱 가중된다. '외적 자극이나 대상'이 나타나지 않는 특성이 주관형용사의 특성이라면 주관형용사의 경우에 두 개의 논항이 필요하다는 점과 양립할 수 없기 때문이다.

그 밖에도 '심리적'이라는 기준이 형용사의 의미를 분류하는 기준으로 적합하지 못하다고 판단한 이유는 '심리'라는 말 자체가 의미의 폭이 너무 넓어서 정서나 감각 표현에서뿐 아니라 다른 이지적인 평가에서도 '심리'라는 요소를 배제하기 어렵기 때문이다. 특히 인성 표현에 사용되는 형용사들의 경우에는 더 그렇다. 가령 '자상하다, 다정하다, 건방지다' 등의 형용사를 심리 형용사가 아니라고 단언하기는 어려우며 그렇다고 이런 것들을 심리 형용사의 영역에 넣으면 속성 형용사와의 구별은 더욱 어려운 것이 되기 때문이다.

우리의 비상관적 형용사에는 화자나 판단자의 내면 진술에 쓰이는 형용사도 포함될 수 있고 대상의 외적 속성에 대한 표현도 포함될 수 있다. 기존 연구들에서 화자가 자신의 내면을 표현하는 것을 이른바 심리형용사라 하여 따로 분류했었다. 그런데 화자의 내면적 진술이 주관적이고 심리적인 것은 사실이나 이런 내면 진술에서도 별다른 외적 원인이나 자극이 없이 자신의 내부에서 발생하는 정서나 감각이 있을 수 있고 외부의 자극이나 대상이 원인이 되어 발생하는 심리가 있을 수 있다. 그러므로 형용사의 의미가 정서나 감각을 표현하는 것이라는 것 자체가 분류에서 중요한 기준이 아니라 그런 정서나 감각의 의미가 다른 대상과의 관련에서 빚어진 것인지 그 대상 자체 내에서 나타나는 것인지가 더욱 기본적인 분류 기준이 되어야 한다고 보는 것이다.

성질이나 형상 등은 단독적으로 기술될 때는 어떤 대상의 속성이나 기질, 또는 현재의 모양이나 상태 등을 진술하는 용법으로 해석된다. 어떤 형용사들은 이렇게 비상관적 장면에서 속성을 진술하는 용법으로만 쓰이기도 하지만 이런 형용사들 중에 많은 수는 상관적 장면에 나타날 수 있다. 어떤 대상의 성질이나 상태가 다른 대상에게 어떤 영향을 미칠 수도 있고 또한 다른 대상을 기준으로 하여 어떤 대상의 성질이나 상태가 상대적으로 결정될 수도 있기 때문이다. 그러므로 어떤 형용사가 절대적이고 고유한 속성을 나타내는 형용사인지 아닌지를 단어의 어휘적인 의미 자체로는 구분하기 어렵고 대상과 관련된 다른 논항을 더 취할 수 있는지 없는지를 기준으로 하여 나누면 보다 선명한 분류가 이루어질 수 있다.

이렇게 사물이나 사람의 성질, 또는 상태, 형상 등을 표현하는 형용사가 상관적 장면에 나타나는 경우에 대하여 대상과 다른 대상, 또는 기준 등과의 관계 양상이나 작용을 중심으로 하여 '평가 형용사'와 '태도 형용사'로 나누어 보았다. 어떤 대상이 특정한 판단자에 의하여 그 성질을 규정받는 경우에는 '평가'의 의미 특성을 가지는 것으로 보았고 어떤 대상이 다른 대상에 대하여 어떤 마음가짐이나 태도를 가지는 것을 표현하는 형용사의 경우에 '태도'라는 의미 특성이 있는 것으로 보았다.[8]

---

8) 태도 형용사는 그 태도의 수혜 대상에 대하여 "어떻게 대한다"는 의미가 파악되는 경우를 이르는 것이나 "어떻게 대한다"고 하여 작용까지를 포함하는 [+행위성]의 의미로 파악되는 것은 아니다.

‘평가’는 이성적인 판단에 의하여 일어나는 일이 일반적이라고 생각되지만 정서나 감각의 측면에서도 어떤 대상에 대한 주체의 평가가 얼마든지 가능하다. 상관적 정서 형용사나 상관적 감각 형용사는 주체의 정서나 감각 경험에 주안점이 두어지기도 하나 대부분의 경우에 대상의 성질이나 상태에 대한 평가라는 의미에서 감각적 평가와 정서적 평가도 평가 형용사의 하위 부류에 포함시킬 수 있다.

‘상관적/비상관적’의 기준은 이른바 존재 형용사의 경우에도 유용하게 작용한다. 존재를 나타내는 형용사가 어떤 대상의 절대적 존재를 표현하는 것인지 아니면 상대적인 기준, 즉 다른 대상이나 장면, 장소 등과의 관련 속에서 어떤 대상의 존재를 표현하는 것인지가 [+상관성]에 의하여 구분되는 것이기 때문이다. 우리는 ‘존재’ 형용사라는 용어를 포괄적인 의미로 사용하였다. 그러므로 이에 포함되는 형용사 부류들이 다소 다양한 측면이 있다. 즉 비상관적 형용사에 속하는 수량이나 빈도, 유무의 개념과 상관적 형용사에 속하는 소재나 소유를 의미하는 형용사와 분포 형용사까지를 모두 ‘존재’ 형용사로 묶을 수 있을 것이다.

한편 비교의 의미를 나타내는 형용사는 상관적 장면에만 나타나고 비상관적인 장면에는 쓰이지 못한다. 비교란 언제나 상대항을 전제로 하는 것이기 때문이다. 또한 ‘지정’의 의미를 지닌 여러 형용사들이 있다. ‘이다’나 ‘아니다’ 외에 ‘틀림없다’라든지 ‘맞다’, ‘분명하다’ 등의 형용사는 하나의 대상을 다른 대상에 연결시키고 지정하는 의미를 표현하는 것으로 파악된다. ‘틀림없다’류의 형용사들에서는 ‘양태’의 의미도 파악되지만 두 대상을 연결한다는 기능적인 측면을 더 중시하여 이것들을 지정 형용사에 넣기로 하였다. 이러한 지정 형용사들도 두 대상이 반드시 전제되어야 하므로 상관적 형용사로만 나타난다.

그러므로 형용사를 크게 비상관적 형용사와 상관적 형용사로 나누면 비상관적 형용사는 다시 '정서, 감각, 성질, 형상, 수량, 빈도, 기타 상태'라는 하위 의미 부류로 나뉘며 상관적 형용사는 다시 '평가, 태도, 소재, 소유, 분포, 비교, 지정'으로 나뉘고 평가 형용사는 다시 정서적 평가와 감각적 평가, 그리고 이지적 평가로 나뉘게 되며 이지적 평가는 다시 판단자 중심의 표현과 분야 중심의 표현으로 나뉘게 된다. 이상의 논의에 따라 형용사의 의미론적인 분류표를 제시하면 다음 (17)과 같다.

(17) 형용사의 의미론적 분류

비상관적	정서		심심하다, 외롭다, 홀가분하다, 서글프다, 쓸쓸하다, 애틋하다, 슬프다①, 기쁘다①, 즐겁다①, 따분하다①, 초조하다①, 뿌듯하다①
	감각		가쁘다, 고프다, 나른하다, 거북하다①, 따갑다①, 아프다, 답답하다①, 어지럽다, 춥다①, 덥다①, 시리다, 시끄럽다①
	성질	유정물	다부지다, 대범하다①, 솔직하다①, 야무지다, 똑똑하다, 영리하다①, 지혜롭다①, 느긋하다, 얌전하다①, 엉뚱하다, 한심하다, 훌륭하다, 명랑하다①, 냉담하다①, 모질다①, 단호하다①
		무정물	고소하다①, 느끼하다①, 덥다②, 춥다②, 무덥다, 험하다, 향기롭다①, 다채롭다, 맵다①, 쓰다①, 매끄럽다①, 심하다①, 색채형용사류
		공통	거칠다①, 엄격하다, 빠르다, 느리다, 차다①, 뜨겁다①, 짜다①, 싱겁다①, 무섭다①, 깔끔하다, 더럽다①, 딱딱하다①, 쌀쌀하다①, 강하다, 매섭다, 수수하다, 활발하다, 한가롭다, 훈훈하다, 끈질기다
	형상	유정물	뚱뚱하다, 날씬하다, 우아하다, 아름답다, 가냘프다
		무정물	두툼하다①, 얄팍하다①, 막대하다①, 굵다①, 길다①, 깊다①, 밝다①, 또렷하다①, 거칠다②, 광활하다, 굉장하다, 웅대하다, 웅장하다, 뾰족하다
		공통	튼튼하다①, 크다①, 작다①, 넓다, 큼직하다, 특이하다, 반듯하다
	빈도		뜸하다, 드물다, 잦다, 빈번하다, 촉박하다
	수량		수많다, 수없다, 숱하다, 없다①, 한량없다①
	기타 상태		애매하다, 암담하다, 썰렁하다, 아늑하다, 고고하다, 고요하다, 적막하다, 잠잠하다, 음산하다, 살벌하다, 암울하다, 안락하다①, 경이롭다①, 새롭다, 자유롭다①, 방만하다, 엄숙하다, 싸늘하다, 광활하다, 넉넉하다

상관적	평가	정서적	무섭다, 기막히다, 섬뜩하다, 좋다, 싫다, 고통스럽다, 애절하다, 섭섭하다, 그립다, 재미있다, 유감스럽다, 만족스럽다, 밉다, 부럽다, 막막하다, 곤란하다, 난감하다, 난처하다, 아쉽다, 우습다, 더럽다, 안타깝다, 통쾌하다, 후련하다, 두렵다, 즐겁다②, 슬프다②, 기쁘다②, 따분하다②, 답답하다②, 초조하다②, 거북하다②, 따갑다②, 뿌듯하다②, 안락하다②, 고소하다③
		감각적	뜨겁다②, 맛있다②, 맵다②, 짜다②, 싱겁다②, 차다②, 뜨겁다②, 시다②, 무겁다②, 고소하다②, 느끼하다②, 향기롭다②, 딱딱하다②, 매끄럽다②, 시끄럽다②, 뚱뚱하다②, 날씬하다②, 두툼하다②, 막대하다②, 굵다②, 길다②, 깊다②, 밝다②, 또렷하다②, 튼튼하다②, 크다②, 작다②, 씁쓸하다, 쓰다②, 색채 형용사류
		이지적 / 판단자 중심	대견하다, 만만하다, 가소롭다, 대수롭다, 아리송하다, 알쏭달쏭하다, 기묘하다, 애처롭다, 흥미롭다, 구슬프다②, 경이롭다②, 이상하다, 어렵다
		이지적 / 분야 중심	근사하다, 비근하다, 고유하다, 능하다, 월등하다, 능숙하다, 긴요하다, 합당하다, 맞다, 알맞다, 영리하다②, 지혜롭다②, 적당하다, 적절하다, 마땅하다, 익숙하다, 서툴다, 강하다, 과분하다, 과중하다, 과도하다, 과다하다, 가깝다, 뛰어나다, 멀다, 남다르다, 탁월하다, 필요하다, 생소하다, 괜찮다, 특유하다, 이롭다, 유리하다, 어설프다, 자유롭다②
	태도	긍정적	각별하다, 공정하다, 공평하다, 엄하다, 겸손하다, 성실하다, 관대하다, 다정하다, 자상하다, 친절하다, 명랑하다②, 열렬하다, 얌전하다②, 솔직하다②
		부정적	각박하다, 강경하다, 거칠다③, 건방지다, 소홀하다, 까다롭다, 쌀쌀하다②, 냉담하다②, 냉정하다②, 단호하다②, 잔인하다②, 인색하다②, 모질다②, 심하다②
		중립적	공공연하다, 담담하다, 당당하다, 대범하다②, 엄격하다②
	소재		있다①, 없다②
	소유		있다②, 없다③
	분포		가득하다, 수북하다, 많다, 자욱하다, 허다하다, 즐비하다, 충만하다, 빽빽하다, 성기다, 빠듯하다, 무성하다, 충분하다, 불충분하다
	비교	대칭	같다①, 다르다, 다름없다, 멀다, 가깝다, 친하다, 똑같다, 흡사하다, 유사하다, 밀접하다, 비슷하다
		비대칭	열악하다, 낫다, 월등하다, 우세하다, 수월하다
	지정		이다, 아니다, 같다②, 답다, 틀림없다, 분명하다, 옳다, 그지없다, 한량없다②

3.2. 형용사의 의미·화용론적 특성

3.1.2에서 형용사의 어휘·의미적 분류를 하면서 하나의 형용사가 개념적인 의미 차이를 가지는 정도의 다의어가 되지 않더라도 둘 이상의 구문 유형에 나타나는 일이 있음을 언급하였다. 형용사는 비상관적 장면에서는 "어떤 대상이 가지고 있는 고유한 성질이나 일시적 상태"를 표현하는 의미만을 가지나 상관적 장면에서는 어떤 대상의 속성이나 상태로 인하여 주체의 마음 속이나 머리 속에 어떤 경험이나 평가, 또는 작용이 있는지를 표현하게 된다. 3.1.1에서 제시한 '무섭다'나 '컬컬하다'의 예가 이러한 점을 극명하게 보여 주며 그 밖에도 상관적 양상을 보여 주는 '이지적 판단 형용사'들이 이런 의미 특성을 보여 준다.

실제로 형용사가 상관적 장면에서 사용될 때 판단자[9]를 나타내는 명사구나 판단 기준을 나타내는 분야 등의 의미를 지닌 명사구가 보족어로 나타나고 또 수혜자[10]가 문장의 표면에 등장하는 것은 형용사의 이러한 의미 특성과 관련되는 현상으로 이해된다. 대체로 판단자는 형용사 구문에서 'NP-은/는' 형태의 명사구로 나타나며 판단 기준이 되는 분야나 수혜자를 의미하는 명사구는 'NP-에/에게' 형태의 명사구로 나타난다. 비교 형용사의 경우에도 어떤 대상의 속성이나 상태가 단독으로 결정되는 것이 아니라 다른 상대항과의 비교를 통하여 결정된다는 것을 보여 주는데 이 경우 상대항을 나타내는 명사구의 형태는 'NP-와/과'이다.

---

9) 형용사로 나타나는 진술 내용에 대하여 판단하는 사람을 '판단자'라 부르기로 한다. 졸고 (1991)의 '경험자'와 비슷한 개념이나 후자는 '주관적인 경험'을 강조하는 표현이고 전자는 주관적 경험과 주관이 개입된 개인적 판단까지를 포괄하는 의미를 지닐 수 있는 것이어서 전자 쪽으로 술어를 바꾸어 쓴다.

10) 태도 형용사 구문에서의 '수혜자'란 어떤 태도를 보이는 것으로 기술되는 대상이 그 태도를 나타내 보이는 상대항을 말한다.

이렇게 형용사의 실제 쓰임에서 보이는 특성 및 제약으로 주관적 판단성과 인칭 제약, 그리고 정도성을 들 수 있다.

3.2.1. 주관적 판단성

비상관적 장면에서는 대상의 성질이나 형상 등을 표현하는 형용사가 상관적 장면에서는 그 성질이나 형상 자체에 대한 표현이 아니라 대상에 대한 주관적인 판단자의 정서적, 감각적, 이지적 평가의 내용을 진술하는 것은 형용사라는 단어 부류가 그만큼 주관적인 판단자에 의하여 그 내용이 좌우될 소지가 많은 속성을 지니고 있다는 것을 보여 준다. 가령,

> (18) 가. 장미는 화려하다.
> 　　　가′. 장미는 화려한 꽃이다.
> 　　　나. 나는 장미가 화려하지 않다.

(18가)에서 '화려하다'라는 형용사는 '장미'라는 진술 대상의 '속성'을 객관적으로 진술하는 의미를 담고 있다. '장미'에 대한 일반인의 판단이 '화려하다'라는 것이고 화자 역시 그러한 생각에 동의하기 때문에 (18가)와 같은 발화를 한 것이다. 그러므로 (18가)는 (18가′)의 의미로 해석된다. 그러나 '화려하다'라는 단어의 의미 내용은 판단자에 따라서 주관적으로 좌우되는 측면이 있다. 그래서 '나'라는 특정인은 장미가 화려하지 않다고 판단할 수 있고 그런 경우 (18나)와 같은 발화를 하게 되는 것이다. (18나)는 상관적 장면의 표현으로서 판단자가 문면에 드러나므로 '화려하지 않다'라는 진술의 내용은 '장미'의 '속성'을 나타내는 표현이 아니라 '장미'에 대한 주관적 판단자의 '판단' 내용이 된다. 그러

므로 '화려하지 않다'라는 것이 장미의 속성과 어느 정도 연관이 있을 것은 부정할 수 없다고 하더라도 그것이 속성을 그대로 표현하는 것이라고 하기는 어렵다. 더 극단적으로 말하면 판단자의 주관은 전혀 속성과 거리가 먼 평가를 할 수도 있는 것이다. 그러므로 우리는 (18나)와 같은 문장에 사용된 형용사 '화려하다'를 평가 형용사라 이름한다. 많은 속성 형용사들이 이렇게 주관적인 판단자의 판단을 나타내는 의미로 쓰일 수 있음은 이미 3.1.2에서 언급하였다. 이렇게 정의적인 내용의 형용사만이 아니라 객관적인 측정이 가능하고 수치화될 수도 있는 속성인 '크다', '작다', 그리고 수치화 가능한 상태인 '많다' 등의 경우에도 객관적인 진술에뿐 아니라 주관적인 판단 표현에 나타날 수 있는 예들을 많이 볼 수 있다.

그러면 형용사의 이러한 주관적인 판단성을 특징적으로 보여 주기 위하여 형용사의 기본 문형을 어떻게 설정할 수 있을까?

> (19) 가. 제1 유형 NP_1-는 (NP_2-이) A
> 나. 제2 유형 NP_1-는 NP_2-이 A

(19)와 같은 문형을 생각해 볼 수 있다. (19가)는 비상관적 장면의 문형으로 어떤 대상의 객관적이고 본질적인 속성을 표현하는 방식에 주로 이용되며 (19나)는 상관적 장면의 문형으로서 대상에 대한 판단자의 평가를 나타내는 데에 이용된다. (19가)에는 하나의 명사구만이 'NP-은/는'의 형태로 나타나서 이것이 형용사의 진술 '대상'이라는 의미역을 부여받으며 'NP-이/가' 형태의 보족어는 수의적으로 나타난다. (19나)에서는 '주체'를 나타내는 제1 명사구는 'NP-은/는'의 형태로, '대상'을 나타내는 제2 명사구는 'NP-이/가'의 형태로 나타난다. (18가)는 (19가) 문형의 대표적인 예문이고 (18나)는 (19나)문형의 대표적인 예문

이다.

이렇게 발화의 내용이 특정한 판단자 혹은 진술자의 진술임이 더욱 분명히 요구되어 제2 유형의 문장으로만 나타나는 대표적인 예는 다음 (20)과 같은 것이 있다.

> (20) 가. 철수는 하늘이 노랬다.
> 나. 영희는 눈앞이 깜깜했다.
> 다. 철수는 영희가 예뻤다.
> 라. *나는 철수가 학교에 간다.
> 라′. 나는 철수가 학교에 간다고 생각한다.

(20가)는 객관적으로는 '하늘'의 속성이 '파랗다'(하늘은 파랗다)이거나, 밤인 경우 '까맣다'(밤하늘은 까맣다) 정도로 표현되어야 하지만 특정 판단자 '철수'의 경우에는 '하늘'에 대해서 '노랗다'고 감각적으로 평가하였음을 진술한 것이다. (20나)에서 판단자로 나타난 '영희'의 경우에도 현실이 막막하다고 느낀 것은 특정인 영희의 주관적이고 감각적이며 동시에 이지적인 평가이다. (20다)에서도 '예쁘다'가 영희의 객관적이거나 본질적인 속성이라고 하기 어렵다. '영희'가 다른 사람이 볼 때나 객관적인 기준으로는 '예쁜' 속성을 가지고 있지 않아도 '나'는 '영희'를 예쁘다고 느낄 수 있다. 또한 '영희'가 '나'에게라도 '예쁘다'는 판단을 받았다는 것은 '영희'가 어느 정도 그러한 속성을 가지고 있는 때문이라고 한다 하여도 "나는 영희가 예쁘다"라는 문장에서 '예쁘다'라는 진술은 '영희'가 지닌 속성이나 상태 자체를 표현하는 것이 아니라 영희가 그런 속성이나 상태를 지니고 있다는 내용이 '나'의 의식 작용에 영향을 미치고 있음을, 그리하여 적극적으로 내가 그러한 정서적 평가를 하였음을 보여주는 것이다.

한편 형용사 구문과 달리 동사 구문에서는 판단자가 문면에 드러나는 일이 없다. (20라)는 성립하지 않는 것이다.[11] 이 점이 동사와 형용사의 의미 차이에서 빚어진 화용상의 차이라고 할 수 있다. 즉 형용사는 의미 면에서 주관적 판단성을 지니고 있기에 판단자가 문면에 드러나는 상관적 장면에서의 쓰임이 두드러지고 동사 구문의 경우에는 그렇지 않은 것이다. 동사 구문에서는 행위의 주체와 행위의 대상 간에 상관적 관계가 존재한다. 이것은 형용사 구문의 상관적 장면과는 성격이 다른 것이라고 할 수 있다.

김영희(1980)에서는 우리의 평가 형용사 구문에 해당하는 다음 (22)와 같은 예문들에 대하여 단언 서술어를 상정한 복문 구조를 기저 구조로 가정한 적이 있다.

(21) 가. 나는 이 길이 멀다.
　　 나. 나는 뒷동산이 높다.
(22) 가. 나는 이 길이 멀다고 느낀다/주장한다.
　　 나. 나는 뒷동산이 높다고 느낀다/주장한다.

(21)과 같은 문장에 대하여 (22)와 같은 기저 구조를 상정한 것이다. 약한 단언 서술어인 '느끼다'나 강한 단언 서술어인 '주장하다'가 상위문의 서술어로 되어 있는 복문 구조가 (21)과 같은 형용사 구문의 기저 구조라고 본 것이다. 이렇게 보면 (22)의 문장은 (20라′)의 문장과 마찬가지의 형식을 갖게 된다. (20라′)을 (20라)의 기저 구조로 제시한 것이 아니라 동사가 서술어로 되어 있는 문장은 (20라′)과 같은 복문

---

11) (20라)가 성립된다고 보는 것은 다른 관점에서이다. 즉 (20라)에서 '나는'이 '가다'에 의하여 요구되는 보족어가 아니라 '언급 대상성'으로서의 주제인 경우에 이 문장은 성립된다고 하겠다. 그러므로 (20가)에서와 달리 (20라)에서의 '나'가 '판단자'라는 의미역을 부여받을 수 없다.

구조로 되어야만 판단자의 대상에 대한 행위 판단의 진술을 할 수 있다는 것을 설명하기 위하여 제시한 것이다. (22)의 각 문장의 성립성 자체에는 문제가 없다. 그러나 그것이 (21)의 문장의 기저 구조로 각각 설정되는 것에는 동의하지 않는다. (21)의 의미를 (22)처럼 '다시쓰기' 할 수는 있지만 (21)이 (22)에서 도출된 것이라고 해석할 수는 없기 때문이다. 이런 도출 관계를 인정할 경우 동사 구문에서도 (20라′)과 같은 기저 구조에서 (20라)와 같은 표면 구조가 도출되지 않는 이유를 설명할 수 없는 것이다.

김영희(1980)에서는 또 한 가지, (21)의 문장에서 "'평가'라는 언표 내적 효력은 "나는"과 "다"가 표시해 주고 있다"고 설명하는데 이러한 설명도 난점이 있다. "나는"과 "다"가 '평가'라는 언표 내적 효력을 발휘하게 하는 장치라면 왜 (21)과 같은 형식의 문장이 형용사 구문에서만 가능하고 동사 구문에서는 가능하지 않은가? 그리고 (21)의 기저 구조로 설정된 (22)는 단언 서술어까지 나타난 문장이니 언표 내적 효력이 이중으로 발휘되었다고 해석해야 하는가? 하는 점 등이 석연히 풀리지 않는다.

이러한 평가, 판단, 혹은 진술과 같은 언표 내적 효력이 제1 유형의 형용사 구문에서 나타나는 이유를, 형용사 자체가 가지는 의미 특성이 '진술'까지를 포함하는 것이라는 점으로 설명함으로써 위에 제시한 의문들을 해소할 수 있다. 동사의 의미가 '동사'라는 용어가 보여 주는 그대로 '움직임' 자체인 것과 달리 형용사의 의미는 '형용사'라는 용어가 보여 주는 그대로 '형용' 즉 '그려 보임'이다. 그려 보이는 구체적인 내용은 "어떤 대상의 속성이나 상태"가 되는데 그 상태를 지닌 것은 '그려 보임'의 '주체'가 아니고 '객체'이므로 '상태'의 주인은 형용사 구문에서 '주체'인 주격보족어로 나타나는 것이 아니라 '대상'인 보격보족어로 나타나는 것이다.

그렇다면 왜 형용사는 이러한 '판단'이나 '진술'이라는 언표 내적 효력을 동사의 경우와 달리 단문 구조로써도 나타낼 수 있게 되어 있을까? 형용사의 어휘적인 의미 내용이 가진 어떠한 특성 때문에 (20가~다)는 가능하고 (20라)는 가능하지 않은 것인가? 이 문제 역시 동사와 형용사의 기본적인 의미 특성의 차이에서 도출된다.

동사와 형용사는 각각 다른 기본 의미의 틀을 가지고 있다. 앞에서도 언급한 것처럼 동사는 주체의 움직임을 나타내는 것을 기본 의미 기능으로 한다. '움직임'의 표현에는 표현자의 주관적인 판단이 많이 개입할 여지가 없다. 물론 화자 또는 주관자가 눈앞에 보이는 상황이나 이미 본 것, 또 들은 것을 토대로 말을 하지만 그 화자나 표현자가 달라져도 같은 상황은 대체로 같은 동사로 표현된다는 것이다.[12] 그러나 형용사의 경우 어떤 대상의 모습을 '그려 보인다'고 할 때 판단하고 표현하는 이의 주관은 거의 백 퍼센트 형용사의 선택을 좌우하게 된다. 그러므로 동사 구문은 다음의 (23가)와 같이 행위의 주체가 주어로 실현되어 나타나지만 형용사 구문에서는 (23나)처럼 판단자가 문장 속에 주어로 나타나는 것이 일반적이다.[13]

---

12) 거짓말을 하는 경우는 다른 문제이다. 그리고 동사의 경우에도 보는 사람에 따라 달리 판단될 때에는 판단자가 문면에 드러나기도 한다. 그러나 동사의 기본 의미가 '움직임을 판단하여 밝힘'이 아니라 '움직임'일 뿐이므로 판단자가 문면에 나타나면 판단을 밝히는 동사가 함께 나와 상위문을 이루게 되고 판단의 내용이 되는 '움직임'이 표현된 문장은 내포문으로 되는 것이다.

   (1) 가′. *나는 철수가 간다.
      가″. 나는 철수가 간다고 본다/생각한다.

   (1가′)이 성립하지 않고 (1가″)이 성립하는 것은 이 때문이다.

13) 판단자와 표현자는 늘 일치하는 것은 아니다. 화자가 자신의 판단을 그대로 발화하는 경우가 대부분이어서 판단자가 '나는'으로 나타나는 문장이 많지만 화자(표현자)는 문면에

(23) 가. 철수가 책을 읽는다.
　　　 나. 나는 영희가 예쁘다.

(23가)나 (23나)는 평서문이므로 이 문장들의 발화자 혹은 진술자는 그 발화의 내용 혹은 진술의 내용을 판단한 사람이라고 할 때 똑같은 '나'가 판단자라고 하더라도 (23가)의 동사 구문에는 그 판단자 '나'가 문장의 표면에 드러나지 않고 있고 (23나)의 형용사 구문에서는 '나'가 문장의 표면에 하나의 보족어로서 '나는'이라는 명사구 형태로 들어 있다. (23가)에서 '판단자'가 문면에 드러나지 않은 것은 "철수가 책을 읽는다"는 사실은 내가 보건 영희가 보건 누가 판단하건 간에 별로 달라지지 않는 객관적인 사실이며 '읽는다'의 의미 내용인 행위 자체에는 주관적인 판단이 개입할 여지가 별로 없기 때문이다. 그래서 동사 구문에서는 진술된 행위 내용 자체가 중요하고 그 행위 내용의 주체가 중요한 것이지 그 행위에 대한 진술의 주체나 진술 내용의 판단자는 중요하지 않으므로 동사는 '판단자'에 대하여 통사적으로 하나의 자리를 할당하지 않는 것이라고 하겠다.

　반면 형용사는 그 진술 내용에 대한 판단이 누구에 의하여 이루어졌는지가 중요하다. '예쁘다'는 것은 '대상' 자체가 지닌 속성일 수도 있겠지만 그 속성이 속성으로 굳어지기 위해서는 객관적이고 보편적인 검증을 받아야 하고 그런 검증을 받은 경우들만이 속성을 나타내는 표현인 제1 유형의 문장 형식으로 나타날 수 있을 뿐이다. 대개의 형용사 구문은 어떤 대상에 대하여 누가 판단한 내용을 진술하는 것으로 되어 있다. 형용사는 그 어휘적인 의미 특성상 판단자의 주관에 따라 판단의 결과

자신의 모습을 드러내지 않은 채 판단자의 판단 내용만을 알려 주는 식의 문장도 드물지 않게 접할 수 있는데 이 경우 판단자와 표현자는 일치하지 않는다. 3인칭 소설의 지문에서 이런 예들을 많이 볼 수 있다.

가 달라질 가능성이 매우 많은 것이다. (23나)에서 "영희가 예쁘다"는 판단은 내가 하느냐 영희가 하느냐 할머니가 하느냐에 따라서 달라질 수 있다. 그러므로 대상에 대한 판단 내용만을 진술하는 것은 의미가 반감되는 일이라고 하겠다. 제2 유형의 형용사 구문에 판단자가 제1 명사구의 위치에 나타나는 이유가 여기에 있다.

3.2.2. 인칭 제약성

모든 발화문에는 화자와 청자가 있다.14) 그리고 국어의 일반적인 모든 문장에는 주어가 있다. 동사 구문에서는 서술어로 나타나는 동사의 의미 내용을 수행하는 주체가 주어로 나타난다. 그 진술자는 '나'이고 진술자가 문장에서 동사로 표현되는 행위의 주체가 행위를 수행한다고 판단한 내용을 진술한 것이 바로 동사 구문이 된다. 동사 구문의 진술자는 '나'이다. 이 '나'는 문장에 나타나지 않는다. 장석진(1974)의 표현대로 '들리지 않는 나'인 것이다.

그런데 형용사 구문에서는 이 '나'가 문장의 표면에 자주 등장한다. 제2 유형의 형용사 구문에서 주어의 자리에 오는 명사구는 대체로 '나는'의 형식이다. 이 '나'는 형용사 구문의 주어이면서 형용사가 가진 의미 내용에 대한 판단자이며 동시에 진술자가 되기도 한다.

> (24) 가. 철수가 공을 찬다.
> 　　　 가′. *나는 철수가 공을 찬다.

---

14) 장석진(1974)에서는 이를 "보이나 안 들리는 '너'와 '나'"라고 하였는데 이것은 화자와 청자를 지칭하는 '나'나 '너' 같은 대명사가 문장의 표면에 나타나지 않는 현상을 단적으로 지시한 것이라고 할 수 있다. 화자와 동일 인물인 '나는'이라는 주어가 흔히 생략되는 현상을 그 대표적인 예로 들 수 있다.

가″. 철수는 공을 차니?
나. 나는 영희가 예쁘다.
나′. *나는 영희가 예쁘니?
나″. 너는 영희가 예쁘니?

(24가)의 동사 구문에서 '차다'라는 행위의 주체는 '철수'이고 따라서 '철수가'가 문장의 주어이다. 이 문장의 진술자는 '나'인데 그것은 문장의 표면에 나타나지 않는다. (24가′)은 국어의 문장으로 성립되지 않는 것이다. 그러나 (24가)의 진술자가 '나'인 것은 분명한 사실이다. 그리고 (24가)와 같은 문장을 발화하기 위하여 화자(진술자)인 '나'는 그 문장의 내용, 즉 "철수가 공을 찬다"는 사실에 대한 판단을 한다. 그러므로 (24가) 문장에서는 진술자가 '나'이며 판단자도 '나'인데 그것이 문장에 나타나지 않은 것이다. (24가″)은 의문문으로서 진술자, 즉 화자는 '나'임이 분명하지만 그 내용에 대한 판단은 '나'가 하는 것이 아니다. 판단은 의문에 대답하는 자의 몫이며 따라서 '판단자'는 그 물음을 받는 사람이 된다.

　(24나)의 형용사 구문에서 '나는'은 문장의 주어로서 '예쁘다'라는 느낌을 갖고 '예쁘다'라는 판단을 하는 '주체'이다. 그리고 동시에 이 문장을 진술하는 진술자이다. 이렇게 진술자인 '나'가 문장의 표면에 등장하는 것이 동사 구문에서 볼 수 없는 형용사 구문의 특징이다. 그러나 엄밀히 말하자면 이 '나'는 '진술자'로 등장한 것이 아니라 '판단자'로 등장한 것이며 그 둘이 1인칭 문장에서 우연히 일치한 것 뿐이다. 즉 화자(진술자)는 형용사 구문에서도 문면에 나타나지 않는 특징이 있다. 다만 형용사 구문과 동사 구문의 차이는 '판단자'가 문장에 나타날 수 있느냐, 없느냐인데 형용사 구문은 판단자가 문장의 표면에 나타날 수 있는 특징이 있다. (24나)에서는 '나'가 '판단자'이며 (24나″)은 의문문이

므로 '너'가 '판단자'로 나타난다. (24나')은 의문문으로서 '너'가 판단자가 되어야 하는데 '나는'이 주어로 나타나 있으므로 이미 '나'가 '판단자'로 문면에 드러나 있기 때문에 '너'라는 판단자와 '나'라는 판단자가 모순이 되어서 문장이 성립되지 않는 것이다.

한편 판단자와 화자가 일치하는 경우 그 판단자는, 화자가 발화에서 주격보족어로 등장하는 경우에 일반적으로 잘 생략되는 것처럼 생략되는 일이 많다. 동사 구문에서 주격보족어가 생략되어 있을 때 그 주격보족어를 화자와 동일 인물인 것으로 상정할 수 있듯이 형용사 구문의 경우 '판단자' 의미역을 가지는 주격보족어가 생략된 경우에는 그 주어를 화자로 상정할 수 있다.

> (25) 가. 공을 찬다.
> 가'. 나는 공을 찬다.
> 가". 철수는 공을 찬다.
> 나. 장미가 예쁘다.
> 나'. 나는 장미가 예쁘다.
> 나". 철수는 장미가 예쁘다.

(25가)에서 생략된 주어는 화자와 일치하는 인물인 '나는'으로 상정할 수 있으며 그 외의 인물을 주어로 상정할 수 없다. 이것은 뒤집어 말하면 (25가')은 (25가)처럼 생략된 표현으로 쓸 수 있으나 (25가")은 (25가)처럼 표현하지는 못하고 (25가")과 같은 온전한 형식으로만 표현이 가능하다는 말이 된다. (25나)의 경우도 마찬가지이다. (25나)에서 생략된 주어는 화자와 일치하는 인물인 '나'로만 상정될 수 있다. (25나')처럼만 가능하고 (25나")과 같이 상정하는 것은 불가능하다.

여기서 한 가지 더 드러나는 사실은 (25나)가 주어가 생략된 문장이라는 사실이다. (25가)가 그러하듯이 (25나)도 주어가 생략된 문장이며 이것이 온전한 문장의 형식이 되려면 (25나′)나 (25나″)처럼 되어야 한다. (25나)는 판단의 '대상'이 보족어로 나타나 있고 그것과 서술어가 연결되어 있는 하나의 구 구성으로 판단된다.15) 다만 (25나)와 같은 생략 형식이 현실적으로 많이 등장할 수 있는 것은 대개 형용사 구문으로 표현하는 어떤 대상의 상태나 성질에 대한 판단 내용에 대한 진술은 화자가 자기 자신의 판단 내용을 바탕으로 그 내용에 대해서 행하는 일이 더욱 많다는 사실에서 나온 것이라 하겠다. 즉 판단자가 화자와 같은 1인칭 주어로 된 형용사 구문이 일반적이고 이와 평행하게 1인칭 주어가 생략된 (25나)와 같은 유형의 형용사 구문이 많이 나타나는 것이다.

다시 판단자와 진술자의 관계로 돌아가자. 앞에서 형용사 구문의 판단자와 진술자가 일치하지 않는 경우에는 판단자가 생략되는 것이 불가능하다고 하였다. (25나″)이 (25나)처럼 표현되지 못하는 이유는 바로 판단자와 진술자가 일치하지 않기 때문이다. 그런데 한편에서는 심리형용사 구문에서 판단자는 1인칭으로만 나타나야 한다고 하는 논의가 있어서 주목된다.

남기심(1989)에서는 주어가 1인칭의 체언인 경우에는 '싶다'라는 서술어를 쓸 수 있으나 3인칭의 체언인 경우에는 '싶다'는 쓸 수 없고 '싶어하다'만을 쓸 수 있다고 한다. 그리고 그 이유는 제삼자의 느낌은 남이 알 수 없고 눈에 보이는 행동으로 나타날 때만 관찰 가능하기 때문이라고 설명한다. 즉 '싶다'와 같은 형용사(여기서는 보조형용사)는 내면적 심리 상태를 나타내는 것이고 '싶어하다'는 그 내면적 심리 상태가 겉으

---

15) "장미는 예쁘다"처럼 형용사 서술어가 '판단자'인 주어를 필요로 하지 않는 문장 형식, 즉 제1 유형의 문장을 이루기 위해서는 형용사의 의미 내용과 보족어의 의미 내용이 특별한 관계를 이루어야 한다는 점에 대해서는 앞에서 언급하였다.

로 행동으로 드러난 것이라는 말이다. 남기심(1989)에서는 이렇게 심리 형용사 구문의 주어는 1인칭 체언만이 가능하며 3인칭 주어문에 심리 형용사가 오는 "이 애가 배가 고프다"나 "의사선생님, 우리 애기가 몹시 아파요" 같은 문장은 말하는 이가 '이 애'나 '우리 애기'의 처지에서 말을 하는 것이라고 해야 한다고 하면서 이것을 '화자의 시점 옮기기'라고 하였다. 그리고 "'화자의 시점 옮기기'로 인한 예외적인 문장은 문법적으로는 어디까지나 비문(非文)이다. 그것이 적격문이 되는 것은 '화자의 시점 옮기기'라는 문법 외적 현상에 의해 설명될 수 있을 뿐이다."라고 덧붙이고 있다.

즉 남기심(1989)에서는 심리 내면 진술에 사용되는 형용사들이 '화자(진술자)＝주어(판단자)'의 조건을 만족시켜야 하는 제약을 가지고 있는 것처럼 기술하고 있다. 이것은 국어의 문장을 일면만 관찰한 결과라고 생각된다. 심리를 표현하는 형용사 구문도 다른 형용사 구문들과 마찬가지로 판단의 '주체'와 '대상'이라는 두 명사구가 보족어로 요구되며 이들 보족어들은 첫 번째 보족어, 즉, 판단의 주체가 인물 명사로 와야 한다는 것 외에 인칭 제약은 본질적으로는 존재하지 않는다. 우리는 2인칭 대명사와 3인칭 대명사, 그리고 3인칭의 많은 일반 명사들이 심리 형용사 구문의 주어 자리에 나타나는 예문을 실제 언어 사용 현장에서 접할 수 있다. 먼저 2인칭의 경우를 보고 그 다음에 3인칭의 경우에 해당하는 예문들을 살펴볼 것이다.

> (26) 가. 너는 호랑이가 무섭지 않니?
>
>   나. 너도 수박이 제일 좋아?
>
>   다. 네가 수박이 먹고 싶을 때가 다 있어?
>
>   라. 당신은 이 아이가 예쁘시오?16)
>
>   마. 당신은 그 일이 지긋지긋하시지도 않아요?

(26)은 2인칭 대명사가 주어로 나타난 심리형용사 구문이다. 우리의 기술 방식으로 말하면 제2 유형의 문장이다. 2인칭 대명사가 주어로 쓰인 위 예문들의 공통점은 어말어미에서 찾을 수 있다. 의문형 어미가 그것인데, 의문문이란 화자가 자신의 내부 심리 상태를 표현하는 것이 아니라 청자의 심리 상태가 어떤지를 물어보는 문장이므로 내부 진술에 사용되는 형용사들의 주어로 '청자'를 지칭하는 2인칭 대명사가 사용된다. 즉 위 문장들에서 진술자, 즉 화자는 '나'가 되지만 판단자는 2인칭인 '너'나 '당신'이 되어 판단자와 진술자가 일치되지 않는 모습을 보여준다.

다음으로, 3인칭 주어가 사용된 예문은 2인칭 주어가 사용된 문장보다 좀 더 다양하게 나타난다.

> (27) 가. 선생님도 수박이 좋단다.
>   나. 아빠는 유경이가 너무 예쁘다.
>   다. 엄마, 영이는 아빠가 보고 싶어요.
> (28) 가. 선생님도 이 그림이 좋으세요?
>   나. 부인께서도 여름 날씨가 싫으십니까?
> (29) 가. 초롱이는 나비에게 우산을 씌워 주고 싶었어요.
>   나. 돌쇠는 호랑이도 무섭지 않았다.
>   다. 철수도 학교에 가고 싶겠다.
>   라. 철수도 영희가 좋을 것이다.

(27)의 예는 1인칭 대명사로 치환될 수 있는 3인칭의 경우로, 화자가 자기 자신을 1인칭 대명사로 표현하지 않고 문체상 3인칭의 다른 보통 명사, 즉 '선생님', '아빠', '영이' 등으로 표현한 것이다. (28)의 예는 2

---

16) '당신'을 높임의 의미를 가진 표현으로 사용한 경우에는 '-시-'와 일치하는 것을 확인할 수 있다.

인칭으로 해석되는 3인칭 주어의 경우로서 의문문의 주어로 나타난다. (29)는 화자가 3인칭 주어의 심리 상태를 빤히 들여다보고 있는 상태에서의 진술로 해석되는 3인칭 주어 구문이다. 이런 예문들은 주로 동화나 소설의 지문 또는 영상물(映像物)의 나레이션 같은 데서 많이 발견된다.

유현경(1997:74)에서는 감각 형용사 구문은 첫 번째 명사구에 경험주가 할당되기 때문에 평서문에서는 화자와 주어가 같아야 하고 의문문일 때에는 주어가 청자와 동일해야 하는 인칭 제약이 있다고 하였다. 그래서 '간지럽다', '고프다', '더부룩하다' 등이 이루는 구문은 1인칭 주어문으로만 성립하고 대체로 1인칭의 주어와 화자가 동일 인물인 상황이 많으므로 이런 감각 형용사 구문은 첫 번째 명사구가 생략되는 일이 많다고 하였다. 그러나 우리의 직관은 3인칭의 명사나 대명사도 평서문이나 의문문의 주어 자리에 오는 것이 제약되지 않는다고 판단한다.

그리고 유현경(1997)에서는 이러한 인칭 제약이 회상의 선어말어미 '-더-'와의 결합 관계를 통해서도 확인된다고 하였다. 그러나 감각 형용사 구문에 1인칭 주어만이 나타나는 제약을 이미 설정하였다면 '-더-'와의 결합 관계를 기술하는 것은 무의미하게 보인다. '-더-'가 있고 없음이 인칭 제약을 달리 만드는 것이 아니기 때문이다.

우리는 '-었-'이라는 선어말어미와의 결합 관계를 고려하는 것이 보다 유익한 결과를 도출시킬 수 있으리라고 본다.

(30) 가. {나는, *너는, *그는} 그런 괴물 나오는 영화를 보면 속
　　　　이 메쓰껍더라.
　　나. {나는, *너는, (*)그는} 그런 괴물 나오는 영화를 보면
　　　　속이 메쓰껍다.
　　다. {나는, *너는, 그는} 그런 괴물 나오는 영화를 보면 속이

메쓰꺼웠다.
라. {*나는, 너는, 그는} 그런 괴물 나오는 영화를 보면 속이
메쓰꺼웠지?

(30가)는 유현경(1997:75)에서 감각 형용사가 인칭 제약을 보이는 것을 '-더-'와의 결합 관계를 통해서 확인한 예문이다. 유현경(1997)에서는 명시하지는 않았으나 이러한 인칭 제약이 '-더-'가 없는 경우에도 성립하는 것으로 보고 있다. 즉 (30나)에서도 인칭 제약이 있어서 '메스껍다' 같은 감각 형용사는 2인칭 주어나 3인칭 주어를 가질 수 없는 것으로 기술하고 있다. 그러나 이렇게 감각 형용사 구문에 2인칭이나 3인칭의 주어가 나타날 수 없다고 기술하는 것이 잘못임은 (30다)와 (30라)의 예문을 통해서 확인된다. (30다)에서는 2인칭의 주어만이 제약되고 (30라)에서는 오히려 1인칭의 주어가 제약되는 것이다. 이것은 선어말어미 '-었-'을 결합시켰을 때 이 예문들에 대한 우리의 직관이 더 정확하게 작용한 때문에 얻어진 결론이다.

우리는 실제로 (30나)에서도 3인칭 주어에 대한 제약이 없다고 보는 입장이다. 감각 형용사들은 원칙적으로 누구의 감각이든 표현할 수 있는 것이다. 다만 3인칭 주어의 감각을 현재 시점으로 표현할 일이 흔치 않기 때문에 희박한 출현 빈도 때문에 비문법적 문장이라고 느낄 뿐이다. 그런 감각 표현이 과거형으로 되면 훨씬 자연스러워지고 문법성에 문제가 생기지 않는 것은 제삼자의 감각 경험에 대한 표현은 일정 시간이 지난 후에 진술되는 일이 일반적이기 때문이라고 설명할 수 있다. 결국 감각 형용사 구문에서 인칭 제약이 나타나는 것처럼 보이는 것은 판단자인 제1 명사구와 판단 대상인 제2 명사구가 동일시되는 관계에 있는 데서 빚어진 것이 아닌가 싶다.

이상에서 보았듯이 심리 내면을 표현하는 형용사 구문이 반드시 1

인칭 주어만을 요구하는 것은 아니다. 그동안 심리형용사 구문이 주어에 인칭 제약17) 같은 것을 가지고 있다고 생각했던 것은 진술자와 판단자가 일치하는 문장의 예가 현실적으로 많은 데서, 마치 그것이 일치해야 하는 규칙이 있는 것처럼 기술되었던 것이라고 할 수 있다.

3.2.3. 정도성

3.2.1에서 형용사가 기본적으로 주관적 속성을 가지고 있는 단어이므로 판단자에 따라 다른 표현이 가능하다고 하였는데 '정도성' 역시 객관적이고 절대적인 기준에 의해서도 판단할 수 있는 문제이지만 형용사의 경우 그 정도성이 반드시 객관적인 기준에 따라 판정되는 것은 아니다. 가령 '길다'라는 표현에서도 절대적으로 몇 센티미터이냐 하는 객관적인 수치가 무엇보다 무엇이 더 길다는 판단을 하게 하는 기준이 될수는 있지만 형용사로 표현되는 언어의 세계에서는 센티미터로 쟀을 때 더 짧더라도 판단자가 '길다'는 표현을 하는 것이 얼마든지 가능하다.

정인수(1994:5)에서도 형용사의 이러한 의미 특성이 그동안 형용사의 연구에서 주목되어 왔다고 기술하면서 형용사에서 나타나는 〔+정도성〕의 의미 자질에 대하여 몇 가지 측면에서 접근하고 있다. 첫째는 형용사에는 〔+정도성〕의 정도를 달리하는 일련의 표현들이 서로 관련 어휘 항목으로 묶여 있는 것이 존재한다는 것이다. 예컨대 '단맛'의 정도에 따라 '달디달다', '달콤하다', '달짝지근하다' 등의 단어들이 연관성 있게 배열되어 있으며 둘째, '달다'라는 속성이나 상태 표현의 형용사도 '아주'나 '조금'의 수식을 받아 그 정도성을 드러낼 수 있게 되어 있다고

---

17) 이정민(1976)에서는 인칭 제약의 관점에서 주관형용사와 객관형용사를 분류하기도 했다.

한다.

정인수(1994:11)에서는 이렇게 형용사의 [+정도성] 자질에 주목하는 한편으로, 모든 형용사가 정도성을 가지는 것은 아니고 의미가 한쪽 끝을 한정하는 성질을 가진 형용사들은 [정도성]을 포함하지 않는다고 하면서 '완벽하다', '영원하다', '가득하다'와 같은 예들을 비정도적 형용사(non-gradable adjective)로 예시하였다. 구체적으로 위의 형용사들이 [+정도성]을 가지지 않는다고 보는 근거는 '조금', '약간', '아주', '매우' 등 정도 부사의 수식을 받으면 어색하다는 것으로 제시되어 있다.

그러나 우리의 판단에는 "아주 완벽하다"는 아주 완벽하게 성립되는 예이며 "조금 완벽하다"나 "어느 정도 완벽하다"도 성립에 무리가 없다. 다만 정인수(1994)의 지적대로 "(?)조금 가득하다"든가 "(?)약간 가득하다"와 같은 표현은 정도 부사의 내용('少'의 의미)과 그 수식을 받는 형용사('多'의 의미)의 의미 내용에서 발생하는 충돌 때문에 성립이 어려운 것이지 '가득하다'와 같은 형용사가 [+정도성]을 가지지 않기 때문에 이 문장이 성립에 이상을 가져오는 것이라고 판단되지는 않는다. "가득하다"의 '滿'의 의미와 '조금' 또는 '약간'이라는 부사의 의미가 서로 모순된 데서 나타나는 의미 충돌이 이러한 수식 구조의 성립을 어렵게 하는 것이다. 이는 "아주 가득하다"나 "매우 가득하다"가 잘 성립된다는 점으로 방증된다.

정인수(1994)에서는 위에서 본 바와 같이 형용사 중에는 정도성의 자질을 가지지 않은 것도 있다는 점에 일차적으로 주목하고 형용사를 [+정도성]이라는 의미 기준에 따라 나눌 때 정도 매기기에 제한이 없는 형용사와 제한이 있는 형용사, 그리고 부분적 제한이 있는 형용사의 세 부류로 나누어야 한다고 하였다. 개별 형용사들이 [+정도성]을 어느 정도 가지고 있는지에는 정도 차가 있고, [+정도성]을 아주 많이 가지고 있어서 명시적으로 그런 사실이 드러나는 형용사가 있는가 하면 그렇지 않아 〔+정도성〕이 미미하게만 발견되는 형용사의 예도 있으리라는 점을 인정하지만 그래도 형용사들은 동사와 비교할 때 모두 〔+정도성〕이 감지되므로 이 〔+정도성〕을 형용사의 의미 특질 중의 하나에 포함시키는 것이 좋다고 본다.

　형용사의 〔+정도성〕이라는 의미 자질은 'NP-보다'라는 비교의 보족어를 통하여 문장 속에 구체적으로 실현된다.

(31) 가. 영희가 철수보다 낫다.
　　　나. 배가 사과보다 크다.
　　　다. 그 곳은 생각보다 멀다.

(31가)는 '낫다'라는 형용사가 '철수보다'라는 비교의 보족어를 필수적으로 요구하는 예이다. 그것은 '낫다'에 〔+정도성〕의 의미 자질이 아주 많이 들어 있다는 것을 의미한다. (31나)의 '크다'나 (31다)의 '멀다'에도 〔+정도성〕의 의미 자질은 있으나 그 정도가 큰 것은 아니어서 (31나)의 경우 대등한 비교항 '사과보다'가 수의적 보족어로 사용되었고 (31다)의 경우 판단의 기준이나 배경이 되는 '생각보다'가 역시 수의적 보족어로 사용되어 있다.

제 4 장

형용사의 통사론적 특징

1. 결합가(結合價)

2. 보족어와 상황어

3. 형용사 구문의 보족어

4. 형용사 구문의 기본 문형

형용사의 통사론적 특징

　이 장에서는 독일에서 동사의 결합가와 그에 따른 문형의 기술에 주로 이용되어 온 의존 문법 이론의 기본 개념을 빌어 국어 형용사의 통사론적 특징을 설명하고자 한다. 형용사의 기술에 의존 문법의 기본 개념들을 적용한 이유는 크게 세 가지이다.

　첫째, 문장의 핵심 성분은 서술어이며 서술어가 명사구 보족어들을 지배하여 기본 문형을 이룬다는 의존 문법의 기본 전제가 국어의 문법 기술에 유용하리라는 판단에서이다. 특히 우리는 한 언어의 문법을 기술하는 일이 그 언어를 정상적으로 사용하는 화자들의 언어능력을 공식화하여 표현한다는 의의도 있으나 그 언어를 모르는 다른 외국어 화자들에게 가장 손쉽게 그 언어를 습득하여 정상적인 문장들을 구성할 수 있게 하는 데에 더 일차적이고 실용적인 목적이 있다고 보는데, 의존 문법의 결합가 기술 방식이 그러한 요구를 무엇보다 잘 충족시킬 수 있다고 생각하였기 때문이다.[1]

---

[1] 한 언어에서 단어들, 특히 서술어의 결합가를 정확하게 기술하는 일은 그 서술어가 핵이 되는 문장을 정상적으로 생성시킬 수 있도록 하는 직접적인 지식을 제공하므로 그 언어를

둘째, 국어는 이른바 이중주어 구성을 가장 특징적인 문장 구조로 가진 언어인데, 주어를 다른 보족어들과 다른 특별한 것으로 기술하는 문법 모델 내에서는 국어의 이러한 이중주어 현상을 설명하기 어려우나 주격보족어와 보격보족어를 표면적인 격 형태 면에서는 같지만 그것들이 서술어로부터 부여받는 의미역의 차이에 따라 구분될 수 있는 것으로 보는 의존 문법의 모델 내에서는, 이를 보다 효과적으로 설명할 수 있으리라는 판단에서이다.

셋째, 국어는 서술어를 제외한 명사구들 간의 어순이 비교적 자유롭게 재배치될 수 있는 특징을 지닌 언어인데 이렇게 어순이 뒤섞일 수 있는 명사구들을 위계를 가지지 않은 대등한 보족어 개념으로 설명하는 것이 자연스럽다는 판단 때문이다.

문장 속에서 서술어에 의하여 반드시 요구되는 부사어와 그렇지 않은 부사어를 구분하여 처리하는 방법이 현행 학교문법의 체계 내에서는 마련되어 있지 않고 변형생성 이론과 같은 미국식 문법 이론에서도 이에 대한 명쾌한 해결책을 제시해 주지 못한다. 여기에서 의존 문법의 보족어 개념을 도입할 필요가 생겨나는 것이다.

의존 문법의 결합가 이론에서는 서술어에 의하여 요구되는 명사구 성분들에 대하여 주어와 목적어, 주격 보어, 또는 다른 격 형식의 명사구들을 구분하지 않고 모두 보족어라 부른다.[2] 따라서 주어를 다른 보족어들과 다른 지위를 가진 것이 아니라 다른 보족어와 마찬가지인 보족어의 하나로 보며 이에 따라 문장을 주어와 서술구의 이분지 체계가

외국어로 습득하고자 하는 사람들에게 많은 도움을 준다.

2) 김동식(1993:10-13)에서도 국어의 동사 분류에서 그동안 'NP-을/를' 보족어를 다른 격 형태의 보족어들과 달리 취급하여 '타동사'라는 하위 유형만을 지나치게 강조한 점을 비판적으로 검토하면서 다른 조사의 형태도 '을/를' 조사와 대등하게 다루어 동사를 하위 분류하는 기준으로 삼을 것을 주장하고 있다. 이 논의는 의존 문법에 의거한 것은 아니지만 이러한 기본적인 생각은 의존 문법의 바탕과 일치한다.

아니라 다분지의 것으로 보는 특성이 있다. 의존 문법의 모델 내에서는 모든 보족어들이 서술어 아래에 대등하게 종속된 것으로 설명된다. 문장 구조에 대한 의존 문법의 이러한 설명 방식은, 국어의 문장에서 어순이 비교적 자유롭게 바뀌는 현상을 잘 설명해 준다.

또한 의존 문법에서는 부사어에 대하여서도 그것이 필수적으로 요구되기만 하면 특별히 수식 성분이라거나 부속 성분이라는 규정을 두지 않는다. 부사어의 출현이 특정 서술어에 의하여 요구되느냐 그렇지 않느냐에만 기준을 두어 보족어인지 상황어인지를 구분할 뿐이다. 독일어에서 보족어, 특히 상황보족어나 방향보족어들은 그 격 형식에 의하여 상황어와 구분되는 것이 아니라 동사의 결합가에 따라 지배되느냐 아니냐에 의하여 구분된다.3) 즉 같은 형태의 명사구라고 하더라도 어떤 것은 보족어로, 또 어떤 것은 상황어로 기술된다는 것이다.

그러므로 4.1에서는 의존 문법 이론의 핵심 개념이라 할 수 있는 결합가의 의미와 쓰임에 대해서 살펴보고 4.2에서는 보족어 및 상황어의 개념에 대하여 간단히 설명한 뒤 의존 문법의 이론에 따라 설정될 수 있는 국어 형용사의 보족어들을 형태별로 살펴보기로 한다. 이 책에서는 편의상 형용사 구문의 주격보족어는 'NP-은/는'의 형태인 것으로 간주하여 'NP-이/가' 보족어와의 혼동을 피하고자 한다. 따라서 'NP-이/가' 보족어를 주격보족어와 구별하여 보격보족어 또는 1격보족어라 부른다. 국어 문법론에서 주격보족어는 이른바 주격중출설과 관련하여 논란의 대상이 되었던 적이 많이 있으므로 다른 보족어들에 비하여 특히 비중을 두어 고찰한다. 4.3에서는 형용사 구문의 기본 문형을 결합가를 기준으로 하여 설정한다.

---

3) 졸고(1991)에서는 국어의 부사어 성분들에 대하여 이런 의존 문법의 관점에 따라 보족어와 상황어를 구분하였던 적이 있다.

형용사는 명사구로 나타나는 보족어들이 지닌 본유의 의미 특성이나 일시적 상태, 그리고 판단자가 대상에 대하여 가지는 느낌 등을 서술하는 기능을 가지고 있다. 그러므로 형용사가 표현하는 의미 내용의 진술 대상이나 진술 주체는 통사·의미론적으로 형용사의 지배를 받는 요소가 된다. 이 사실은 반대편에서 보면 형용사가 그 의미 특성을 온전히 실현시키기 위하여 명사구 보족어들을 요구하는 것이라고 할 수 있으므로 이 명사구 보족어는 형용사에 대하여 의존적인 성격을 가지는 동시에 형용사를 보완하여 충족시키는 기능을 한다. 그러므로 진술의 주체나 대상과 같은 명사구들을 형용사의 보족어라 이름하는 것이다.

형용사의 진술 주체가 되는 명사구 보족어는 동사에서 행동의 주체로 실현되는 명사구 보족어와 마찬가지로 'NP-은/는' 또는 'NP-이/가' 형태로 나타난다. 그리고 형용사의 진술 대상이 되는 명사구는 동사에서 행동의 대상이 되는 보족어가 'NP-을/를'로 나타나는 것과 달리 'NP-이/가'의 형태로 나타난다. 바로 이 점이 형용사와 동사의 보족어 형태가 구분되는 가장 결정적인 부분이다. 이 외에도 형용사와 동사가 지배하는 보족어의 형태에는 세부적인 차이가 있고 동일한 형태의 보족어를 취하는 경우에도 그 의미역이 달리 해석되는 경우가 많은데 그것은 형용사와 동사의 부류가 지니는 의미 특성의 차이에 따른 것이라고 할 수 있다.

4.1. 결합가(結合價)

4.1.1. 결합가의 개념

결합가(Valenz)란 프랑스의 떼니에르(L. Tesnière)에게서 시작되어[4] 그동안 독일에서 많이 연구되었던 의존 문법(dependent grammar)의 주요 개념이다. 국어에서는 주로 자릿수나 항가(項價)라는 용어로도 번역

---

4) Tesnière, L.(1959)가 의존 문법의 시초를 연 저서이다. 떼니에르는 교육 대학의 일종인 Ecole Normale d'Institutrices in Montpellier의 언어학과 교수로 있으면서 모든 임의의 개별 언어의 통사 분석에 적합한 방법론을 개발하고자 하여 의존 문법을 창시하게 되었다. 의존 문법은 종속 문법의 성격을 띠는데, 그것은 문장에서 개별 요소의 등장이 다른 요소의 등장과 관계한다는 원칙에서 출발하기 때문이다.

  의존 문법의 또 하나의 원칙은 문장은 동사가 중심이 되어 동사에 의해서 구조화된다는 점이다. 이것은 구절구조 문법을 위시하여 변형생성 문법에 이르기까지 문장의 중심을 주어와 서술어의 두 축으로 보아온 문법 이론들의 기본 전제와 크게 다른 점이다. 동사는 결합가에 따라 다른 종속 성분들을 취하여 문장을 이루게 된다. 의존 문법의 모델에 따른 문장의 나무 그림과 구절구조 문법 식의 나무 그림을 비교하여 보면 다음과 같다.(Tarvainen, K./이점출 역, 1991:35-36)

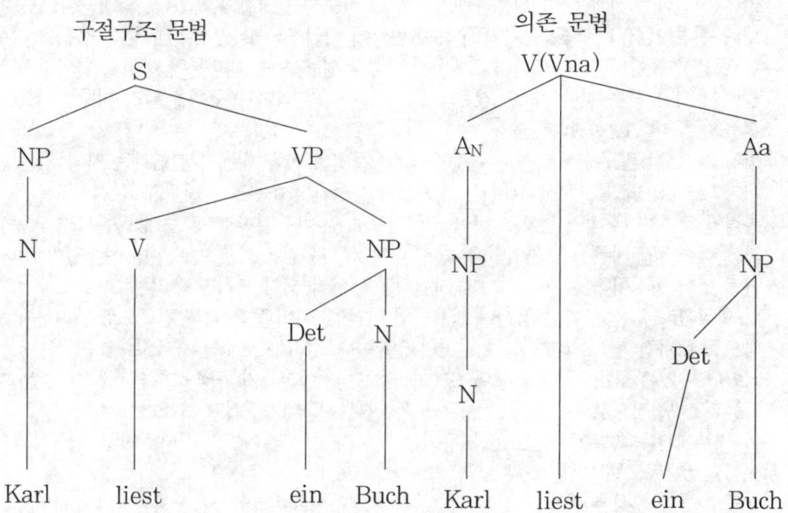

Vna = 주격과 대격을 갖는 동사
An = 주격보족어
Aa = 대격 보족어
N = 명사
Det = 한정사

되어 사용되고 있는데, 동사나 다른 품사가 그 의미 특질에 따라 완전한 문장이나 성분 형식을 이루기 위하여 통사·의미론적으로 필요로 하는 보족어가 올 수 있는 빈 자리의 수를 말한다.5) 그러므로 결합가는 동사만이 지닌 특수한 자질은 아니며 다른 품사류들, 이를테면 독일어에서는 형용사나 명사, 부사 등과 같은 품사류들도 지니는 자질이다. 결합가를 지닌 요소들은 그 결합가에서 요구하는 만큼의 보족어들을 지배하여 문장성분이나 문장 전체를 이루게 되고 보족어들은 문장 속에서 그 지배 요소들에 의존하게 된다.6) 이것이 의존 문법의 핵심 내용이다.

독일어 문법 연구에서는 그동안 의존 문법과 관련하여 주로 동사의

---

5) 보족어의 수와 개개 보족어의 의미역은 기본적으로 서술어의 의미론적 특질에 의하여 달리 나타난다는 사실은 어떤 문법 모델에서도 비슷하게 인정되고 있다. 남지순(1996)이나 유현경(1997)도 형용사가 요구하는 논항에 따라 구문을 분류하면서 각 구문을 이루는 형용사 유형의 명칭으로 '대칭 형용사', '감각 형용사' 등 의미론적 특성을 함의한 명칭을 사용하고 있는 것을 볼 수 있는데 이는 형용사의 의미가 구문을 달리 이루는 조건이 됨을 방증한다고 하겠다.

6) 박진호(1994:22)에 나오는 '의존성'은 의존 문법의 이론 내에서 성립하는 지배-의존 관계와 다르다. 박진호(1994)에서는 의존성의 유형을 음운론적인 것, 형태론적인 것, 통사론적인 것, 의미론적인 것으로 나누어 살펴보고 있지만 일반적으로는 음운론적인 의존성과 형태론적인 의존성은 한꺼번에 묶어 '비자립성'과 같은 개념으로 설명하는 일이 많다. 어떤 언어 형식이 발화에서 하나의 자립적인 단위가 되지 못하면 우리는 그 요소를 비자립 형식이라고 한다. 대개 동사나 형용사의 어간 및 어미 등은 각각 단독으로 실현되지 못하므로 비자립 형식이라고 하며 단어의 일부를 구성하는 요소들 중에서도 자립적으로는 나타나지 않는 요소들, 예를 들어 '오솔길'의 '오솔-'이라든가 '끔찍하다'의 '끔찍-' 같은 어근들과, 자립적으로 나타나지는 않는 모든 접사들을 비자립적인 요소라고 한다. 한편 단어 내부에서는 똑같이 어근으로 사용되는 것이라도 '꽃밭'의 '꽃-'이나 '-밭'은 단독으로도 쓰이므로 자립 형식에 속한다.

우리의 의존성은 이상과 같은 형태·음운론적인 것이 아니라 통사·의미론적인 것이다. 예를 들면 '따름'이라는 의존명사가 후행 요소로서 '이다'만을 요구하는 것이라든지 '이다'가 선행 요소로서 무표지의 체언 상당어구를 요구하는 것 등이 통사·의미론적인 의존성을 지닌 예라고 하겠다. '따름'이나 '이다'는 형태·음운론적으로는 의존성을 지닌 성분이 아니다. 우리는 형태·음운론적인 의존성에 대하여는 '비자립성'이라는 용어를 사용하고 통사·의미론적 의존성에 대해서만 의존성이라는 용어를 쓰기로 한다. 그러므로 지배-의존 관계는 통사·의미론적인 경우에 국한됨을 밝혀 둔다.

결합가와 그에 따른 문형의 기술 방법에 대한 탐구가 이루어져 왔고[7] 그래서 결합가가 마치 동사에만 존재하는 특성인 듯이 여겨지는 일도 있다.[8] 독일어의 경우 동사와 형용사는 매우 상이한 품사이며 따라서 독일어의 동사와 형용사는 보족어를 취하거나 다른 요소에 의존하는 양상도 판이하다. 그러나 국어의 동사와 형용사는 품사적 속성이 매우 비슷하고 결합가의 측면에서도 유사점이 많다.[9] 이것은 국어의 형용사가 동사와 유사한 기능상의 특징을 지닌 데 기인하는 것이다. 그러나 독일어의 동사와 국어의 동사 역시 문장 속에서의 기능 면에서는 공통점이 많기 때문에 국어 형용사의 결합가를 기술하는 데에는 독일어 형용사의 결합가가 아니라 독일어 동사의 결합가 기술 방법을 응용하여야 한다.

독일어를 비롯한 인구어에서 형용사는 그 명사 수식적 기능과 이른바 주격 보어[10]로서의 기능이 강조됨으로 인하여 결합가에서도 명사나 동사에 의존하는 요소로서의 측면이 고려될 수밖에 없었고, 동사와 대등한 품사 부류로서의 기능이 인구어의 형용사에 없는 까닭에 그 서술어로서의 결합가는 고찰될 수 있는 여지가 전혀 없었다. 그러므로 국어의 형용사 연구를 위하여 의존 문법에서 참조하여야 할 대상은 독일어

---

7) 다른 품사류의 결합가에 대한 논의도 많이 있지만 가장 핵심을 이루는 부분은 역시 동사의 결합가에 관한 것이었다. 그래서 독일어 문법에서는 동사의 결합가 사전(Valenzwörterbuch)을 만들기도 하였다. U. Engel · H. Schumacher의 『Kleines Valenzlexikon deutscher Verben』(1978)과 G. Helbig · W. Schenkel의 『Wörterbuch zur Valenz und Distribution deutscher Verben』(1983)이 대표적인 것이다.

8) 조영수(1983:1)에서는 Valenz를 '동사가(動詞價)'라고 번역하고 있는데 이것이 이러한 연구 동향에 대한 단적인 증거가 된다고 하겠다.

9) B. Lewin(1970:1)에서는 우리말의 형용사를 성질 동사(Qualitätsverba)로, 동사를 과정적 동사(progressive Verba)로 표현하고 있다. 형용사를 동사의 일종으로 본 점이 우리말의 형용사가 독일어의 형용사와 다르다는 점을 포착한 것이고 아울러 우리말에서 형용사와 동사의 공통점도 포착하고 있는 것이라고 해석된다.

10) 전통 영문법식 용어로 말하면 그렇다. 이것은 의존 문법에서의 보족어 명칭에 따르면 보격(1격)보족어에 해당하는 것이다.

형용사의 결합가에 대한 기술이 아니라 동사의 결합가에 대한 기술이
되는 것이다.

4.1.2. 결합가의 두 층위

결합가는 두 가지 상이한 측면에서 고찰된다. 먼저 논리·의미적 결
합가와 통사적 결합가이다. 서술어의 논리·의미적 결합가란 그 서술어
가 의미하는 내용에 따라 논리적으로 필요로 하는 보족어가 올 수 있는
빈 자리의 수를 말한다. 가령 독일어의 'helfen'과 'unterstützen'은 둘
다 '도와준다'는 의미를 가지므로 도와주는 사람, 즉 행위의 '주체'와 도
움을 받는 사람, 즉 행위의 수혜 '대상'을 논리·의미적으로 필요로 한
다. 한편 서술어의 통사적 결합가란 서술어가 그 문법적 속성에 따라서
특정한 격 형태와 기능(의미역)을 가진 보족어를 필요로 하는 자질을 말
한다.

결합가를 통사적 측면에서 보면 서술어가 실제 문장을 형성할 때 문
법적으로 반드시 요구하는 보족어의 수를 말한다. 이때 보족어의 수는
결합가가 몇 가인지를 말하는 것이고 구체적으로 통사적 결합가가 어떤
지를 논의할 때에는 보족어의 형태 즉 격 형태까지를 말하는 것이 된다.
왜냐하면 결합가를 소략하게 자릿수로만 언급하는 것은 실제로 그 결합
가를 가진 서술어가 어떤 문장의 형식을 만드는지에 대한 정보를 주지
못하기 때문이다. 그러므로 서술어의 통사적 결합가란 서술어가 문장을
이룰 때 문법적으로 요구하는 보족어가 몇 개인지를 말해 주고 동시에
그 보족어가 어떤 격 형태의 것인지를 말해 주는 것이다. 가령 독일어
에서 비슷한 의미를 가진 두 동사 'helfen'과 'unterstützen'은 통사적
결합가를 서로 다르게 가진다. 행위의 '주체'는 두 동사에서 모두 동일

한 주격보족어로 나타나지만 '대상'은 'helfen'의 경우에는 여격으로 나타나고 'unterstützen'의 경우에는 대격으로 나타난다.(Tarvainen, K./ 이점출 역, 1991:39)

> (1) 가. Der Mann hilft mir.
> 나. Der Mann unterstützt mich.

(1가)에서 '대상'을 나타내는 'mir'는 여격보족어로 나타나고 (1나)에서는 역시 '대상'을 나타내는 보족어 'mich'가 대격의 형태로 나타나 있다. 이렇게 논리·의미적 결합가가 같은 동사인 경우에도 그 통사적 결합가는 달리 나타나는 일이 있다.

이와 유사한 격 지배 현상이 국어에서도 발견된다. '뛰어나다'와 '훌륭하다'는 비슷한 의미를 가진 단어이지만 '훌륭하다'의 경우 비상관적 장면에서 대상의 성질이나 상태를 표현하는 의미로 나타나고 '뛰어나다'의 경우 상관적 장면에서 'NP-에'를 지배하는 형용사로 나타난다.

한편 상이한 언어에서 논리·의미적 결합가는 비슷하게 나타나지만 통사적 결합가는 일치하지 않는 경우도 있다. 이를테면 'fragen(질문하다)' 같은 동사는 우리말에서나 독일어에서나 논리·의미적으로 질문을 하는 상대방을 나타내는 명사구를 보족어로 요구한다는 점에서 논리·의미적 결합가 특성은 공유하고 있으나 통사적으로는 이질적인 보족어 지배 현상을 보인다. 독일어에서는 질문을 하는 상대방을 나타내는 보족어로서 4격의 명사나 대명사를 요구하는데 국어에서는 그것이 3격에 해당하는 'NP-에게'로 나타나는 것이다.

> (2) 가. Ich frage den Professor.
> 나. 선생님께 질문하다.

나′. *선생님을 질문하다.

독일어의 경우 제2 보족어가 (2가)처럼 4격으로 나타나는데 국어에서는 여격형인 (2나)만 성립하고 대격형인 (2나′)은 성립되지 않는 것이다.

4.2. 보족어와 상황어

보족어는 좁은 의미에서는 필수적인 보족어만을 뜻하는 것이나, 넓은 의미에서는 필수적 보족어와 수의적 보족어를 포함하는 개념으로 사용된다. 필수적 보족어는 기본 문장 구조에서 그 요소가 빠졌을 때 해당 언어의 일반적인 화자들이 그 문장을 적격하지 못하다거나 불완전한 문장이라고 판단하게 되는 요소이다. 수의적 보족어는 그 성분이 문장의 의미를 더 상세화하거나 보완하기는 하지만 그것이 없다고 하여 문장이 비분법적인 문장이 되게 하지는 않는 정도의 성분이다. 그리고 상황어는 동사의 의미 내용과 무관하게 나타나서 단순한 수식 기능을 해 주는 성분이다.

4.2.1. 보족어의 명칭과 형태

의존 문법의 이론에 따라 어떤 단어가 결합가에 따라 다른 단어를 요구하고 지배하여 문장을 이루는 것으로 설명할 때 문장의 최상위 지배 요소는 동사나 형용사이다. 동사나 형용사는 결합가의 수만큼 다른 요소를 지배하는데 이러한 지배 요소를 보족어라 한다.

그러면 우리의 이론 내에서 국어의 보족어에는 어떤 형태들이 있는가? 명사구가 가장 대표적인 형태이고 다음으로 동사구(이것은 형용사구를 포함하는 개념이다.)와 문장의 형태를 들 수 있다. 명사구에는 조사 결합형과 조사 없이 명사나 명사구 단독으로 쓰인 예들이 있다. 그러나 우리는 표면상 명사구 단독으로 쓰인 예들에 대해서도 'Ø'와 같은 조사를 상정한다. 그것은 무표형의 조사가 들어 있는 명사구를 조사의 생략형과 구분하기 위해서이다. 조사는 국어에서 담화의 문맥상 생략되는 경우도 있고 보조사로 인하여 삭제되는 경우도 있지만 무표지형 자체를 국어의 보족어로 설정할 필요가 있다. 왜냐하면 서술어가 결합가의 특성상 항상 무표지형을 요구하는 일이 있기 때문이다. '이다'나 '같다' 등이 무표지형의 제2 명사구를 요구하는 예가 바로 그것이다. 국어 문장에서 보족어로 사용되는 구성들의 종류와 명칭을 열거하면 다음과 같다.11)

---

11) 더 자세한 것은 졸고(1991:68-71)을 참조. 이 밖에, 의존 문법의 모델에 따라 분류된 독일어의 보족어에 대하여 설명하고 우리말의 보족어 유형을 제시한 논문으로 오미자(1994)가 있다. 오미자(1994:43-53)에서는 한국어의 보충어(우리의 용어로는 보족어)는 명사나 대명사에 격조사가 붙은 형태라고 규정하면서 학교문법에서 제시하는 거의 모든 격조사를 보족어 성립에 관여하는 것으로 보고 있다. 관형격조사와 호격조사는 동사의 결합가와 직접 관련이 없다고 하여 제외하고 서술격조사 '이다'는 용언이라 보아 서술어에 포함시킨 면은 이 책의 입장과 일치하나 다른 부사격조사들에 대하여 보족어와 상황어를 달리 성립시키는 면을 일체 고려하지 않고 모두 보족어가 되는 것으로 처리한 점이라든가 보족어의 형태에 대하여 적극 고려하지 않은 점, 그리고 '이다'를 서술어로 본다고만 하였지 그렇게 볼 경우 요구되는 보족어의 형태에 대해서는 무관심하였다는 점 등을 문제점으로 지적할 수 있다. 결국 이 논문에서는 부사 보충어까지 설정함으로써(이 점은 명사구를 보충어로 본다는 전제에 위배되기도 한다.) 전통 문법적 관점에서 서술어의 수식 기능을 담당한다고 하는 모든 부사어들에 대하여 각각 보충어라는 명칭을 부여하는 결과를 낳았고(주격보충어:은/는/이/가, 목적격:을/를, 보격:이/가, 여격:에게, 한테, 장소:에, 에서, 시간:에, 향진:로, 으로, 에, 에게, 에게로, 출발:에서, 로부터, 탈취:에게서, 로부터, 자격:로, 로서, 인용:고, 라고, 수량:(이)/(가) 그 행사는 두 시간(이) 걸렸다.) 따라서 독일어의 의존 문법 이론을 한국어의 예에 기계적으로 적용했다는 비판을 면할 수 없을 것 같다. 국어 문법에 대한 고찰이 부족한 데서 원인을 찾을 수 있다. 이런 점에서 국어학과 외국어학 사이의 교류가 더욱 필요한 것이 아닌가

(3) 국어 명사구 보족어의 명칭과 형태
　가. 주격보족어 : NP-은/는, NP-이/가
　나. 보격(1격)보족어 : NP-이/가
　다. 무표보격(1격)보족어 : NP-Ø
　라. 대격보족어 : NP-을/를
　마. 여격보족어 : NP-에/에게
　바. 탈격보족어 : NP-에서/에게서
　사. 결과보족어 : NP-(으)로
　아. 상호보족어 : NP-와/과
　자. 비교보족어 : NP-보다

(3가)에서 주격보족어의 형태로 'NP-은/는'과 'NP-이/가'를 설정하였다. 그동안 국어 문법의 기술에서 '이/가'가 주격 조사이며 '은/는'은 여러 격에 두루 쓰이므로 주격조사로 인정할 수 없다고 하여 보조사라는 범주에 넣는 것이 관례로 되어 왔다. 그런데도 'NP-은/는'을 주격보족어로 본 것은, 실제로 국어 문장들에서 주어로 확인되는 형태를 찾아보면 'NP-이/가'라는 형태에 비하여 'NP-은/는'이라는 형태가 더 많기 때문이다. 주어의 자리에 쓰이는 'NP-은/는'들에 대하여 'NP-이/가'라는 기저형에서 특별한 의미(주제화가 대표적인 예이다.)를 가지고 도출된 것이라거나 그래서 'NP-이+는'에서 격조사 '이'가 탈락한 결과로 나타난 것이라고 설명할 수만은 없다고 판단하여 'NP-은/는'과 'NP-이/가'를 따로 설정하였고 이 둘이 모두 문장에서 주어의 기능을 하는 형태이므로 주격보족어라 하였다.

그런데 형용사 구문의 경우에는 'NP-은/는'이라는 형태의 명사구가 주어로 나타나는 것이 일반적이므로 형용사 구문만을 논의의 대상으로

싶다.

할 때는 'NP-은/는'을 주격보족어의 대표적인 형태로 내세우기로 하고 'NP-이/가'의 경우에는 보격보족어로 다루기로 한다.12)

(3나)의 'NP-이/가'와 (3다)의 'NP-Ø'는 의미역 면에서 성격이 유사한 측면이 있으나 후자가 전자에서 조사만이 탈락된, 혹은 삭제된 형태라고 하기는 어렵다. 공시적으로 'NP-Ø' 형태만을 보족어로 요구하는 형용사와 'NP-이/가'를 보족어로 요구하는 형용사가 달리 나타나기 때문이다. 물론 'NP-이/가'는 담화상에서 조사를 탈락시킨 형태로 나타나기도 하지만 그런 'NP-' 형태와 'NP-Ø'를 동일한 것으로 보지 않는 것이 우리의 입장이다.

(3라)는 전통적인 용어로는 목적어에 해당한다. 목적어는 일반 문법 이론들에서 줄곧 동사구의 일부로 간주되어 왔고 동사를 목적어를 취하는지 여부에 따라 자동사와 타동사로 나누는 일이 매우 일반적으로 행해져 왔다. 그러나 의존 문법의 테두리 안에서는 목적어가 여타의 보족어들과 달리 목적어로서의 특수성을 인정받은 적은 없었다. 의존 문법에서는 목적어 또한 동사의 결합가에 따라 빈번히 요구되는 보족어의 하나에 지나지 않는 것으로 기술된다.

독일어의 결합가 기술에서는 목적어가 대격보족어(Akkusativergänzung)로 규정되어 왔다. 이것은 Engel(1982)와 Engel(1988)에서도 달라짐이 없이 똑같이 처리되어 있다. 이 대격보족어는 전통 독일어 문법의 표현을 빌면 4격 명사구의 형태로 나타나며 국어의 문장에서는 'NP-을/를'로 나타난다. 대격보족어의 의미는 그것을 지배하는 서술어가 의미하는 "행위나 작용의 직접적인 대상"이다. 인물 명사나 사물 명사 양자가 모두 다 대격보족어로 쓰일 수 있으며 4격의 대명사로 대치가 가능

---

12) 형용사의 주격보족어로 'NP-은/는'이 무표적이라는 점에 관해서는 4.2.1.2에서 자세히 설명하기로 한다.

하나 부사로는 치환되지 않는다.

대격보족어 'NP-을/를'은 형용사의 지배를 받는 보족어로 나타나는 일은 없다. 타동사와 일부 자동사들에서 '대상'이나 '목표' 등의 의미역을 지니고 나타날 뿐이다.

(3마)의 'NP-에/에게'는 'NP-에' 단독형으로만 존재하는 것과 구분되어야 한다. '에'와 '에게'는 이형태 관계로서 전자는 무정체언 뒤에 연결되고 후자는 유정체언 뒤에 연결되는 특징이 있다.

이 'NP-에/에게'와 형태상 혼동될 수 있는 'NP-에' 형태의 명사구도 있다. 이것은 "나는 10시에 친구와 만났다", "영희는 예전에 예뻤었다" 등의 문장에서 볼 수 있는 '10시에', '예전에'와 같은 명사구로서 특별한 서술어의 결합가와 관계 없이 시간을 나타내는 상황어로 쓰이는 특성이 있다. 그러나 보족어와 상황어의 구분이 항상 격 형태에 따라 경계가 분명한 것은 아니다. 같은 격 형태의 명사구가 어떤 경우에는 상황어로, 어떤 경우에는 보족어로 나타나는 일도 있으며13) 또 격의 형태와 의미역 사이에도 항상 일대일의 대응 관계가 존재하지는 않는 특성이 있다.

(3바)의 'NP-에서/에게서'에 나타나는 격 형태를 흔히 '탈격'이라 한다. 기준점으로부터 '이탈'하는 의미를 나타내는 것이다. "철수는 영희

---

13) 'NP-와/과' 보족어의 경우에 같은 격 형태가 서술어에 따라 필수적 보족어로 요구되기도 하고 수의적 보족어로 나타나기도 하며 상황어로 쓰이는 경우도 있다.

   (1) 가. 철수는 영희와 싸웠다.
       나. 순희는 철수를 영희와 결혼시켰다.
       다. 철수는 영희와 공부하였다.

(1)의 예문들에서 '영희와'라는 똑 같은 형태의 명사구가 (1가)에서는 필수적 보족어로 나타나고 (1나)에서는 수의적 보족어로, (1다)에서는 상황어로 나타나는 것을 볼 수 있다.

에게서 멀어졌다", "영희는 목표점에서 벗어나고 있다" 등의 문장에 나타나는 'NP-에서/에게서' 성분이다. 이 'NP-에서/에게서'도 '에서'와 '에게서'라는 두 가지 형태가 이형태 관계에 있는 조사로서 전자는 무정체언 뒤에, 후자는 유정체언 뒤에 연결되는데 이 필수적 보족어도 'NP-에서'라는 장소를 나타내는 상황어와 형태상 혼동될 수 있다. 장소의 상황어에 나타나는 'NP-에서'는 "철수는 영희와 찻집에서 만났다", "영희는 도서관에서 공부한다" 등의 문장에서 볼 수 있다. 이런 명사구는 특정한 용언 부류와는 관계 없이 수식 성분으로 나타나므로 상황어라고 한다.

(3사)의 'NP-(으)로'는 '원인'이나 '도구'를 나타내는 경우도 있다. 그런데 이 보족어의 명칭을 결과보족어라고 한 것은 '원인'이나 '도구'의 의미를 띠는 경우에는 필수적 보족어가 아니라 수의적 보족어인 것으로 보기 때문이다. 결과보족어는 형용사의 보족어로는 나타나지 않고 동사의 보족어로서 가령 "철수는 영희를 아내로 맞이했다"든지 "물이 얼음으로 되었다" 같은 문장에서 볼 수 있는 'NP-(으)로' 보족어를 이른다. 결과보족어가 형용사의 보족어로 나타나지 않는 것은 형용사의 '비과정성'이라는 의미 특성과 관련된 것으로 (3라)의 대격보족어가 형용사의 지배를 받지 않았던 점과 유사한 관점에서 설명할 수 있다. 형용사의 '비대상성' 자질이 대격보족어를 요구하지 않게 하는 특성이며 또한 '비과정성'이 결과보족어를 요구하지 않게 하는 의미론적 특성이라고 하겠다.

(3아)의 'NP-와/과' 보족어는 상호 견주는 대상이나 상대항을 나타내므로 '상호보족어'라 하였다. 서술어로 나타난 용언의 진술 대상에 대하여 그 대상과 비교 가능한 대등한 대상을 나타내는 것이다. 형용사 중에 이 상호보족어를 요구하는 대표적인 것으로는 '같다'가 있다.

(3자)에서 '비교'의 보족어로 'NP-보다'를 들어 놓았다. 'NP-보다'
는 '낫다' 같은 형용사에 의해서는 필수적 보족어로 요구되며 그 밖에는
수의적 보족어로 요구된다.

이상에서 명사구 보족어의 형태와 의미상의 특징을 살펴보았다. 국
어에서 서술어의 보족어로 쓰이는 성분들에는 동사구와 문장의 형태가
더 있지만 이러한 보족어들에 대하여는 본론에서 상세하게 접근하지 않
을 것이므로 여기서는 그 형태를 제시하는 정도에 그친다.14)

> (4) 국어 동사구 보족어의 형태
> 가. Vs-아
> 나. Vs-게
> 다. Vs-지
> 라. Vs-고
> (5) 국어 문장 보족어의 형태
> 가. Vs-다고
> 나. Vs-냐고
> 다. Vs-자고
> 라. Vs-(으)라고
> 바. Vs-(으)마고
> 사. Vs-나
> 아. Vs-은가/을까
> 자. Vs-은지/을지
> 차. Vs-(으)면
> 카. Vs-거니

---

14) 이들 보족어들에 대한 논의는 후고를 기대하기로 한다.

4.2.2. 필수적 보족어와 수의적 보족어

동사나 형용사의 필수적 보족어는 동사나 형용사의 결합가에 따라 반드시 요구되는 보족어를 말하며 수의적 보족어는 동사나 형용사의 의미 특성에 따라 논리·의미적으로 요구되지만 그 출현이 문법적으로 필수적이지 않은 보족어이다. 다시 말하여 수의적 보족어는 문장에서 생략해도 그 문장이 문법적으로 부적격해지지는 않는 것이고 필수적 보족어는 그 생략이 문장을 비문법적인 것으로 만드는 것이다. 이때 수의적 보족어의 탈락 또는 생략에는 "문맥에 관계 없이"라는 단서가 붙는다. 문맥을 고려하면 필수적 보족어도 얼마든지 생략될 수 있기 때문이다.

Somers(1987)의 경우에는 보족어를 필수적 보족어(obligatory complement)와 수의적 보족어(optional complement)로 나누어 놓았는데, 유현경(1997:32)에서는 그 분류를 받아들여 국어에 필수적인 논항과 수의적인 논항을 나누고 있다.15) 보족어의 의존 정도에 단계적인 차이가 있다는 점은 받아들일 수 있으나 보족어가 수의적이라고 하면 그것은 의존 문법의 이론 내에서는 이미 보족어가 아닌 것이다.

그러나 이런 수의적 보족어를 필수적 보족어와 다른 층위의 것으로 인정하는 방향을 취한다면 국어의 문법 기술, 특히 형용사의 결합가 기술에 많은 이점이 있을 수 있다. 유현경(1997)에서는 다음과 같은 예문들에서 괄호 안에 넣은 성분들을 수의적 논항으로 보고 있지만 형용사들의 여러 문형을 검토해 볼 때 정작 수의적 보족어의 개념이 도입되어 기술되면 좋을 것 같은 성분들이 많이 눈에 뜨인다.

---

15) 유현경(1997)의 논의에서 '논항'으로 표현된 개념은 우리의 '보족어'에 일치되는 것으로 여겨진다.

    (6) 가. (바닥에) 물이 흥건하다.(유 41ㄱ)

       나. 바닥이 물로 흥건하다.(유 41ㄴ)

    (7) 가. (방안에) 담배 연기가 뿌옇다.(유 42ㄱ)

       나. 방안이 (담배 연기로) 뿌옇다.(유 42ㄴ)

       다. 창문이 뿌옇다.

       라. 영희는 얼굴이 뿌옇다.

유현경(1997)에서는 (6)의 경우 (가)에서의 '바닥에'는 수의적 논항이고 (나)에서의 '물로'는 필수적 논항인 반면 (7)은 (가)와 (나)에서 '방안에'와 '담배 연기로'가 각각 수의적 논항으로 나타나 있다고 설명하면서 그런 이유로 '흥건하다'는 장소교차 형용사이고 '뿌옇다'는 유사장소교차 형용사라고 하였다.

    그러나 우리의 판단은 이와 다르다. '흥건하다'는 통사·의미론적으로 'NP-에'를 요구하는 서술어이다. '흥건하다'는 '있다'와 마찬가지로 의미론적으로 그 상태의 표현 대상이 필요하고 배경이나 장소도 필요한 형용사이며 실제 통사 구조 면에서도 장소의 보족어가 실현되어야 완전한 문장이 된다. 그러므로 (6가)에서 '바닥에'는 수의적인 보족어가 아닌 필수적 보족어라고 해야 하겠다. 그리고 (7가)에서 '방안에'라는 성분은 보족어가 아닌 상황어로 보인다. '뿌옇다'는 (7다), (7라)에서 보듯이 장소 표현의 명사구를 요구하는 형용사가 아닌 것이다. 마찬가지 이유로 해서 (7나)의 '담배 연기로' 역시 보족어가 아닌 상황어라고 판단한다.

    그러면 수의적 보족어로 설명되어야 좋은 명사구들에는 어떤 것이 있는지 살펴보자.

(8) 가. 영희는 예쁘다.
　　나. 영희는 (얼굴이) 예쁘다.
　　다. 영희는 (순희보다) 예쁘다.
　　라. 영희는 (순희보다) (얼굴이) 예쁘다.

(8)에서 '예쁘다'는 객관적 상태 진술의 형용사이다. 판단자의 주관이 개입되어 있지 않은 표현이다. 이 '예쁘다'는 판단 대상의 객관적 속성을 진술하는 의미를 가지고 있어서 '판단 대상'을 나타내는 명사구 하나만을 보족어로 취하는 1가 형용사이다. 그렇다면 (8나), (8다), (8라)에서 괄호 안에 넣은 성분들은 무엇인가? 이 명사구들은 그 수에 있어서나 종류에 있어서나 '예쁘다'라는 형용사의 결합가에 따라 필수적으로 요구되는 성분은 아니다. 이 성분들이 없어도 문장의 성립에는 이상이 없는 것이다. 그리고 (8나)~(8라)에서 괄호 속의 명사구 성분들이 나타날 때 서술어인 '예쁘다'의 의미가 달라지는 것은 아니다. 그러므로 이들 성분을 필수적 보족어라고 할 수는 없다. 그러나 이 명사구들은 부사로 대치할 수 없으며 단순한 수식 성분이 아니라 서술어의 의미를 좀 더 심화시켜 표현하는 것이다. (8가)보다는 (8나)에서 좀 더 많은 정보를 주고 있고 정보는 (8다), (8라)로 갈수록 많아진다. 그러므로 (8나)~(8라)의 '얼굴이'나 '순희보다'와 같은 명사구 성분을 상황어라고 할 수는 없다. 우리는 이러한 성분들에 대하여 수의적 보족어라는 명칭을 부여한다. 이들 성분들은 그것이 결여되었다고 해서 문장의 성립을 불가능하게 하지는 않으나 전적으로 수의적인 상황어도 아니기 때문이다. 필수적 보족어가 통사·의미론적 결합가에 따라 요구되는 것이라면 수의적 보족어는 서술어의 의미론적 특성에 따라 요구된다.

　　한편 'NP-보다'라는 형태의 보족어를 결합가상 필수적으로 요구하는 형용사도 있다.

(9) 가. 영희가 철수보다 낫다.

　　나. 영희가 철수보다 (성적이) 낫다.

(10) 가. 나는 영희가 예쁘다.

　　나. 철수는 순희가 예쁘다.

　　다. 나는 영희가 (순희보다) 예쁘다.

　　라. 철수는 순희가 (영희보다) 예쁘다.

(9가)와 (10나)에서 '철수보다'는 서술어 '낫다'에 의하여 필수적으로 요구되는 보족어이다. (9나)의 '성적이'는 수의적인 보족어라고 할 수 있다. (10)은 같은 '예쁘다'가 이루는 구문이지만 이때의 '예쁘다'는 앞의 예들에서와 달리 주관적 판단 형용사이다. 객관적으로는 영희가 순희보다 예쁘지 않을 수 있으나 '나'의 판단에는 영희가 예쁠 수 있다. (10가)는 그런 의미를 나타내는 문장이다. (10나)는 '나' 아닌 '철수'의 판단을 나타내고 (10다)와 (10라)는 판단자에 따라 영희가 순희보다 예쁠 수도 있고 순희가 영희보다 예쁠 수도 있음을 보여 준다. 이렇게 '예쁘다'가 주관적 판단 형용사로 사용될 때는 '판단자'와 '판단 대상' 두 명사구를 결합가상의 보족어로 요구한다. 제1 명사구가 판단자[16]이고

---

16) Cho, Euiyon(1988:71-72)에서는 '의견피력자(opiner)'라는 용어를 우리의 판단자 개념으로 쓰고 있다. "내가 쥐가 무섭다"라는 예문에서 '내가'를 의견피력자라고 본 것이다. 홍기선(1991)에서도 우리의 판단자와 판단 대상에 해당하는 개념을 '결정자'와 '피결정자'라는 용어로 표현하고 있다. 그러나 실제 예문에 대한 설명에서는 '결정자'의 의미를 달리 적용하고 있다.

　(1) 가. 나는 민수를 좋아한다.
　　　나. 나는 민수가 좋다.

에서 (1가)의 '나는'이 결정자, '민수를'이 피결정자이며 (1나)의 '나는'은 결정자가 아니라고 본 것이다. 우리는 '민수가'에 비록 대격이 할당되지 못하더라도 '나는'은 여전히 '좋다'라는 진술 내용의 판단자라는 의미역을 가지는 것으로 해석하는데 홍기선(1991)의 해석은 이와 다른 것이다. 이것은 '좋다'의 의미를 잘못 해석한 데서 연유한 것이라고 생각한다. '좋다'는 분명히 감정을 판단하는 내용을 담고 있고 어떤 대상이 이 형용사에

제2 명사구가 판단 대상이다. 둘 다 필수적 보족어임은 말할 것도 없다. (10다)와 (10라)에서 'NP-보다' 형태의 명사구는 수의적 보족어로 쓰이고 있다. 해당 형용사의 결합가에 의하여 요구되는 성분이 아닌 것이다. (8나)와 (10가)는 표면 구조상으로 보면 동일한 구문처럼 보이지만 그 의미역 관계를 고려하면 전혀 다른 문장 구조임을 알 수 있다. 이렇게 동일한 형태의 용언이 결합가를 달리 취하는 일이 있기 때문에 같은 개별 용언이 두 가지의 상이한 결합가에 의해 상이한 문장을 생성시킬 수 있다.

　앞에서, 같은 'NP-에' 보족어, 'NP-이' 보족어 또는 'NP-보다' 보족어가 어떤 용언에 의해서는 필수적 보족어로 요구되고 어떤 용언에 의해서는 수의적 보족어로 요구되며 어떤 용언의 경우에는 결합가 특질과 무관하게 상황어로만 나타남을 보았다. 다음 (11)에서도 'NP-에서' 명사구가 필수적 보족어, 상황어, 또는 수의적 보족어로 달리 나타남을 볼 수 있다.

(11) 가. <u>도서관에서</u> 이번 행사를 주관한다.
　　　나. 철수는 <u>도서관에서</u> 공부한다.
　　　다. 철수는 <u>도서관에서</u> 승인을 받았다.
　　　다'. 철수는 담당자에게서 승인을 받았다.

(11가)에서 '도서관에서'는 '주관하다'라는 동사의 '주체'로서 필수적 보족어의 하나인 주어이다. (11나)에서는 동일한 형태의 명사구 '도서관에서'가 단지 상황적 장소의 의미만을 지닌 상황어로 나타나 있다. 이

의해 표현될 수 있는 것인지의 여부를 판단하여 진술하는 형용사이므로 논리·의미상으로도 판단자와 판단 대상이 필요하고 통사적으로도 국어의 문장에서는 두 개의 보족어를 요구하는 것이다.

상황어 '도서관에서'는 '지금', '열심히' 등의 부사들과 대치될 수 있는 관계에 있다. 한편 (11다)에서 '도서관에서'로 나타난 명사구는 (11다')을 통해 알 수 있듯이 'NP-에게서'와 이형태 관계에 있는 'NP-에서'로서, '출처'나 '근원'을 의미하는 수의적 보족어가 된다. 이렇게 보족어들도 표면적인 형태는 같으나 그 본질은 서로 다른 것들이 있고 동일한 형태의 명사구라고 하더라도 모두 다 같은 기능과 의미를 지닌 것은 아님을 알 수 있다.

　보족어의 개념과 관련하여 '보어'의 개념을 생각해 볼 필요가 있다. 전통 문법이나 학교문법, 그리고 기타 성분론에서는 주어, 목적어, 보어만을 근간 성분이라 하여 서술어에 의하여 필수적으로 요구되는 성분이라고 기술하고 있다.17) 이에 의하면 이른바 부사어로 분류되는 명사구들은 그것이 서술어에 의하여 반드시 요구되는 필수성을 가지고 있어도 여전히 문장의 지엽 성분 또는 수식 성분으로만 인정되는 난점이 있다. 말하자면 이른바 필수적 부사어들에 대해서는 주어, 목적어, 보어 등과 대등한 층위에서 기술할 필요성이 있다는 것이다. 이에 따라 학교문법의 보어 개념을 확장하여 필수적 부사어들 중 상당수를 이에 편입시키는 방향으로 논의들이 진행되고 있는 모습을 볼 수 있다.

　학교문법의 내용을 가장 충실하게 반영하고 있는 남기심·고영근(1993:262)에서도 "문장이 성립하기 위한 필수적인 성분으로 주어, 서술어, 목적어, 그리고 보어가 설정되었으나 이것으로 모든 필수적 성분

---

17) 이희승(1947:171)에서는 현재 학교문법에서 '보어'로 일컬어지는 성분에 대하여 '보충어'라는 용어를 쓰기도 하였다. "물이 얼음이 된다"라는 예문을 들고 '얼음이'를 보충어라고 한 것이다. 이 용어는 의존 문법에서의 보충어와는 구분되어야 한다.
　한편 북한의 조선어문법(1949)에서는 '보어'라고 하면 주어, 술어, 규정어 이외의 모든 성분을 이르는 말이다. 목적어는 직접 객체의 보어, 간접 객체의 보어라 하고, 전성의 보어, 장소의 보어, 시간의 보어, 원인과 수단의 보어, 양태의 보어와 같은 종류가 있어서 우리의 목적어, 보어, 그 밖의 필수적 부사어를 모두 포함하는 개념으로 쓰고 있다. 임홍빈(1997나:432) 참조.

이 망라되는 것은 아니다.”라고 하면서 학교문법에서 부사어로 규정되어 있는 다음과 같은 예문들에서의 밑줄 친 명사구들을 “문장 성립에 없어서는 안 될 성분들”이라 하여 보어로 처리할 가능성에 대하여 시사하고 있다.

> (12) 가. 나는 그를 <u>친구로</u> 삼았다.
> 나. 이것은 <u>저것과</u> 다르다.
> 다. 명희가 <u>순호에게</u> 책을 주었다.
> 라. 이 편지를 <u>우체통에</u> 넣어라.
> 마. 나도 <u>그 회의에</u> 참석했다.

위의 밑줄 친 명사구들은 학교문법에서 부사어나 여격어로 간주되는 성분들이지만 서술어와의 관련성에서 볼 때 “필수적으로 요구되는” 성분이라는 점이 인정되어 보어로 처리할 수도 있다고 한다. (12가)에서처럼 ‘삼다’라는 동사는 ‘체언＋(으)로’ 성분을 요구하고 (12나)에서 보는 것처럼 ‘다르다, 같다, 비슷하다……’ 등등의 형용사는 ‘체언＋와/과’ 성분을 요구하고 동사 ‘넣다, 없다……’ 등은 (12라)에서 보는 것처럼 ‘체언＋에’를 필수적 성분으로 요구한다고 하면서 결국 (12)의 문장을 구성하는 동사나 형용사는 주어나 목적어 외에 다른 성분을 요구하는 세 자리 또는 두 자리 서술어라는 설명을 하고 있는데 이는 의존 문법에서의 결합가 이론과 맥을 같이 하는 설명이다.

다음으로 임홍빈·장소원(1995:226)에서도 보어의 개념을 “주어나 목적어 외에 서술어가 통사적으로나 의미론적으로 반드시 요구하는 성분”이라고 정의하고 있는데 이는 주어나 목적어를 보어에서 제외했다는 점에서 보어를 의존 문법의 용어인 보족어에 해당하는 것으로 보았다고는 할 수 없지만 학교문법에서의 개념이나 남기심·고영근(1993)에서 보다는 많이 확장된 개념으로 사용한 것이라 하겠다.

임홍빈·장소원(1995:229)에서는 다음의 예문들을 통해 보어의 범위를 구체적으로 제시하고 있다.

> (13) 가. 아들이 <u>아버지와</u> 닮았다.
>   나. 색이 <u>청색에서 황색으로</u> 변하였다.
> (14) 가 철수가 <u>영희에게 집에 가라고</u> 설득하였다.
>   나. 영희가 <u>철수에게 집에 간다고</u> 약속하였다.
>   다. 우리는 <u>그것을 나라꽃이라</u> 부른다.
>   다′. 철수가 <u>영희를</u> 부른다.
>   라. 영희가 <u>동생에게 밥을 먹게</u> 하였다.

(13)과 (14)의 밑줄 친 성분들을 넓은 의미에서 보어라 하였고 특히 (14)의 경우에는 문장 보어 또는 동사구 보문으로 불렀다. 보어를 "서술어가 통사론적으로나 의미론적으로 요구하는 성분"이라고 할 때 첫째 조건인 '통사론적 요구'라는 것은 그 성분이 결여되었을 때 문장 구조가 불완전하여 비문이 되는 경우 그 성분의 보어성이 자명하게 드러나므로 명시적인 기준이 될 수 있다. 이런 기준을 위의 예문들에 적용시켜 본다면 사실상 (13나)의 경우 '청색에서'나 '황색으로' 같은 성분을 필수적 보어라고 하기는 어렵다. 그 성분은 의미론적으로는 요구되지만 통사론적으로까지 요구되는 것은 아니다. 그 성분들이 없어도 문장 구조에는 이상이 없기 때문이다. (13가)에서는 '아버지와'와 같은 보족어가 없는 "아들이 닮았다"는 불완전한 문장으로 국어에서 적격한 문장으로 수용되지 않지만 (13나)에서는 "색이 변하였다"만으로도 적격한 문장이 된다. '닮았다'는 두 자리 서술어이고 '변하다'는 한 자리 서술어이기 때문이다. 그러므로 의존 문법적 설명을 하자면 (13가)에서 '아버지와'는 필

수적 보족어이고 (13나)의 '청색에서'와 '황색으로' 같은 명사구는 수의
적 보족어가 된다.

한편 단일한 용언이 두 가지 이상의 논항 구조를 가지는 경우도 있
는데 우리는 그런 경우 최소한의 논항을 필요로 하는 경우에 한해서만
보어를 찾을 수는 없다. 서로 다른 논항들을 취하여 다른 의미를 나타
내는 문장을 형성한다고 할 때 용언의 의미에도 차이가 있게 되고 그런
경우 각각의 의미를 충족시키는 논항들은 따로따로 요구되는 것이므로
어떤 것이 보어로 설정되어야 하는지는 경우에 따라 다르게 된다. 임홍
빈·장소원(1995:231)에서는 이런 경우를 고려하였음인지 (14다)와
대응되는 (14다')과 같은 예문을 제시하고 있다.

서술어가 '부르다'라는 동일한 용언으로 나타나 있지만 엄밀하게는
(14다)와 (14다') 두 문장에서 이들 '부르다'의 의미가 다르고, 따라서
보족어도 달리 취하여 (14다')은 대격보족어 하나만을, (14다)는 대격
보족어와 또 다른 하나의 보족어를 취하는 식으로 논항 구조가 다르게
나타나는 것이다. (14다')에서 '부르다'는 대격보족어 하나만을 요구하
는 타동사이지만 (14다)에서 '부르다'는 대격보족어와 '-이라(고)'라는
공주어를 가진 문장 형식의 보족어를 요구하는 용언인 것이다. (14다)
에서 이 보족어가 빠지면 '부르다'로 표현하고자 하였던 당초의 의미를
표현할 수가 없으므로 의미론적으로 불완전한 문장이 된다. 그러므로
동일한 형태의 용언이라도 의미가 달라지면 결합가가 달라진다고 기술
한다. 이것이 의존 문법의 일반적인 설명 방법이며 강점이기도 하다.

임홍빈·장소원(1995:231)에서는 용언의 의미가 통사 구조를 달리
하게 한다는 설명을 명시적으로 하고 있지는 않으며 다만 (14다)와 그
대응 문장 (14다')은 문장의 유형이 서로 다르다고 설명하고 있을 뿐이
지만 사실상 용언의 의미가 문장의 구조를 다르게 만드는 것이다. 용언

의 의미가 통사 구조를 다르게 한다는 것은 이 책에서 통사 구조 기술에 바탕으로 삼고 있는 생각으로서, 이 생각은 논의가 진행되는 동안에 계속하여 뒷받침되고 증명될 것이다.

이상에서 보았듯이 보어의 개념은 학교문법의 규정, 즉 "'되다'나 '아니다'가 요구하는 주격 조사를 취한 두 번째 명사구 성분"에 한정되지 않고 계속하여 확대되어 왔고 현재도 그 논의가 진행되는 중이다.[18] 그리고 임홍빈·장소원(1995:226)의 개념 규정대로라면 보어는 우리의 보족어와 거의 같은 의미를 지닌 것이기도 하다. 그러나 보어와 보족어라는 용어를 같은 개념으로 쓰고자 하지는 않는다. 그 이유는 '보어'라는 용어가 '보족어'라는 용어의 의미를 온전히 충당하여 쓰이고 있지 못하다는 점 때문이다. 보어는 주어나 목적어와 평행 관계에 놓인 용어로 사용되어 온 일이 많기 때문이다. 우리의 문법 기술에서 보어가 우리의 보족어 개념으로까지 확대되기에는 아직도 많은 시일을 요하리라고 판단된다.

4.2.3. 수의적 보족어와 상황어

앞에서 의존 문법의 보족어란 어떤 것인지에 대하여 살펴보면서 보족어와 상황어는 일면 비슷한 성격이 있어서 혼동의 소지가 있다고 하였었다. 이제 상황어란 어떤 것인지를 알아보고 상황어와 보족어의 유

---

18) 남기심·고영근(1985:260)에서는 "나는 네가 좋더라", "나는 그 사람이 싫더라"에서의 '네가'나 '그 사람이' 같은 성분들도 표면상 주격과 같은 형태의 표지를 취하고 있으나 '보어'로 보는 것이 옳다는 주장을 하고 있다. 두 자리 느낌 형용사 '좋다'의 주어는 항상 말하는 이 자신이며, 그 좋아하는 대상은 조사 '이/가'를 취하는데 이 '이/가'를 취한 성분은 말하는 이가 갖는 어떤 감정의 대상이므로 보어라고 한 것이다. 이러한 관점은 우리가 주관형용사 구문의 제2 명사구를 1격보족어라 한 것과 비슷하다. 다만 제1 명사구가 항상 말하는 이 자신이라고 한 것은 우리와 관점을 달리하는 부분이다. 우리는 '판단자'가 반드시 '진술자(화자)'와 일치할 필요는 없다고 보았다.

사점과 차이점에 대하여 살펴보기로 하자. 먼저 떼니에르(L. Tesnière)의 통사 체계에서 상황어는 어떤 것으로 규정되어 있는지를 알아보자. 떼니에르의 이론에서 상황어는 전통 문법에서의 부사어와 거의 같은 개념이었다. 문장 보어나 장소, 시간 따위를 나타내는 수식어, 또는 필수적 부사어까지를 포함하는 것이었다. 이 체계에서는 보족어의 범위는 좁고 상황어의 범위가 상대적으로 넓을 수밖에 없었다. 그래서 초기에 떼니에르의 이론을 받아들였던 독일어 문법가들에게 있어서는 주어인 1격 명사, 직접목적어인 4격 명사와 간접목적어인 3격의 명사만이 동사의 보족어에 해당하였고 전치사구 같은 것은 그것이 아무리 동사에 의하여 필수적으로 요구되고 그것이 결여된 문장이 비문법적 문장이 되더라도 보족어로 처리되지 않고 모두 상황어로 간주되었다.

그러나 떼니에르 이후 많은 학자들이 의존 문법을 심화하고 체계화하면서 보족어와 상황어의 개념도 새롭게 확립되었다. 그래서 엥겔(Engel)에 이르면 독일어에서 보족어의 수는 10개 내지 11개에 이를 만큼 확대된다.19) 이렇게 상대적으로 숫자가 많아진 보족어와 상황어의 개념이 오늘날 의존 문법에서 일반적이므로 우리는 이에 따라 이들 용어의 개념을 규정하기로 한다.

보족어는 서술어의 결합가에 따라 직접 지배를 받는 요소로서 그것이 통사적으로 요구되느냐 논리·의미적으로 요구되느냐에 따라 필수적 보족어와 수의적 보족어로 구분되며 상황어는 서술어의 종류나 그에 따른 결합가와 관계 없이 의미상의 제약만 없으면 문장에 수의적으로

---

19) 이러한 점은 우리의 국어 문법 기술에서의 변화와 유사한 일면이 있다. 전통 문법에서 국어의 필수적인 명사구 성분의 수가 주어, 목적어, 'NP-이' 보어로 한정되어 있었고 학교문법에서도 그것이 고수되고 있다가 현대의 문법학자들 사이에서 보어의 개념이 확대되어 문장의 주성분으로 간주되는 명사구들의 형태와 수가 다양해져 가고 있는 점이 바로 의존 문법에서의 보족어 범위의 확대와 유사한 점이 있다.

출현할 수 있는 성분이다.

> (15) 상황어의 개념
> 상황어란 서술어를 통해 진술되는 의미 내용과 관련된 시간이나 장
> 소 등의 상황을 나타내기도 하고 양태, 물질의 양, 품질, 가격, 길이,
> 무게 등을 나타내기도 하는 성분으로서, 대체로 부사나 부사어로 나
> 타나 문장 전체나 서술어의 수식 기능을 한다.(임국진, 1992)

상황어가 (15)에서와 같은 여러 가지 의미로 사용된다는 것을 국어에
적용하면 다음과 같은 문장들에서 밑줄 친 성분들을 상황어로 규정할
수 있다.

> (16) 가. 철수는 밥을 <u>빨리/천천히</u> 먹는다.
> 나. 그 별에는 장미가 <u>세 송이가</u> 있다.
> 다. 사과가 값이 <u>백 원이</u> 내렸다.
> 라. 철수는 <u>십 리를</u> 걸었다.
> 라′. 철수는 <u>사흘을</u> 울었다.

(16가)에서 '빨리'나 '천천히' 같은 부사는 단지 상황에 대한 설명을 하
는 말로서 '먹는다'라는 동사의 결합가에 의하여 요구되는 성분이 아니
다. 이러한 수식 성분은 전형적인 상황어라 할 수 있다. (16나)와 (16
다)의 경우 밑줄 친 명사구 '세 송이가'나 '백 원이'는 물질의 양이나 가
격을 나타내는 상황어로 사용되어 있다. (16나)에서 '그 별에는'은
'NP-에' 보족어이다. (16라)에서도 밑줄 친 상황어 '십 리를'이 거리를
나타내는 상황어로 쓰였다. (16나)와 (16다)의 경우 그동안 주격중출
문으로서 많은 논란 거리를 제공하였던 대표적인 문장 유형인데 이들
문장에서 밑줄 친 성분이 생략되어도 그 문장은 불완전한 문장이 되거

나 비문법적 문장이 되지 않는다. 이것은 이들 성분이 각각 그 서술어의 결합가에 따라 지배를 받는 의존 성분이 아님을 말해 준다.

(16라)의 경우도 밑줄 친 성분의 출현 때문에 그동안 '걷다'나 '가다'가 자동사이지만 타동성 목적어를 보족어로 요구하는 동사인 것으로 기술되었던 것인데[20] 여기서 '십 리를'은 보족어가 아닌 상황어로 규정되어야 한다. (16라′)과 같은 예를 고려해 볼 때 '십 리를'이나 '사흘을' 같은 대격 표지를 가진 명사구 성분은 특정 동사 부류에 의하여 요구되는 성분이라고 하기 어렵다. '걷다'와 '울다'가 의미 특질 면에서 같은 유형의 보족어를 요구한다고 하기도 어렵고 또 이들 'NP-을' 성분이 없어도 이 문장들은 불완전하지 않기 때문이다. 또한 '십 리를'이나 '사흘을' 같은 성분이 없을 때 '걷다'나 '울다'가 표현하는 의미 내용이 달라지지도 않는다. 그러므로 우리는 위의 문장들에서의 밑줄 친 성분에 대하여 상황어라고 규정한다.

이 밖에도 의존 문법에서는 보족어와 상황어의 차이로 위치 이동의 자유로움을 든다. 특히 장소의 상황어에 비하여 시간의 상황어는 그 위치가 매우 자유롭다고 하는데(임국진, 1992) 이것은 국어의 경우에도 그대로 적용되는 사실인 듯하다. 보족어들이 문장 속에서 어느 정도 고정된 어순을 가지고 있어서 그것들이 도치된 문장은 비문법적 문장이 되

---

20) 최현배(1937:255-256)에서는 '..을'을 취하느냐 취하지 않느냐 하는 '형태론적인' 특징을 타동사의 구별 기준으로 삼아 '가다, 날다, 걷다, 오르다, 떠나다' 같은 동사의 경우에 실제 문장에서 '..을'이 쓰이면 타동사, '..에'가 쓰이면 자동사라는 기술을 하고 있다. 이렇게 한 동사가 자동사로도 타동사로도 되는 예는 "화자의 마음먹기"에 딸린 것이라 하여 이들을 "주관적 타동사"라 부르기도 하였다. 타동사인지 아닌지는 통사론적인 사실인데 그것을 "화자의 마음먹기"라는 화용론적인 문제와 관련지어 설명하는 것은 잘못이다. 의존 문법에서는 가령 '가다'가 같은 의미역을 가진 명사구 보족어로 'NP-에' 보족어도 취하고 'NP-를' 보족어도 취하는 현상을 다르게 해석한다. 의존 문법의 한 이론에서는 'NP-를' 같은 격 형태가 이대로만 나타나는 경우에 목적어로 보고 그렇지 않고 다른 격 형태와 교체가 가능한 경우에는 장소 보족어로 취급한다.

거나 기타 변화 문형21)으로 인정되는 데 반하여 시간이나 장소 관련의
상황어는 대체로 서술어의 앞에 위치한다는 제약이 있을 뿐 문두에서부
터 서술어 바로 앞의 위치에까지 거의 자유롭게 위치를 바꿀 수 있고
이때 각 문장의 의미에도 차이가 느껴지지 않는 것이다.

> (17) 가. *<u>며느리로</u> 철수는 영희를 삼았다.
> 나. ??철수는 <u>며느리로</u> 영희를 삼았다.
> 다. 철수는 영희를 <u>며느리로</u> 삼았다.
> (18) 가. <u>어제</u> 영희는 철수를 보았다.
> 가'. 영희는 <u>어제</u> 철수를 보았다.
> 가". 영희는 철수를 <u>어제</u> 보았다.
> 나. <u>극장에서</u> 영희는 철수를 보았다.
> 나'. 영희는 <u>극장에서</u> 철수를 보았다.
> 나". 영희는 철수를 <u>극장에서</u> 보았다.

(17가)와 (17나)가 (17다)와 달리 비문법적 문장이 되거나 아주 어색
한 표현이 되는 것은 밑줄 친 '며느리로'라는 명사구가 상황어가 아니라
보족어이기 때문이다. 이에 반해 (18가), (18가'), (18가")에서는 밑
줄 친 시간 관련 상황어가 그 위치를 자유롭게 선택하는 것을 볼 수 있
다. 각 문장들에서 의미 차가 거의 느껴지지 않으며 어느 것이 기본 문
형이고 어느 것이 어순이 도치된 문형인지를 확정할 수도 없다고 생각
된다. (18나), (18나'), (18나")은 밑줄 친 장소 관련 상황어가 그 위
치를 자유로이 바꾸는 현상을 보여 준다.

　앞에서 보족어와 상황어를 구분하는 가장 중요한 기준은 필수적으
로 요구되느냐 아니냐에 있다고 하였는데 이 필수성과 수의성의 문제에

---

21) 우리는 "변화 문형"이라는 용어를 "유표적 상황에서 주제화, 어순 재배치 등이 일어난 문
　　장 형식"이라는 개념을 표현하는 것으로 사용한다.

'생략 가능성'이라는 것이 매우 밀접한 관련을 가진다. 상황어나 수의적 보족어는 그것이 결여된 문장이 불완전문이나 비문법적 문장이 되지 않는 반면, 필수적 보족어는 그것이 문장에서 빠지면 온전한 문장을 이루지 못하고 비문법적 문장으로 판정된다. 그러나 실제로 국어 문장들의 쓰임에서 우리는 주어나 목적어를 비롯한 필수적 보족어들이 생략되는 경우를 많이 접하게 되며 그런 성분들이 생략되어도 그 문장이 불완전하다거나 비문법적 문장이라고 느껴지지 않는 경우들이 많이 있음을 본다. 이러한 혼란을 극복하기 위하여 문장의 기저 구조를 상정할 필요가 있다. 실제 사용되는 문장들을 쓰임문이라 하고 그 쓰임문들에 대하여 기저 구조로 존재하는 문장을 체계문이라고 하여 보자.22) 체계문은 서술어가 요구하는 모든 보족어들이 충족될 것을 요구한다. 그러므로 어떤 쓰임문에서 어떤 성분이 생략되어 있는지 아닌지를 볼 것이 아니라 그 쓰임문의 대당 체계문이 어떤 성분들을 요구하는지를 고려하여 필수적 보족어의 수와 종류를 결정하여야 할 것이다. 상황어나 수의적 보족어는 체계문으로 존재하는 기저 구조에서도 생략이 가능한 성분이고 필수적 보족어는 그렇지 않은 성분이라는 기준을 세우면 생략 가능성이 필수적 보족어와 수의적 보족어 및 상황어를 구분하는 기준으로 작용할 수 있다.

이 밖에도 독일어에서는 보족어와 상황어를 구분하는 기준으로 절(節)에서의 대치 가능성을 들기도 한다. 보족어의 경우 절에서 대치된 것으로 상정할 수 없으며 상황어만을 절로부터 도출된 것으로 볼 수 있다는 것이다.

---

22) 체계문(system-sentence)과 쓰임문(text-sentence)의 개념은 Lyons(1977:29)를 참조.

> (19) 가. Er legt das Buch <u>auf den Tisch</u>.(필수적 보족어)
>
> 나. Er steigt <u>in die Straßenbahn ein</u>.(수의적 보족어)
>
> 다. Er arbeitet <u>in Dresden</u>.(상황어)
>
> (20) 가. ⇍*Er legt das Buch, als er auf dem Tisch war.
> (필수적 보족어)
>
> 나. ⇍ Er steigt ein, als die Straßenbahn da war.(수의적 보족어)
>
> 다. ⇐ Er arbeitete, als er in Dresden war.(상황어)

(19가)와 (19나)는 (20가)와 (20나)에서 도출된 것으로 설명할 수 없다. 필수적 보족어 구문의 경우 그 보족어의 의미에 상당하는 절을 설정하면 아예 비문이 된다. 수의적 보족어 구문의 경우 비문은 아니지만 의미상 그 als절을 가진 문장에서 나온 것으로 볼 수 없다. 상황어가 들어 있는 (19다) 문장의 경우에는 (20다) 문장에서 나온 것으로 볼 수 있다.

4.3. 형용사 구문의 보족어

4.3.1. 주격보족어

전통 문법에서부터 구절구조 문법, 변형생성 문법에 이르기까지 주어의 존재는 특별한 것으로 인식되어 왔다. 주어와 서술어는 문장의 두 기둥으로서 그 중요도가 대등하게 다루어져 왔다. 즉, 모든 문장은 일차적으로 주어와 서술어로 이루어져 있다고 분석하며 목적어나 기타의 격 형식으로 이루어져 있는 주어(주격보족어) 이외의 보족어들은 서술어

의 일부분으로 인식되었던 것이다. 그러나 의존 문법에서는 주어를 목
적어나 다른 보족어들과 다른 것으로 보지 않는다. 의존 문법에 의하면
주어도 다른 1, 2, 3, 4격 형식의 보족어들[23] 혹은 전치사구 형식의
보족어들, 심지어는 형용사 보족어나 서술 보족어들과 대등하게 보족어
의 하나로 다루어질 뿐이어서 그 특수성이 전혀 인정되지 않는다고도
할 수 있다. 앞의 각주 4)에서 제시하였던 나무 그림이 그러한 면을 단
적으로 반영한다.

　　그러나 의존 문법의 모든 기술에서 주어의 특수성이 완전히 배제되
었던 것은 아니다. Engel(1982)에서는 독일어 동사의 보족어를 10개
로 제시하면서 주어를 주격보족어(Nominativergänzung)라 하여 그 첫째
위치에 놓고 있지만 Engel(1988)에 이르면 보족어들의 수효와 명칭을
다소 바꾸면서 동사의 첫 번째 보족어인 주어의 명칭도 '주격보족어'에
서 전통적인 명칭인 '주어(Subjekt)'로 바꾸고 있음을 볼 수 있다. 주어
를 보족어의 하나로 인정하지 않은 것은 아니지만 '주격보족어'가 아닌
'주어'라는 명칭을 사용했다는 것 자체는 다른 보족어들과는 구별되는
주어의 특수성을 어느 정도는 염두에 둔 배려라고 생각된다.[24] 한 저

---

23) 의존 문법이 초기에 프랑스어와 독일어를 대상으로 발달하였었으므로 그 경우 명사구
　　보어는 대개 격 형태의 변화를 수반한 명사구였다.

24) 나무 그림 2는 나무 그림 1과 비교해 볼 때 주어의 특수성을 다소나마 인정하는 입장을
　　반영한 것으로 볼 수 있다. 나무 그림 1에서는 보족어들을 동등하게 다루었는데 나무
　　그림 2에서는 첫 번째 자리의 보족어를 주어로 바꾸어 놓고 다른 보족어들에 대해서는
　　주어와 다르다는 점을 적극 반영하여 명칭을 그냥 '보족어'가 아니라 '다른 보족어'라고
　　붙여 놓고 있다.

〈 나무 그림 1 〉

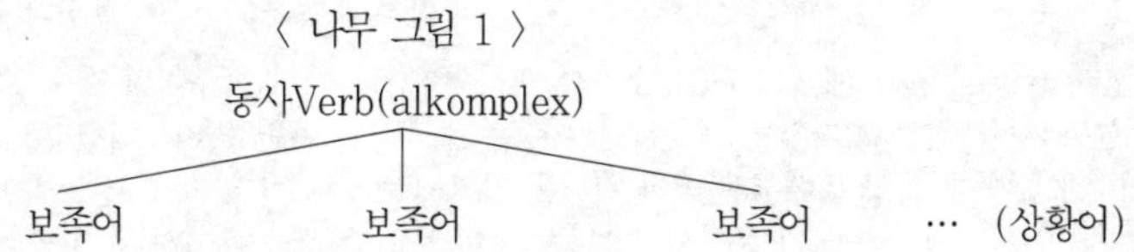

자의 생각이 6년의 세월을 거치면서 이렇게 바뀐 것을 이 두 논저에서
여실히 보여 주고 있거니와 주어의 특수성 문제는 의존 문법의 여러 학
자들 사이에서도 완전한 의견의 일치를 보지 못하고 있는 문제이다.25)

그러나 문장의 구조를 이와 달리 보는 입장도 있다. 이를테면 무주
어문을 인정하는 입장이라든지 비인칭 주어문에서 'es'는 주어가 아닌
것으로 보아 0가의 서술어까지 인정하는 입장이라면 주어도 동사의 자
질에 의하여 요구되는 성분으로 인정받게 되므로 그런 경우 주어를 다
른 보족어들과 마찬가지로 보족어의 하나로 볼 뿐 특별한 지위를 가진
것으로 보지 않게 된다.

이상과 같이 의존 문법의 테두리 내에서도, 또 동일한 학자에 의해
서도 주어의 특수성은 달리 인식되어 왔다. 그러나 다른 문법 이론들에
서 주어가 서술어와 줄곧 대등한 자리에 있었던 것에 비교한다면, 의존
문법에서 주어를 목적어나 다른 보족어들과 마찬가지로 보족어의 하나
로 다루는 입장이 있다는 점은 충분히 주목할 만한 가치가 있는 문제라
고 여겨진다. 여기서는 주어를 다른 보족어들과 마찬가지로 보족어의
하나로 다루는 의존 문법의 전통적인 입장을 받아들인다.26)

이제 형용사 구문의 주어가 어떤 특성을 지닌 것인지를 알아보기 위
한 기초로서 국어 문장에서 주어의 위상은 어떤 것인지를 간단히 살펴

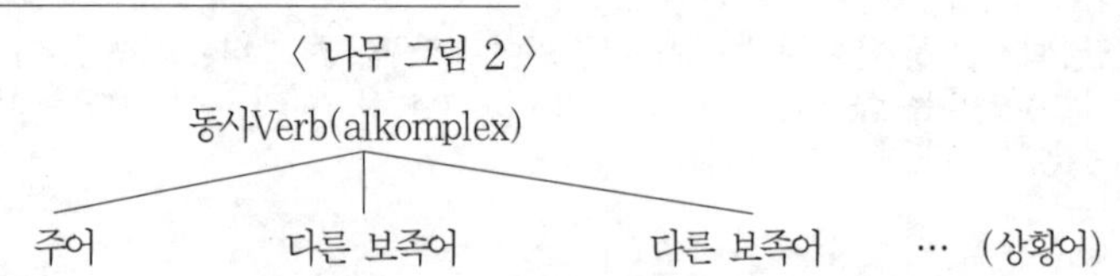

< 나무 그림 2 >

25) Gaston Van der Elst(1990)/소만섭 역(1996:51)에서는 주어의 특수 지위를 인정
하는 입장을 취하고 그것을 정당화시켜 주는 구조적인 측면을 지적하였다.
26) 이렇게 주어를 문장 내에서 특별한 지위를 가진 것으로 보지 않고 다른 보족어들과 대등
하게 다루는 입장은 국어 문장에서 보족어들의 도치 현상을 용이하게 설명할 수 있도록
한다는 면에서 강점을 가지기도 한다.

보자. 국어 문장의 주어에 대하여 분명히 해 두어야 할 사실들을 다음 네 가지로 정리할 수 있다.

첫째, 국어 문장에는 주어가 반드시 존재한다. 그것이 문장의 표면에 외현되는 경우도 있고 다른 기제 때문에 삭제되는 경우도 있지만 국어 문장의 기저 구조에는 반드시 주어가 존재한다.

둘째, 일반적으로 주격 표지로 알려진 '이/가' 형태의 표지를 가진 명사구(NP-이/가)와 주어는 구별되어야 한다. 국어 문장에서 주어는 반드시 'NP-이/가'의 형태로만 나타나는 것이 아니며 반대로 'NP-이/가' 형태의 명사구가 모두 주어인 것도 아니다.

> (21) 가. 정부에서 이번 쌀 시장 개방 사태에 대하여 아무런 대책
>   도 마련하지 못하고 있다.
>   나. 철수는 대학생이 되었다.

(21가)에서 첫 번째 명사구 '정부에서'가 이 문장의 주어라는 데에는 별로 이의가 없을 것이지만 그 주어의 형태는 일반적인 주격보족어의 형태인 'NP-이/가'가 아니다. 반대로 (21나)에서 'NP-이/가'로 나타난 두 번째 명사구 '대학생이'는 격표지상으로 보면 주격보족어와 동일한 것이지만 주어가 아니다. 이것은 'NP-이/가'만을 주어로 보려는 입장과 모든 'NP-이/가'를 주어로 보는 관점에 대하여 경계가 된다.

셋째, 국어 문장에 나타나는 주어의 형태는 'NP-이/가'만이 아니고 오히려 'NP-은/는'의 형태가 더 우세하며 형용사가 서술어로 사용된 문장에서는 더더욱 그렇다. 'NP-이/가'와 'NP-은/는'은 그 격표지의 차이에 상응하는 의미 차를 분명히 가지고 있으나 주어로 사용된다는 측면에서는 기능이 동일하다.

넷째, 주어의 의미역은 서술어의 의미 특성에 따라 달라지며 형용사

가 서술어인 문장의 경우 주어의 의미역은 형용사가 가진 의미 내용에 대한 진술의 주체인 경우와 진술의 대상인 경우 두 가지가 있다. 진술 주체가 주어인 문장에서는 반드시 진술 대상이 보격보족어의 형태로 나타난다.

4.3.1.1. 주격중출 현상

서술어가 하나인 문장에 주어와 똑같은 격표지 형태를 가진 성분이 둘 이상 나타나는 문장 구조는 국어의 중요한 특징으로 지적되어 오고 있다. 그런데 이러한 문장 유형에 대하여 그 명칭조차도 이중주어문, 주격중출문으로 다양하게 불리고 있는 현실이 말해 주듯이 이와 같은 문장 유형에 대한 완전한 해명은 아직 이루어지지 않았다고 할 수 있다. 이중주어문이라는 이름을 사용하는 쪽은 'NP-이/가' 형태에 이끌리어, 명사구가 이런 형식이기만 하면 모두 다 주어라고 부르자는 쪽이며, 주격중출문이라는 술어를 사용하는 쪽은 같은 격표지 성분이라고 하여 일률적이거나 기계적으로 모두 주어로 처리해 버리는 데에는 무리가 있다고 보는 쪽이다. 그래서 'NP-이/가'의 성분 명칭에 대해서는 일단 유보하고 격 형태만을 제시하는 중립적인 의미로 주격중출이라는 이름으로 부르는 것이다.

【 서술절 내포문설 】

임동훈(1997)에서는 주격중출문에 대하여 전통 문법의 설명법으로 복귀하고 있다. 즉, 서술절 내포문을 가진 주격중출문으로 다음(22가)와 같은 것을 제시하였으며 그 기저 구조는 (22나)인 것으로 보고 있다.

(22) 가. 철수가 키가 크다.27)
　　나. 〔 〔철수가〕 〔키가 크다〕 〕
　　다. 〔 〔철수가〕 〔키가〕 크다 〕

(22나)와 같은 구조 해석은 이와 관련한 다른 논의들에서도 볼 수 있는 방식이므로 우선 차치하고 보다 중요한 것은 임동훈(1997)에서 "'키가 크다'를 일종의 서술절로 본다"는 대목인데, 이 논의는 이에서 더 나아가 '키가 크다'를 일종의 '서술어'라 하고 다시 '키가 크다'를 하나의 문장 성분이라 하여 한 단위로 보았고 이 단위 성분과 '철수가'를 자매 관계에 있도록 설정함으로써 '철수가'와 '키가'는 같은 층위의 성분이 될 수 없게끔 하고 있다. 즉, (22나)의 구조에서는 '철수가'와 '키가 크다'가 자매 관계에 있으므로 '철수가'라는 보족어와 '키가'라는 보족어가 자매 관계로 설정될 수 없는 것이다.

　그러나 의존 문법의 관점에 따르면 (22가)의 구조는 (22다)가 된다. '철수가'와 '키가'는 모두 '크다'의 보족어이며 '철수가'는 '크다'로 표현되는 진술 내용의 대상으로 주어가 되고 '키가'는 대상의 일부분을 상세화하여 표현하는 수의적인 성격을 지닌 보격보족어가 되는 것이다.

(23) 가. 토끼는 꾀가 많다.
　　나. 토끼에게는 꾀가 많다.

---

27) 우리의 입장에서는 "철수는 키가 크다"가 무표적이고 일반적인 표현이지만 임동훈(1997)의 예문을 그대로 가져 오기 위해서 "철수가 키가 크다"의 형식으로 썼다.
　우리가 생각하는 것처럼 형용사문에서는 일반적으로 주격보족어의 형태가 'NP-은/는'이라는 점을 인정하면, 무표적인 상황에서는 엄밀히 말해서 같은 격 형태가 중출되는 문장이 없어지는 것이 되므로 이른바 주격중출 문장을 해석하는 관점도 달라질 수 있다고 생각한다. 격표지에 이끌려 같은 성분의 겹침으로 해석하였던 논의들에 대해서는 적어도 격의 형태가 같은 명사구가 겹치는 것이 아니라는 사실을 제공할 수 있기 때문이다.

> 다. 토끼에게 꾀가 많다.
> (24) 가. 토끼는 꾀가 약다.
> 나. *토끼에게는 꾀가 약다.
> 다. *토끼에게 꾀가 약다.
> (25) 가. 선생님은 책이 많으시다.
> 나. 선생님에게는 책이 많으시다.
> 다. 선생님에게 책이 많으시다.

임동훈(1997)에서는 (23가)의 예문에 대해서도 "철수가 키가 크다"류와 마찬가지로 서술절을 설정하는 방식으로 설명하고 있다. 그런데 예문 (23)에서 '꾀가 많다'가 서술절이라면 예문 (24)에서 '꾀가 약다'도 평행하게 서술절로 설명되어야 하는데 실제 예문들을 살펴보면 그런 설명을 할 수가 없다. (24)의 문장은 (23)에서처럼 첫 번째 명사구를 '-에게' 등의 다른 격과 관련하여 해석할 수 없다. (24가)와 관련하여 (24나)나 (24다)가 성립이 허용되지 않는 것이다. (25)의 경우 (25나)가 성립하기는 하나 "철수가 키가 크다"류와 마찬가지로 첫 번째 주어와 두 번째 주어의 통사 구조상의 위치가 동일하지 않다.

서술절을 설정하는 설명 방식은 성기철(1985)와 임동훈(1996, 1997) 등에서 '-(으)시-'와 관련하여 제기되어 왔고 박병수(1973, 1982, 1983, 1988)에서는 문장 술어라는 이름으로 서술절 내포문이 설정되었으며 임영재(1985)에서도 격 문제와 관련하여 거론되었으나 임홍빈(1974)와 남기심(1986) 등에서 그동안 비판을 많이 받아 왔다. 서술절에 대한 비판의 근거는 다음과 같다. 첫째, 서술절에는 절의 표지(標識, marker)가 따로 없다. 이는 명사절에 '-음', '-기' 등의 표지가 있고 관형절에 '-ㄴ' 등의 표지가 있는 것과 차이가 나는 점이다. 둘째, 서술절이란 이름 자체가 품사 상당의 절 이름이 아니다. 다른 내포문들은 모두 명사절, 관형절, 부사절 등의 명칭으로 불리는데 '서술절'은 '형용사절'이나 '동사절'이라 불리지 않고 '서술절'이라 불리므로 이 명칭 관계가 평행하지 않다. 셋째, 기능이 다른 다양한 구성을 동일하게 다룬다. 즉 명사절은 절 전체가 명사처럼 기능하고 '부사절' 역시 절이 부사처럼 수식 기능을 하는 특성이 있는 반면 '서술절'의 기능은 하나로 고정되어 있는 것이 아니라는 것이며 더구나 '서술절'은 '서술절'로 되기 전에도 이미 서술어를 포함하고 있었다는 점에서 내포문으로 설정되는 의의가 없다는 것이다. 넷째, 중목적어 구문에 대해서는 '서술절'의 설정 방식이 아무런 설명력을 발휘할 수 없다는 점을 들 수 있다.(임홍빈, 1997가:35)

여기에 또 다른 이유 하나를 더하면 다음과 같다. 국어에서 관형절이나 명사절, 부사절 같은 어떤 성분절을 가진 문장을 보더라도 성분절 속의 성분이 성분절 밖으로 이동하여 어순 뒤섞기(scrambling)가 되는 일이 없는데 유독 서술절의 경우에는 그것이 가능하다는 것이 바로 문제가 된다는 것이다. (22)의 예를 다시 가져 오기로 하자.

>   (26) 가. 철수가 〔키가 크다〕. …… 서술절
>   나. 키가 철수가 크다.
>   (27) 가. 모란은 〔향기가 없는〕 꽃이다. …… 관형절
>   나. *향기가 모란은 없는 꽃이다.
>   (28) 가. 철수는 〔영희가 걸어가는 것을〕 보았다. …… 명사절
>   나. *영희가 철수는 걸어가는 것을 보았다.
>   (29) 가. 영희는 〔소리도 없이〕 웃었다. …… 부사절
>   나. *소리도 영희는 없이 웃었다.

(27나), (28나), (29나)가 적격하지 않은 문장인 데 반하여 (26나)는 수용된다는 사실이 서술절을 다른 절과 다른 특별한 것으로 보게

한다. 서술절이 하나의 내포문이라면 그 내포문 안의 성분과 바깥의 성
분이 뒤섞일 수 없을 것이다. (26나)가 적격한 문장인 것은 (22가)의
기저 구조가 (22나)가 아니라 (22다)라는 사실을 확인시켜 준다. 따라
서 '키가 크다'를 서술절로 볼 수는 없다.

우선 의미론적으로 '키가 크다'가 완결된 진술이 될 수 없고 그래서
문장으로 볼 수 없다는 점이 그 이유이다. 우리는 '배가 고프다', '눈이
맞다', '사이가 좋다'류도 이와 같은 동사구의 하나이며 문장이라고 보지
않는다. 이들은 의미론적으로 완결된 진술의 구조가 아니고 복합어와
같은 정도의 의미 기능을 하므로 문장이라기보다 동사구로 보는 것이
다.28) 그 이유는 '배가 고프다'나 '눈이 맞다', '사이가 좋다' 등이 논
리·의미적으로 그러한 진술의 대상을 요구하며 그리하여 다음 (30)과
같은 문장 구조를 통사적으로 요구하기 때문이다.

> (30) 나는 <u>배가 고프다</u>.
> (31) 그들은 서로 <u>눈이 맞았다</u>.
> (32) 오누이는 <u>사이가 좋다</u>.

(30)에서 '고프다'는 '배가'와 거의 관용구처럼 붙어서 쓰이는 성격이 있
는데 '고프다'의 의미는 '고프다'는 느낌을 받는 대상 하나만을 요구하는
것이 아니라 그러한 느낌을 가지는 주체도 또한 요구하는 것이다. 그러
므로 (30)과 같이 보족어들이 갖추어졌을 때 비로소 완결된 문장의 형
식이 된다고 할 수 있다. (31)에서도 '맞다'라는 동사는 두 대상을 요구

---

28) 임홍빈(1997가:26)에서 지적된 "아버님이 약점이 잡히셨다"에서의 주어와 '-(으)시-'의
일치 문제도 사실은 '약점이'가 주어가 아니라 '아버님이'가 주어라고 보는 관점에 서면
무리 없이 해결될 수 있다고 본다. '약점이 잡히다'는 위의 '키가 크다'나 '배가 고프다'처
럼 S의 지위를 가지는 단위가 아니고 단지 VP의 성격을 가지고 있을 뿐인 것이다.

하는 성질을 가진다. '눈이 맞다'만으로는 문장이 성립될 수 없는 이유가 그것이다. (32)에서도 '사이가 좋다'라는 평가를 받을 수 있는 대상이 필요하다.

따라서 우리는 (30)~(32)의 밑줄 친 부분을 문장이라 하지 않는다. 우리는 (30)~(32)의 밑줄 친 부분에서 명사구가 '이/가'라는 표지를 가졌다는 외형적인 측면에 현혹되어 이 부분을 문장으로 여겨온 것이 아닌가 하는 생각을 해 본다. 문장의 부분을 이루는 명사구가 주격과 같은 형태의 격 표지를 지녔다고 하여 모두 문장의 주어로 해석되는 것은 아니다. 관용어구라는 명칭에서 우리는 이러한 구분을 분명히 확인할 수 있는데 가령 다음 (33)과 같은 예들을 우리는 문장이라 하지 않는다.

    (33) 가. 애를 태우다
         나. 눈을 감다
    (34) 가. 손이 맵다
         나. 눈이 멀다

(34)의 예들은 명사구가 'NP-이/가'의 형태를 가지고 있지만 (33)이 문장이 아닌 것과 마찬가지로 문장이 아니다. 그래서 이런 형태가 비유적인 의미로 사용되는 경우 관용구라고 하지 관용문이라고 하지 않는다. 이런 형태가 비유적인 의미가 아니라 직설적인 의미를 표현할 때에도 형식에는 변함이 없다. 의미가 달라진다고 하여 구가 문장이 되는 것은 아니다.

    (35) 가. 할머니께서는 어제 새벽에 <u>눈을 감으셨다</u>.
         나. 학생들이 선생님 말씀에 따라 모두 <u>눈을 감았다</u>.

(36) 가. 영희는 사랑에 <u>눈이 멀었다</u>.
　　　나. 철수는 교통 사고로 <u>눈이 멀었다</u>.

(35가)에서는 '눈을 감다'가 관용구로 사용되었고 (35나)에서는 직설적인 의미를 표현하고 있다. 둘 다 형식적으로는 동사구이다. 이것은 (36)에서도 마찬가지다. 비유적인 의미를 지닌 (36가)나 직설적인 의미를 지닌 (36나)가 모두 동사구 구성으로 해석된다. 따라서 (36)은 이중주어문이 아니라 동사구 속의 보족어가 목적격이 아닌 주격으로 나타나 표면적으로 주격이 중출된 문장으로 해석된다. 그런데 (35)에서 밑줄 친 부분이 동사구라는 데에는 별 이견이 없지만 (36)에서 밑줄 친 부분도 동사구로 본다는 데 대해서는 이견이 많았고 갖가지 다른 논의들이 있어 왔던 것이 사실이다. 그 이유는 (35)에서 명사구의 표지가 '을/를'인 데 반하여 (36)에서는 같은 자리에 있는 명사구의 표지가 '이/가'라는 점 때문이다. 이것은 일반적으로 주어의 표지로 알려져 있는 주격의 형태이기 때문이다. 그러나 이때의 격 표지에 대하여 엄밀히 말하자면 이를 주격이라고 해서는 안 된다. 표면형이 주격과 같을 뿐 기능적인 면에서 이 'NP-이/가'가 주어의 역할을 하는 것은 아니기 때문이다. (36)의 문장은 'NP-이/가'가 중출된 문장이라는 표현이 온당하다고 하겠다.[29] 우리는 2장에서 이러한 'NP-이/가'에 대하여 보격보족어(1격보족어)라는 명칭을 썼다.

'NP-을/를 + V'와 달리 'NP-이/가 + V'는 표면적으로 같은 통사 구조를 가진 S가 존재한다는 점 때문에 해석상의 난점이 따른다고 하겠다. 바로 이러한 이유로 문장의 의미론적 해석이 문장 구조의 파악에 중요한 열쇠가 된다. 문장 구조의 해명에 통사론이 절대적인 기능을 하

---

29) 임홍빈(1997:35)에도 이와 같은 언급이 있다.

는 것은 사실이지만 문장이 최종적으로는 의미론적인 필터를 거쳐야 제대로 된 해석을 받을 수 있는 것은 새삼 재론의 필요가 없는 사실이다. 문장의 모호성이라든가 관용구의 해석 같은 문제가 통사 구조의 해명만으로 모두 투명해질 수 없는 것도 이러한 맥락에서 이해할 수 있다.

언어 사용이 반드시 문법에 맞고 합리적인 이유로 설명될 수 있는 사실들만을 반영하는 것이 아니라 상당히 많은 부분 관습의 적용을 받으며 이 관습은 또 얼마나 많이 '일반화의 오류'나 '피상적 관찰'을 통해 쌓여가는 측면이 있는지에 대하여 눈을 돌릴 필요가 있다. '아니다'와 '이다' 문장의 통사 구조의 차이가 이에 속하는 대표적인 예가 될 터인데, 역사적으로 '아니+이다'의 합성으로 이루어진 '아니다'의 경우에는 학교문법에서도 'N-이/가'라는 보어 성분을 요구하는 서술어로 기술하고 있는 데 반하여 '이다'의 경우 그 앞에 오는 'NP-Ø'[30] 성분이 역사적으로 'NP-이'였을 가능성을 좀처럼 인정하지 않고 있는 것이다. 그러한 가능성을 인정하기 위해서는 'NP-이'의 '이'가 '이다'의 '이'와 형태·음운론적으로 같은 요소인 이유 때문에 표면에 나타나지 않고 생략된 것이라는 설명을 해야 하는데 그런 설명을 문법학자들은 결코 하고 싶지 않기 때문이라고 생각된다.[31] 너무나 비합리적인 듯이 보이기 때문이겠지만, 실제 언어의 변화나 언어의 사용 양상은 때로 합리적인 설명을 불허할 때가 있지 않을까 한다.

(36나)에서 "*철수가 먼 눈"이 성립되지 않는 점을 들어 (35나)의 경우 "학생들이 감은 눈"이 성립되는 것과의 차이점을 부각시키고 그래서 (36)의 '눈이 멀다'와 (35)의 '눈을 감다'를 동렬에서 다루는 것에 대하여 이의를 제기할 수 있을지도 모른다. 사실상 이 관형화의 성립

---

30) 순수하게 관찰적 관점에서 기술할 경우 그렇다.
31) '이'의 이형태에 '가'가 있다는 사실은 이에 대한 반론의 근거가 될 수 없다고 본다. '가'는 국어사의 흐름 전체를 고려할 때 극히 최근에 나타난 조사이기 때문이다.

여부는 문장 구조의 해명에 있어서 그동안 매우 중요한 기준으로 고려되어 왔다. 그러나 같은 'NP-을/를' 형태의 명사구, 즉 대격보족어를 가진 문장이라도 모두 (35나)와 같은 성립을 보이는 것은 아니다. 가령 다음의 예문들에서는 이러한 관형화가 성립하지 않는 것을 주목할 필요가 있다.

      (37) 가. 철수가 야단을 맞았다.
           나. *철수가 맞은 야단.

(37)은 표면 구조가 (35)와 같지만 'NP-을/를' 명사구의 명사를 표제 명사로 하는 관형화가 성립되지 않는다.

    그러므로 관형화 검증에서 비록 "*철수가 먼 눈"이나 "*철수가 큰 키"가 성립되지 않는다고 하더라도 "철수가 눈이 멀다"나 "철수가 키가 크다"에서 '눈이'나 '키가'가 주어가 아닌 보격보족어라는 논의를 무너뜨리는 적극적인 증거는 되지 않는다. 그리고 이 외에도 "철수가 눈이 멀다"나 "철수가 키가 크다"에서 '철수가'를 주격보족어로, '눈이'와 '키가'를 각각 보격보족어로 볼 수 있는 또 다른 근거가 있다. 가령 "철수가 키가 크다"와 의미론적으로 연관되는 타동 구문을 만든다고 할 때 우리는 "*철수가 키를 키우다"와 같은 형태가 아니라 "철수를 키를 키우다"와 같은 형태를 만들어 낸다는 점이다. "아이가 배가 고프다"에 대해서도 "아이를 배를 곯리다"가 성립한다. 앞의 문장에서 '철수가'나 '아이가'가 주어로 인식되지 않고서는 뒤의 문장에서 그것이 목적어로 전환될 수 없다는 점을 고려할 때 첫 번째 명사구는 충분히 주어로 해석될 수 있는 것으로 보인다.

    그러면 여기서 S 아닌 VP의 구성 성분인 'NP-이/가'의 정체를 무엇이라고 보는지에 관하여 분명히 할 필요가 있다. 앞에서 이 'NP-이/

가'를 보격보족어라 부르기로 한다고 하였다. 보족어라는 개념을 도입하면 목적어도 보족어의 하위 부류가 될 수 있다. 목적어는 타동사의 보족어이며 이 'NP-이/가' 성분은 자동사나 형용사의 보족어인 것이다. 그 격표지 형태가 주어와 동일하여 주어로 오인받았고 그래서 문두의 주어는 주제라는 해석을 받게 했던 몇몇 유형의 'NP-이/가'들에 대하여 그 통사구조적·의미론적 해석에 입각하여 목적어와 평행한 관계32)에 있는 보족어의 하나로 보고자 한다. 국어의 문법 형태에 동음이의어가 있어서는 안 될 이유가 없는데 이 '이/가'에 대하여만 굳이 같은 의미를 줄 필요는 없다고 본다. 이미 주제화 논의들에서도 이 '이'에 대해서는 다양한 의미 기능이 인정된 바 있다.33)

다음으로 임동훈(1997)의 논의와 가장 핵심적으로 의견을 달리하는 면에 대하여 살펴보겠다. 임동훈(1997:35)에서는 "'철수가 키가 크다'류를 위시한 이중주어문은 그 서술어가 형용사나 일부 자동사 등 과정이나 상태를 나타내는 용언으로 제한되어 있다는 견해가 널리 퍼져 왔다"는 점을 비판하면서 다음과 같은 예문을 주격중출문의 예로 들고 있다.

> (38) 가. 철수가 아내가 집을 나갔다.
> 　　　나. 철수가 영희가 집을 나갔다.
> (22) 철수가 키가 크다.

---

32) '평형한 관계'라는 표현은 '계열 관계'와 비슷한 의미로 해석할 수 있다. 그런데 계열 관계라 하지 않고 '평형한 관계'라는 표현을 쓴 것은 동일한 서술어에 대하여 'NP-이/가' 보족어와 'NP-을/를' 보족어가 함께 사용되는 일이 매우 드물기 때문이다. '-고 싶다' 구성 같은 경우에서 나타나는 것이 주목된다.

33) 임홍빈(1997다:43)에서도 "국어에서 모든 '이/가'가 주격 조사이며, 모든 '을/를'이 대격 조사라는 인식은 아무 데서도 보증받을 수 없는 것이다."라고 언급하고 있다. 여기에 한 가지 더 부연한다면 '이/가'가 이런 여러 의미 기능을 가진다는 사실은 중세 국어에서 '익/의'가 다양한 기능을 하였던 점과 비슷한 맥락에서 해석될 수 있다는 것이다. '익/의'는 중세 국어에서 속격으로도 사용되었고 분포를 달리하여서는 처격으로도 사용되었던 것이다.

임동훈(1997)에서는 (38가)가 앞의 (22) 등의 예와 같은 통사 구조를 지녔다고 주장하고 있는데 우리는 (22)에서 '철수가'가 주격보족어(주어)인 것과 달리 (38가)에서 '철수가'는 '나가다'나 '집을 나가다'의 결합가에 따른 보족어가 아니라 '주제'인 것으로 보므로 (38가)와 (22)는 전혀 다른 구문인 것으로 이해한다. 그 이유는 다음과 같다.

첫째, (22) 문장에서는 '키가 크다'를 서술절로 보든 동사구로 보든 어느 쪽에서든 '(키가) 큰' 것은 철수가 분명한 데 반하여 (38가)에서는 철수가 결코 '(집을) 나간' 것이 아니라는 점이다. 전자에서 철수는 '크다'라는 속성의 소유주로서 주어의 조건을 만족시키지만 후자에서 철수는 행위의 주체가 되지 못하고 그렇다고 "아내가 집을 나간" 결과의 '경험주'이거나 '피해주'라는 해석을 받기도 어렵다. 단지 "아내가 집을 나간 것"이 '철수'에 관한 이야기라는 관점은 인정될 수 있는데 이런 경우 '철수'는 대화의 초점, 즉 화제나 주제로 해석될 뿐 주어라는 통사적 해석을 받지는 못하는 것이다.[34]

둘째, "철수는 아내가 집을 나갔다"에 대하여 "철수의 아내가 집을 나갔다"나 "아내가 집을 나간 철수"가 대응된다는 점을 근거로 든 것은 마치 "철수가 돈을 잃어버렸다"에 대하여 "철수의 돈을 잃어버렸다"나 "돈을 잃어버린 철수"가 가능하다는 것을 근거로 "철수가 돈을 잃어버렸다"의 구조를 "철수가 키가 크다"와 같은 것으로 보겠다는 것과 마찬가지의 주장이 아닌가 하는 생각이 든다.

한편 "철수가 동생이 아프다"라는 문장은 일견 "철수는 아내가 집을 나갔다"보다 더 많이 "철수가 키가 크다"를 닮은 것으로 보인다. 그러나 의미론적으로 해석해 보면 아픈 것은 철수가 아니라 동생일 뿐이다. '철

---

34) 이것은 일반적인 의미에서 주제는 문장 성분 중의 하나가 아니고 평언은 완결된 문장 구조라는 점과도 일치된다.

수가'를 판단자로 보더라도 '아프다'라는 판단이나 진술은 판단자가 자신의 내부로 생각하는 판단 대상에 대해서밖에 할 수 없는 것이다. 판단자가 자신의 내부로 인식하지 않는 판단 대상에 대하여 '아프다'라는 판단을 하고 그렇게 진술한 문장은 비문법적 문장이다. 여기서도 역시 '철수'는 주제로밖에 설명될 수 없다. 그러므로 "철수가 배가 아프다"는 "철수가 키가 크다"와 같은 구조를 가진 것으로 보고 "철수는 아내가 집을 나갔다"는 "철수가 동생이 아프다"와 같은 구조인 것으로 보고자 한다. 다시 말해서 통사적인 외적 구조만을 살피는 것이 아니라 의미론적 해석을 항상 염두에 두자는 것이다.[35]

【 주제-주어설 】

주격중출문과 관련하여 그동안 가장 큰 문제가 되어 왔던 것은 주제화의 문제였다. 국어의 문장에서 주어로 해석되는 성분이 'NP-은/는'의

---

35) 서술어의 종류가 문장의 유형을 결정하는 데에 중요한 역할을 하기는 하지만 동일한 형태의 서술어가 단 하나의 논항 구조만을 갖는 것은 아니다. 가령 '아프다'라는 형용사가 여러 가지 다른 유형의 의미 구조를 가진 문장을 이룰 수 있다. 그리고 이런 차이는 결국 그 서술어의 의미론적인 특성에서 파생되는 것이다.
　'밝히다'라는 동사가 만드는 다음 문장들은 일견 같은 구조를 가진 것으로 보일 수 있으나 문장을 해석해 보면 보족어들이 가지는 의미역도 서로 다르고 서술어의 의미도 다른 것을 알 수 있다. 이런 의미 차이가 (1가)와 (1나) 문장의 구조를 달리 해석하게 하는 이유가 된다.

　　　(1) 가. 철수는 불을 밝힌다.
　　　　　나. 영희는 돈을 밝힌다.

(1가)에서 '밝히다'는 '밝게 하다'의 의미인 데 반하여 (1나)에서 '밝히다'는 '좋아한다/바라다'의 의미로 해석될 수 있다. 그리고 (1가)의 '철수'는 '밝히다'의 주체가 되어 행위자역을 부여받으나 (1나)의 '영희'는 '돈을 밝힌다'로 표현된 진술의 대상역을 받으므로 (1가)와 (1나)는 다른 구조로 해석된다. 이런 의미 차이는 이들 문장 자체만의 통사적 차이로는 구분될 수 없는 것이다. 이런 의미론적 차이에 대하여 우리는 '불이 밝다'는 성립하나 '*돈이 밝다'는 성립하지 않는다는 점을 간접 증거로 삼을 수 있다.

형태를 가진 경우, 그리고 그 'NP-은/는' 뒤에 곧바로 'NP-이/가' 성분이 뒤따르는 경우에 첫 번째 명사구 즉 'NP-은/는'을 주어로 보지 않고 주제로 설명하려는 논의들이 임홍빈(1972) 이후 급속하게 확산되어 갔다. 국어의 문장에서 주제화는 담화상의 중요한 기제 가운데 하나이다. 그러나 '주제'라는 개념은 통사적인 명칭이 아니다. 즉 서술어가 요구하는 보족어의 종류에 '주제'라는 것이 별도로 설정될 수 없는 것이다. 이 것은 '주제'가 특별한 서술어에 의하여 요구되는 것이 아니라는 말이다. 성분 주제라는 개념은 문장의 변화된 의미를 설명하기에 좋은 기제이지만 기본 문형을 논하고 문장의 구조를 밝히는 데 있어서는 주제화의 개념을 도입하지 않는 편이 기술을 간결하게 할 수 있다.

주제화, 특히 성분 주제와 관련하여 임홍빈(1972:48)에서 지적한 내용을 살펴보자.

> (39) 같은 문장 안에서 주제화된 요소가 거듭되어 나타날 수 있다
> 는 것이다.

> (89) 어제는 공원에서는 싸움은 일어나기는 했다.

> 위의 예는 문장의 성분 전체가 {은/는} 주제화되고 있음을 보
> 여 준다. 이러한 현상은 주어-술어의 구조를 기본으로 하고
> 있는 언어에 있어서는 사실상 불가능한 듯이 보인다.

(39)의 설명에서 제기되는 의문은 다음과 같다. 첫째, "(89)의 성분들이 모두 주제라면 평언은 무엇인가?" 하는 점이고 둘째, "이 문장의 각 성분들에 대하여 그 각각의 기능을 고려하지 않고 모두 주제라고 하여 얻는 이점은 무엇인가?" 하는 것이다.

(89)와 같은 문장에서 각 성분들이 모두 주제화될 수는 있다. 그러

나 그 성분들이 주제화되거나 또는 초점을 받아 강조되는 성분으로 된다고 하더라도 그 본래의 성분으로서 지니고 있었던 통사적인 기능이 없어지거나 변질되는 것은 아니다. 우리는 국어 문장의 구조를 밝히는 데 있어서 이렇게 주제화된 문장을 무표적인 문장으로 보지 않으므로 주제화라는 개념이나 용어를 우리의 기술에 되도록이면 이용하지 않으려고 한다. 주제화라는 기제를 문장 성분의 변화와 관련지어 설명하는 것보다는 보족어들의 의미역을 고려하여 문장성분을 해석하는 것이 문장 구조의 이해에 더욱 필요하리라고 판단되기 때문이다. 여기에 덧붙여, 성분 주제의 개념을 도입하지 않으면 공범주의 설정이라는 번거로움도 피할 수 있는 장점이 있다.36)

주제화는 국어의 문장들에 나타나는 특이한 현상들을 잘 설명할 수 있는 효과적인 설명 방법이다. 특히 성분 주제의 개념은 주제화 이전의 문장 구조에 대한 배려를 통하여 문장을 올바르게 해석하게 하는 열쇠를 제공해 줄 수 있다. 그러나 문장의 의미역 관계를 고려하지 않고 표면에 너무 얽매이게 되면 주제화라는 것이 너무 과도한 설명력을 가진 것이 되어 버린다. 문두에 나타나는 모든 'NP-은/는'에 대하여 단일하게 주제화로 설명하는 것이 얼마나 위험한 일인지를 다음 예문의 중의성이 보여 준다.

(40) 가. 너는 이것이 좋겠다.

나. 너에게는 이것이 좋겠다.

다. (내 생각에) 너는 이것을 '좋다'고 여기겠다.

---

36) 이것은 공범주를 설정하는 일 자체가 국어의 문법 기술에 불필요하다는 말은 아니다. 공범주는 동일 명사구 삭제가 일어난 문장 등에서 반드시 설정될 필요가 있는 경우가 있다.

(40가)는 (40나)의 의미로 해석되기도 하고 (40다)의 의미로 해석되기도 한다. (40나)로 해석되는 (40가) 문장은 'NP-에게' 성분이 주제화된 예이지만 (40다)로 해석되는 (40가) 문장은 주제화된 문장이 아니라 '좋다'가 판단 진술의 의미를 지니는 두 자리 서술어로, 표면 구조상으로는 동일한 것으로 보이는 두 문장이 이와 같이 그 의미를 달리 가지는 것은 '좋다'라는 형용사의 결합가 특성에 따른 것이다. '좋다'는 한 가지의 결합가만을 가진 형용사가 아니다. '좋다'는 결합가에 따라 다음 세 가지의 문형을 이루는 것으로 기술할 수 있다.

>   (41) '좋다'의 문형
>   가. NP-은/는 (NP-이/가) A
>   나. NP-은/는 NP-이/가 A
>   다. NP-은/는 NP-에/에게 A

(41가)에서 '좋다'는 'NP-은/는'으로 표현된 명사구 내용의 성질이나 상태가 좋다는 의미이고 (41나)에서 '좋다'는 'NP-이/가'로 표현된 대상에 대하여 'NP-은/는'으로 나타난 판단자가 좋다는 판단을 하였다는 의미이고 (41다)의 '좋다'는 화자가, 'NP-은/는'으로 표현된 대상이 'NP-에/에게'로 나타난 기준에 비추어 볼 때 좋다고 판단하였다는 내용을 담고 있다. 실제 문장의 예를 제시하면 다음과 같다.

>   (42) 가. 철수는 좋은 사람이다.
>   나. 철수는 영희가 좋다.
>   다. 철수는 아이에게 좋은 아빠다.

이렇게 같은 형태의 형용사가 의미와 결합가를 달리 가질 때 이것을 각각 별개의 단어로 보아 동형어로 처리하느냐 아니면 하나의 단어가 다의적으로 쓰이는 현상으로 보아 다의어로 처리하느냐의 문제가 제기될 수 있다. 이 문제는 같은 단어가 이런 결합가나 의미상의 차이만이 아니라 활용상의 차이까지 지니는 경우 품사에서도 둘 이상의 범주에 속하는 것으로 기술하느냐 아니면 한 단어가 여러 품사로서의 속성을 지닌 것으로 기술하느냐 하는 문제로 확대된다.

여기에 대하여 전자의 경우 즉, 품사 면에서는 동일한 것으로 판단되는 경우에는 다의어로, 품사적 속성이 다른 경우에는 동형어로 기술하는 것이 바람직하다. 단어란 문맥에서 다양한 쓰임으로 나타나기는 하지만 그것이 품사 범주까지 넘나들 수 있다고 하는 설명은 바람직하지 못하기 때문이다. 동사와 형용사의 경우 그 활용형에서의 차이가 뚜렷하여 동형 어간을 가진다고 하더라도 어미의 결합에서 품사 범주를 넘나드는 일은 일반적으로 없는 것이다.

동사라는 품사를 공유하는 경우 자동사로도 타동사로도 쓰이는 단어들에 대해서까지 동형어로 처리하고자 하지는 않는다. 가령 '뛰다' 같은 동사는 'NP-을/를' 보족어를 수의적 보족어로 가지는데, 이 경우 '뛰다'가 'N/P-을/를'을 동반하고 나타나느냐 아니냐에 따라 두 가지 결합가를 지니는 것으로 기술할 수는 있지만 '뛰다$_1$'과 '뛰다$_2$'가 있다고 기술하지는 않는다는 말이다. 여기서 동사와 형용사의 범주 구별이 중요하다는 점은 형용사와 동사의 적극적 차이를 상기시킨다. 우리는 형용사를 동사의 한 하위 범주로 처리하는 방식에 반론을 폈었는데, 하나의 동사가 자동사와 타동사의 양면적 속성을 가질 수는 있지만 한 단어가 동사이며 동시에 형용사일 수는 없다고 하는 것이 바로 그 이유였다.[37]

---

37) 송철의(1992)에서 동형 어간의 형용사와 동사에 대하여 영파생이라 설명한 것도 이런

한편 문두의 'NP-은/는' 성분 가운데는 'NP-에게'가 주제화된 것이라고 설명할 수 없는 예들이 많이 있다는 사실에도 주목해야 한다.

> (43) 가. 나는 〔네가 이렇게 장성한 것〕이 흐뭇하다.
> 　　　 나. 철수는 그 성적이 만족스럽다.
> 　　　 다. 영희는 〔철수와의 만남〕이 기뻤다.
> (43′) 가. *나에게는 네가 이렇게 장성한 것이 흐뭇하다.
> 　　　 나. *철수에게는 그 성적이 만족스럽다.38)
> 　　　 다. *영희에게는 철수와의 만남이 기뻤다.

(43)에서 '나는', '철수는', '영희는' 같은 명사구는 각각 '흐뭇하다', '만족스럽다', '기뻤다'의 판단자로 해석된다. 그리고 두 번째 명사구((43가)와 (43다)에서는 명사절)는 보격보족어로서 '판단 대상'의 의미역을 부여받는다. 그런데 (43)의 각 문장에서 문두의 'NP-은/는'은 (43′)에서처럼 'NP-에게는'이 주제화되어 나타난 것이라고 볼 수 없다. 우리의 판단에 (43′)의 예문들은 첫 번째 명사구가 판단자로 해석되는 한에 있어서는 적격한 문장으로 해석되지 않는다. 이렇게 보면 (43)의 'NP-는' 성분은 본래의 격 형태가 'NP-는'으로 되어 있는 것이지 'NP-에게는'에서 '에게'가 탈락한 것이라고 할 수 없다. 이런 예문들의 존재는 주제화라는 설명 방법이 지나치게 적용될 수 없다는 점을 일깨우는 것이라고 하겠다.

주제화와는 다른 것이지만 이정민(1976)에서는 튀기 이동(flip movement)이라는 것을 도입하여 다음 문장들의 관계를 설명하고 있다.

입장과 맥을 같이 하는 것이라고 볼 수 있다.
38) 이 문장은 중의적이어서 적격하게 받아들여질 수도 있다. 그 경우는 '철수에게는'이 '만족스럽다'고 하는 형용사의 '판단자' 의미역을 부여받지 못하는 경우이다. 그런 경우 주격보족어는 '그 성적이'이고 '철수에게는'은 배경 보족어이다.

(44) 가. 내가 돈이 많다.
　　 나. 나는 돈이 많다.
　　 다. 돈이 나에게 많다.

(44가)~(44다)의 관계를 튀기 이동이라는 변형 관계로 설명하여 이 문장들의 기저 구조가 같은 것으로 보고 있는데 과연 '내가'나 '나는' 같은 성분과 '나에게'가 서로 치환 관계에 있는 것인지는 의심스럽다. 이정민(1976)에서는 이런 튀기 이동이 적용될 수 있는 구문의 서술어로 '있다, 없다, 적다, 많다, 모자라다, 넉넉하다' 등을 들고 있는데 이들이 'NP-에/에게'를 보족어로 취할 수 있는 서술어라는 데에 착안하여 (44)의 각 예들에 대하여 같은 기저를 가진 구문으로 설정한 것이라고 판단된다. 그러나 다음 (45)의 예문은 '있다'의 처격 'NP-에' 보족어가 'NP-은/는'과 별도로 설정될 수 있음을 보여 준다.

(45) 가. 철수는 돈이 많다.
　　 가'. 철수에게 돈이 많다.
　　 나. 철수는 아내에게 돈이 많다.
　　 나'. *철수에게 아내에게 돈이 많다.

(45가)가 (45가')과 치환 관계에 있을 수 없음은 (45나)가 (45나')과 치환 관계에 있을 수 없음을 통하여 입증된다. 즉 (45가), (45나)에서 'NP-은/는'은 'NP-에게'로 치환될 수 없고 이것은 '소유'의 의미를 지니는 '있다' 구문에서 'NP-은/는' 성분이 'NP-에게'에서 변형을 통하여 도출된 것이 아니라는 사실을 말해 준다.

　　이상의 논의는 주제화의 논의가 너무 확대되어 주격 중출문에서 주제를 과잉으로 설정했던 방식에 대한 반성의 성격도 띤다. 그러나 국어에서 '주제' 자체를 부정할 수는 없다. 국어가 주제 부각형 언어라는 사실은 인정해야 한다. 다음 문장에서는 'NP-에게'에서 주제화를 거쳐 도출된 'NP-는'의 형태가 제1 명사구로 나타나 있음을 볼 수 있다.

> (46) 가. 나는 너뿐 이야.
> 　　　 가'. 나에게 너뿐 이야.
> 　　　 나. 너는 나밖에 없지?
> 　　　 나'. 너에게 나밖에 없지?

(46가)는 (46가')이 주제화를 거쳐 도출된 형태이며 (46나)는 (46나')이 주제화를 거쳐 도출된 형태이다. 존재의 의미를 나타내는 '이다'가 의미론적으로 요구하는 보족어는 '배경'을 나타내는 'NP-에/에게'와 '대상'을 나타내는 'NP-뿐'이며 '존재 부정'의 '없다'가 요구하는 보족어는 '배경'을 나타내는 'NP-에/에게'와 '대상'을 나타내는 'NP-밖에'뿐인 것이다. 이때 주어는 '대상'의 의미역을 가진 '너뿐'과 '나밖에'가 된다. '뿐'이나 '밖에'는 일반적으로 주격조사로 쓰이는 형태가 아니지만 (46가)와 (46나)에서는 주격조사를 대치하여 나타난 것이다.[39]

---

39) 'NP-밖에'는 '없다', '모르다' 등 부정의 의미를 지닌 용언과 '않다' 등이 사용된 장형 부정 또는 '안'이 쓰인 단형 부정문에서 주로 주격보족어로 나타나는 명사구의 형태이다. '밖에'는 보조사로서 격조사가 붙어 있는 명사구에 특별한 의미를 덧붙여 주기 위하여 사용되며 주격이나 목적격 같은 격조사는 보조사가 오는 경우 생략 또는 탈락되는 것이라고 기술되어 왔다.

　그런데 '밖에'는 다른 보조사와 구분되는 특징이 있다. 그것은 통사·의미론적으로 한정된 부류의 용언에 의해서만 지배되는 성분으로서 부정문에서만 나타날 수 있어 일종의 부정 극어와 같은 기능을 보인다는 것과 또 하나 격조사가 '밖에'로 대치됨으로써 문장의 의미가 완전히 달라진다는 것이다.

> (1) 가. 나(에게)는 너밖에 없다.
> 　　　 가'. 나(에게)는 네가 없다.
> 　　　 나. 이 사실은 너밖에 모른다.

이 밖에도 국어 문장에서 문두에 나타나는 'NP-은/는' 성분 중에는 다른 보족어들이 주제화되어 나타난 것으로 설명할 수는 없는 본유의 주제 성분도 있다. 다음 (47)의 문장에서 첫 번째 명사구 '저 집은'은 서술어의 결합가와 관련지어 설명할 수 없는 것이다.

    (47) 저 집은 엄마와 딸이 함께 왔다.

        나'. 이 사실은 네가 모른다.

(1가)와 (1나)의 문장은 (1가')이나 (1나')에서 주격보족어의 조사 형태가 변화된 문장이다. 그러나 단순히 격조사를 보조사로 대치한 정도의 의미 차이 이상이 나타난다. 일반적으로 격조사 자리에 보조사가 대치될 때는 보조사가 덧붙이는 의미가 문장의 의미에 보태어지게 된다. 그런데 '밖에'는 문장의 명제 내용을 역(逆) 명제로 바꾸는 의미 특성이 있다. 이것은 '밖에'라는 조사의 의미가 단순하지 않고 서술어와의 관련에서 특별한 의미를 드러내는 것으로 기술되어야 할 필요성을 제기한다. 그러나 '밖에'는 특정한 서술어에 따르는 것이라기보다 그 분포가 부정문에 한정된다는 특성이 강하므로 '밖에'를 주격조사의 특수한 형태로 보기는 어렵다.

  'NP-뿐'은 'NP-밖에'보다 더욱 제한적으로, '이다'와 '아니다'의 보족어로만 나타나는 특징이 있다. 그러므로 이 경우는 '뿐'을 격조사에 덧붙는 보조사로만 보지 않고 'NP-이'와 별도로 'NP-뿐'을 주격보족어 형태의 하나로 설정하기로 한다. 이 보족어 형태가 '이다'와 '아니다'에 의해서만 요구된다는 특수성을 고려한 때문이다.

    (2) 가. 철수가 그 사실을 안다.
        나. *철수뿐 그 사실을 안다.
        다. 철수만 그 사실을 안다.

(2가)에서 격조사 '가'가 결부되었던 형태가 (2다)에서 보듯이 '만'이라는 조사로는 대치될 수 있지만 (2나)에서와 같이 '뿐'이라는 조사로는 대치되지 않는다.

    (3) 가. 나에게는 너뿐 이다.
        나. *나에게는 너 이다.
        다. *나에게는 네가 이다.

그리고 반대로 (3가)의 '뿐'은 (3나)나 (3다)의 '너' 또는 '네가'에서 격조사 'Ø'나 '가'가 보조사로 대치된 형태라고 볼 수 없기 때문이다. 이것은 'NP-뿐'이 특수한 상황에서만 주어로 쓰이는 주격보족어의 형태라는 사실을 보여 주는 증거라 하겠다.

(47)에서 '저 집은'이라는 성분은 의미역 관계를 고려할 때 '오다'에 의하여 요구되는 보족어라고 할 수 없고 단지 화제의 기능만을 하므로 본유의 주제라고 본다.

【 주격보족어-보격보족어설 】

임동훈(1997)에 제시되었던 "철수는 키가 크다"류의 문장에서 '철수는'은 주격보족어이고 '키가'는 보격보족어라고 하는 설명이다. '크다'는 비상관적 장면에 나타난 형용사로서 '대상역'을 지닌 명사구 하나만을 보족어로 요구하며 그 대상역을 지닌 보족어가 바로 주격보족어이다. '키가'는 '철수는'이라는 보족어의 의미를 상세화시켜 표현하는 수의적인 보족어로서 그 형태 면에서 보격보족어라 할 수 있다.

'NP-이/가' 중출문의 또 다른 대표적인 유형으로 이른바 심리형용사 구문이 거론된다. "나는 호랑이가 무섭다"류의 문장이 그것인데 이들 문장에 대해서는 일찍부터 많은 설명들이 있어 왔다. 주제화 논의에서는 '나는'이 '나에게는'에서 주제화된 주제이고 '호랑이가'가 문장의 주어라고 설명한다. 그러나 우리는 "나는 호랑이가 무섭다"라는 문장은 "호랑이는 무섭다"라는 문장과는 달리 '호랑이'가 속성의 소유주가 아니라 진술의 대상이고 '나'가 판단자이므로 판단자인 '나'가 문면에 나타나 있는 문장에서는 '나는'이 주격보족어가 되어야 한다고 본다. "호랑이는 무섭다"에서는 '호랑이'는 속성의 소유자로 해석되고 그래서 '호랑이는'이 주격보족어라 할 수 있다.

임동훈(1997)에서는 "나는 호랑이가 무섭다"류에 대해서도 서술절을 내포한 문장이라고 하여 첫 번째 명사구와 두 번째 명사구를 모두 주어라고 설명하고 있다. 이 구문을 "나에게는 호랑이가 무섭다"류와 구조적으로 이질적인 것으로 보고 "아버지는 고향이 무척 그리우시다"와 같은 예문을 들어 '-시-'를 첫 번째 명사구에 일치하는 요소로 파악함으로써 "NP-는 NP-가 무섭다"의 'NP-는'에 대해서도 주어라는 설명을 한 것이다. 첫 번째 명사구를 주어로 본 데에는 이견의 여지가 없으나 두 번째 명사구까지를 주어로 본 것에는 문제가 있다.

이들 구문의 두 번째 명사구인 '호랑이가' 역시 "철수가 키가 크다"에서의 '키가'처럼 보격보족어이다. 다만 '키가'는 수의적 보족어인데 '호랑이가'는 필수적 보족어라는 차이가 있다.[40] 이렇게 보면 임동훈(1997)에서 서술절 내포 구조로 파악하여 "주어-[내포문주어-내포문서술어]" 구조로 설명한 "철수가 키가 크다, 토끼가 꾀가 많다, 나는 호랑이가 무섭다"라는 세 유형의 문장들이 모두 "주격보족어-보격보족어-서술어" 구문으로 설명되어 결국 이들 문장 유형들이 이중주어 구문이 아닌 것으로 결론 내려졌다.

그러나 이런 설명 방식이 국어 문장 속에서 '주제'의 존재를 전면적으로 부정하는 것은 아니다. '주제' 설정 이외의 방식으로는 어떻게도 설명되기 곤란하다고 생각되는 전형적인 유형들에 대해서는 이 책에서도 주제를 인정하는 입장이다. (38)과 같은 예문에 대해서도 주제를 인정하는 방향으로 설명하였었다. 그런데 앞에서도 말한 것처럼 주제란 문장 구성 성분의 명칭이 아니다. 이것은 주제는 결합가에 따라 요구되는 것이 아니라는 말인데, 바로 이러한 점 때문에 기본 문형의 설정에 있어서는 주제의 개념을 도입하지 않으려 한다. 문형이란 서술어의 결합가에 따른 문장의 기본 골격을 의미하는 것이기 때문이다.

이제 "철수가 키가 크다"에서 '키가'를 보격보족어라고 보았을 때의

---

40) 이것은 '크다'가 상태 진술의 의미로 쓰인 경우 한 자리 서술어이고 '무섭다'가 판단 진술의 의미로 쓰인 경우 두 자리 서술어라는 결합가 특성과 관련이 있다. 물론 '크다'도 판단 진술에 쓰일 수 있고 '무섭다'도 속성 진술에 쓰일 수 있다. 그 경우 '크다'는 두 자리 서술어가 되고 '무섭다'는 한 자리 서술어가 된다.

이점을 생각해 보자.

첫째, 〔NP-이/가 NP-이/가 V〕 구문에서 두 'NP-이/가'의 도치 현상이나 분열문을 이루는 현상을 잘 설명할 수 있다. 그런데 만약 서술절을 설정하게 되면 이와 같은 명사구들의 도치 관계를 설명할 수가 없다. 그러므로 두 'NP-이/가'들의 도치를 'NP-이/가'와 'NP-을/를'의 도치 관계처럼 자연스럽게 설명하는 방식은 두 번째 'NP-이/가'를 보격보족어로 보는 것이라고 하겠다.

둘째, 2가 서술어에서 두 번째 NP의 격표지는 서술어의 종류에 따라 달리 나타나는 것이다. 가령 타동사가 서술어인 구문에서는 '을/를' 형태로, 자동사나 형용사가 서술어인 구문에서는 '이/가' 형태로, 또는 동사에 따라 '로/으로' 형태로 나타나는 현상을 볼 수 있는데, 표지를 달리하는 이들 명사구들이 서술어의 특성에서 요구되는 것이라는 점은 공통되므로 이들에 대하여 평행하게 명칭을 부여해 주는 것이 좋다. 지금까지는 목적어의 경우만이 부각되어 왔었지만 'NP-을/를'의 경우나 'NP-이/가'의 경우나 모두 서술어에 통사·의미론적으로 딸려 있다는 점은 같으므로 대격보족어, 보격보족어처럼 대등한 명칭을 부여하는 것이 좋다.41)

셋째, 이렇게 두 번째 'NP-이/가'를 보족어로 처리하면 이른바 다중 주어문이라 할 다음의 구문들을 보다 잘 설명할 수 있다.

> (48) 가. 영희는 호랑이i가 〔 ei 눈〕이 무섭다.
> 가′. 영희는 호랑이가 무섭다.

---

41) 우리의 이론 모델에서는 주어도 '주격보족어'라 하여 목적어나 보어, 기타 부사어 등과 대등한 명사구 보족어로 다룬다. 그러나 이론에 따라서는 주어 이외의 것에 대해서만 대등한 명칭을 부여하는 경우도 있다. 북한의 문법에서 목적어를 포함한 다른 보족어 성분들에 대하여 '보어'라 명명한 것도 그렇고, '보어'라는 명칭 대신 '목적어'를 '보어'에 해당하는 용어로 사용하는 문법 모델도 있다.

가″. *영희는 눈이 무섭다.
가‴. 영희는 〔호랑이의 눈〕이 무섭다.
나. 영희는 철수i를 〔 ei 어깨〕를 잡았다.
나′. 영희는 철수를 잡았다.
나″. *영희는 어깨를 잡았다.
나‴. 영희는 〔철수의 어깨〕를 잡았다.

(48가)에서의 '눈이'와 (48나)에서의 '어깨를'은 수의적 보족어이다. '무섭다'나 '잡았다'는 두 자리 서술어로서 '주체'와 '대상'만을 필수적 보족어로 요구한다. (48가′)에서처럼 '눈이'가 빠져 있거나 (48나′)처럼 '어깨를'이 빠져 있는 문장도 통사·의미적으로 완전한 구조이다. '눈이'와 '어깨를'은 대상인 '호랑이가'와 '철수를'에 대하여 의미를 상세화해 주는 기능을 할 뿐 '무섭다'나 '잡았다'의 직접적인 보족어는 아니다. 이런 점이 수의적 보족어의 특징이다.

(48가″)과 (48나″)이 성립되지 않는 것은 '눈'이나 '어깨' 같은 명사들이 통사적으로는 '대상'의 자리를 충족시킬 수 있으나 이들 명사들이 다시 의미론적으로 다른 명사항들을 요구하기 때문이다. 즉, '눈'이나 '어깨'와 같은 신체 부위 명사는 '누구의'라는 논항을 요구하기 때문에 (48가″)과 (48나″)이 불완전한 문장으로 나타나는 것이다. (48가‴)이나 (48나‴)과 같은 문장은 명사들이 제 논항 자리를 충족시키고 있으므로 문제가 없다. (48가)와 (48나)에서는 (48가‴)이나 (48나‴)에서처럼 명사들의 논항이 명시적으로 드러나 있지는 않으나 '눈이'의 앞에 '호랑이가'가 오고 '어깨를'의 앞에 '철수를'이 와서 그 뒤에 '호랑이의'나 '철수의'가 공범주로 나타나게 되었으므로 적격한 문장이 되는 것으로 설명할 수 있다.

한편 (48가″)과 (48나″)을 다음과 같이 바꾸어 보자. (48′가)에서는 '무섭다'가 대상역 하나만을 가지는 성질 형용사로 나타나 있다. (48′나)에서는 '잡다'가 '잡히다'로 피동화됨으로써 역시 대상 하나만을 요구하는 한 자리 서술어가 되었다.

> (48)′ 가. 영희i는 (〔 ei 눈〕이) 무섭다.
> 나. 철수i는 (〔 ei 어깨〕를) (영희에게) 잡혔다.

'눈이'와 '어깨를'에서 '눈'과 '어깨'가 요구하는 논항은 그 앞에 같은 의미역 성분을 가진 요소들이 '영희는'과 '철수는'으로 각각 나타나므로 공범주로 실현된다고 할 수 있다. 그리고 (48′) 문장에서 '눈이'와 '어깨를' 역시 수의적 보족어이다. 이들 성분들은 '영희는'과 '철수는'에 의해서도, '무섭다'와 '잡혔다'에 의해서도 필수적으로 요구되지 않는다. 그러므로 우리는 (48가), (48나), (48′가), (48′나)의 문장들에 대하여 주격중출이라거나 목적격중출이라고 하는 설명을 할 필요가 없다. 국어의 문장에 나타나는 성분들 중에는 수의적 보족어와 상황어도 있으므로 그런 성분들을 제거하고 기본 문형에 들어갈 필수적 성분들만을 남겨서 보면 단문 속에 주어가 둘 이상 들어 있는 문장은 없고 목적어가 둘 이상 나타나는 문장도 없다고 설명할 수 있는 것이다.

4.3.1.2. 주어의 형태 — 'NP-은/는' 주어와 'NP-이/가' 주어

형용사의 전형적이고 무표적인 주격 형태는 'N-이/가'가 아니라 'N-은/는'인데, 이 점은 형용사를 서술어로 한 다음의 발화들에서 확인된다.

> (49) 가. 장미는 빨갛다.
> 나. 장미가′[42] 빨갛다.

　　　나′. 나는 장미가 빨갛다.

(49가)와 (49나)를 비교해 볼 때 (49가)에서처럼 '장미는'이라는 주어의 형식이 쓰인 쪽이 일반적인 발화의 형태이고 (49나)와 같이 '장미가'라는 주격 형태가 나타나는 쪽은 'NP-이/가'라는 형태를 통하여 특별한 의미를 더 함의하는 문장이라고 할 수 있다. 즉 (49가)의 '장미는'은 무표적인 주어의 형태이고 (49나)의 '장미가'는 유표적인 주어의 형태라는 말이다. (49가)는 장미의 일반적 속성을 이야기하는 평이한 문장인데 반하여 (49나)는 "다른 것이 아니라 바로" 장미가 빨갛다는 사실을 새삼스럽게 인식하여 발화하거나 강조의 의미를 담아 발화하는 의미를 갖는다. 이때 이 유표적 주어에는 '강세'도 동반된다. 강세는 격표지 위에 나타나는데, 이것은 이 격표지가 유표적인 것임을 드러내는 것이라고 하겠다.

　'NP-은/는' 주어와 'NP-이/가' 주어가 이렇게 달리 해석되는 것은 사물의 속성을 나타내는 형용사 '빨갛다'가 서술어로 사용된 문장의 특질인 것으로 해석할 수 있다. 만약 '빨갛다'가 단지 속성을 기술하는 형용사가 아니고 대상에 대한 평가의 의미를 담은 형용사일 경우에는 (49나)의 문장은 (49나′)처럼 나타나고 이 경우 '장미가'는 주격보족어가 아니라 보격보족어가 된다. (49나′)의 주격보족어는 '나는'이라는 판단자이고 '장미가'는 판단 대상의 의미역을 지닌 보격보족어인 것이다.

　동사가 서술어로 쓰인 문장에서는 이와 달리 'NP-이/가' 형태의 명사구가 무표적인 주어이고 'NP-은/는' 형태의 명사구가 유표적인 주어인 것으로 간주된다. 다음 (50가)와 (50나)에서 그러한 사실을 알 수 있다.

---

42) 발화 시에 강세가 들어간다는 표시이다.

> (50) 가. 철수가 나무를 심는다.
>   나. 철수는' 나무를 심는다.

동사 '심다'가 서술어로 사용된 (50)의 문장에서 (50나)는 (50가)와 달리 강조의 의미가 들어 있는 것으로 해석된다. 즉 '철수는'이라는 주어는 단순히 행위의 주체로서만 기술된 것이 아니라 화제이며 중심으로 기술된 것을 알 수 있다. 화자가 (50가)와 (50나)의 문장 형식을 택한 기준은 단순하고 평이한 진술을 하느냐 아니면 어떤 성분을 강조하려고 하느냐로서 전자의 경우 (50가)의 예문 형식을 취하고 후자의 경우 (50나)의 예문 형식을 취하는 것이라고 설명할 수 있다. 이것이 (50나) 문장의 주어의 표지를 일반적인 주격 조사 '가'로 택하지 않고 '는'으로 택하게 한 이유라고 할 수 있다.

이러한 강조, 초점화 같은 것은 '주제화'와 근본적으로 비슷한 개념이라고 할 수도 있다. 그러나 주제화라는 설명 방식을 도입하지 않고 이렇게 무표적인 주어와 유표적인 주어라고 설명하는 것은 이것이 "주어의 주제화"라는 설명 방식과는 다른 이점이 있기 때문이다. 먼저 '이/가'와 '은/는'을 다른 층위의 요소로 다루지 않아도 된다는 점이 첫째 이점이고 (49가)나 (50나) 유형의 문장에 공범주 주어를 상정하는 번거로움을 피할 수 있다는 점이 둘째 이점이다. 또 '이/가'만이 격조사이고 '은/는'은 보조사라는 이유로 'NP-이/가'만을 주어로 본다면 (49나)보다 (49가)가 더 자연스러운 이유를 설명할 수 없는데 '이/가'와 '은/는'을 기능 면에서는 동일한 것으로 보고 다만 덧붙는 의미에 차이가 있는 것으로 본다면 이러한 문제를 설명할 수 있다는 것이 세 번째 이점이다.

'NP-이/가'와 'NP-은/는'을 동등하게 다루는 이 입장에 대해서는 논란이 있을 수 있다. 우선 '이/가'는 주격 조사이고 '은/는'은 보조사라고 보는 학교문법의 기본 입장을 그대로 따른다면 'NP-이/가'와 'NP-

은/는'은 동등함을 보장받을 수 없다는 것이다. 그러나 국어의 문장에서, 특히 형용사 구문에서 주어 자리의 'NP'에 '은/는'이 결합된 형태가 더 일반적이고 무표적이며, 또 선우용(1994)에 따르면 '이/가'에도 특수 조사적인 측면이 들어 있다고 할 수 있고 임홍빈(1972)에 의하면 'NP-은/는'만이 주제가 될 수 있는 것은 아니고 'NP-이/가'도 주제가 될 수 있으므로 '이/가'와 '은/는'을 동렬에서 다루는 것은 무리가 없다고 보는 것이다. 또 이 두 조사가 결합한 NP는 의미와 그 상세한 쓰임 면에서 차이를 가지고는 있으나 기본적으로 배타적 분포를 보이지는 않는다는 점이 우리의 논의를 뒷받침한다. 다음 예문들에서 'NP-은/는'과 'NP-이/가'의 미세한 의미 차이와 쓰임의 차이를 엿볼 수 있다.

> (51) 가. 쓸개는 쓰다. 〉43) 쓸개가 쓰다.
> 나. 고추는 맵다. 〉 고추가 맵다.
> 나'. 작은 고추는 맵다. 〈 작은 고추가 맵다.

(51가)는 일반적이고 무표적인 형용사 구문에서 'NP-은/는' 주어가 'NP-이/가' 주어보다 선호되는 것을 보여 준다. (51나)에서도 같은 현상을 볼 수가 있다. 그러나 (51나')에서 보면 유표적인 상황에서는 'NP-은/는' 주어보다 'NP-이/가' 주어가 선호되는 것을 알 수 있다. '작은 고추'라는 것은 일반적으로 '맵지' 않을 것이라고 생각될 가능성이 많은 대상이므로 그것이 '맵다'는 것(의외성)을 강조하기 위해서는 '작은 고추는'이라는 무표적인 주어의 형식이 아니라 '작은 고추가'라는 유표적인 주어의 형식이 요구되는 것이다.

이렇게 형용사 구문의 주어는 동사 구문의 주어와 달리 'NP-은/는'

---

43) 부등호는 더 일반적이고 많이 사용되는 표현 쪽이냐 아니냐를 나타내는 것이다.

의 형식이 무표적인 형식으로서 선호된다는 것을 보았다. 그런데 흔히
주격 표지와 같은 표지를 가지는 것으로 알려진 보격보족어의 경우에는
주어와 달리 'NP-이/가'가 무표적이고 일반적인 형태이며 'NP-은/는'
이 유표적인 형식으로 나타난다.

> (52) 가. 나는 영희가 예쁘다. 〉 나는 영희는′ 예쁘다.
>   나. 철수는 호랑이가 무섭다. 〉 철수는 호랑이는′ 무섭다.

(52)의 예문에서 보듯이 형용사 구문에서 보격보족어의 형태는 'NP-
이/가'가 선호된다. 'NP-은/는'이 보격보족어의 자리에 오는 경우 그 명
사구의 의미를 다른 것과 대조시키거나 강조하는 의미가 된다. 이 경우
에도 이렇게 강조된 보격보족어에 강세가 놓이는 것을 볼 수 있다.

　　이 책에서 형용사 구문의 형식이나 기본 문형을 제시할 때 주어 자
리에 'NP-은/는'을 쓰고 보격보족어 자리에 'NP-이/가'를 쓴 것은 이러
한 사실의 관찰에서 비롯된 것이다.

4.3.1.3. 주어의 의미역

　　3장에서 형용사 구문의 주어를 '판단자' 의미역을 가지는 것과 '대상'
의 의미역을 가지는 것으로 크게 둘로 나누어 보았었다.

> (53) 가. 제1 유형 NP_1-는 A
>   나. 제2 유형 NP_1-는 NP_2-이 A

제1 유형에서는 주어인 'NP_1'이 판단의 대상이고 제2 유형에서는 주어
인 'NP_1'이 판단자가 된다. 이렇게 주어(주격보족어)나 보격보족어의 의
미역을 결정하는 것은 이들 보족어와 서술어와의 의미 관계이다. 제1

유형에서는 서술어인 형용사가 어떤 대상이 지닌 본유의 속성이나 현재의 상태를 진술하는 의미를 가지므로 필수보족어로 요구되는 것은 대상역을 지닌 명사구 하나뿐인 것이다. 이때 이 대상역의 명사구가 주격보족어로 해석된다. 제1 유형에서는 형용사가 판단의 내용을 진술하는 의미를 가지고 있어서 주격보족어에 판단자의 의미역이 할당되고 보격보족어에 판단 대상의 의미역이 할당된다.

그런데 수의적 보족어까지를 고려하면 (53)의 유형은 더 세분화될 수 있고 또 형용사의 의미 유형에 따라 판단자와 판단 대상으로 나타난 명사구의 의미 관계가 다소 달라지는 것을 볼 수 있다. 이런 관계들을 고려하면 (53)의 유형은 좀 더 구분되어야 할 필요를 느낀다. 실제 예문을 통하여 이런 관계를 고찰해 보자.

먼저 수의적 보족어를 문장에 넣어서 보면 판단자가 문면에 나타나지 않는 제1 유형의 구문도 제2 유형의 구문과 외형이 흡사해질 수 있다.

> (54) 가. 소금은 맛이 짜다.
> 나. 담요는 천이 두껍다.

(54)의 예문들에서 '짜다'와 '두껍다'라는 진술의 내용은 대상이 가진 속성에 대한 판단의 의미를 담고 있다. 이러한 구문에서 판단자는 일반적인 화자이므로 문면에 나타나지 않았다. (54)의 주어인 '소금'과 '담요'는 속성 진술의 대상이 된다. 그리고 '맛이'와 '천이'는 보격보족어로서 '소금'과 '담요'의 의미를 각각 상세화하는 기능을 한다. 얼핏 보면 (54)의 구조는 (53나)와 흡사해 보이지만 (54)의 문장에서 두 번째 명사구는 서술어로 사용된 형용사가 필수적으로 요구하는 보족어가 아니다. 이들 두 번째 명사구 성분은 생략되어도 문장의 성립에 아무 이상이 없

다. 이러한 관계를 고려하면 (54)의 예문들도 (53가)를 기본 문형으로
하는 문장임을 알 수 있다.

4.3.2. 여타 보족어

이제 주격보족어 이외에 상관적 형용사 구문에 나타나는 보족어들
을 형태별로 살펴보자. 보족어의 형태와 그 의미역은 반드시 일대일로
대응하는 것은 아니므로 각 형태 속에서 어떠한 의미를 지닌 유형들이
있는지를 알아보기로 한다.

4.3.2.1. 'NP-이/가', 'NP-∅'

평가 형용사 구문에서 평가 대상을 의미하는 명사구의 형태가 'NP-
이/가' 보족어로 나타나는데 이를 보격보족어 또는 1격보족어라 이름한
다.44)

주격보족어와 보격보족어는 격 형태만을 기준으로 한다면 차이가
없어 보이는 명사구이다. 독일어에서는 둘 다 1격의 어미를 달고 나타
나며 국어에서도 '이/가' 표지는 주격 표지와 보격 표지에 두루 쓰인다.
그러므로 주격보족어와 보격보족어는 형태 면에서는 차이가 없으며 문
장 속에서의 실현 위치에 따라 구분될 수 있는 것이다.

---

44) Engel(1982)에서는 주어를 주격보족어(Nominativergänzung)라 하고 'sein, wer-
den, bleiben, scheinen' 등의 동사 뒤에 오는 주격 형태의 명사구 보어와 형용사를
아울러 '보격보족어(Nominalergänzung)'라 이름하였다. 이를 '명사보족어'라 번역하
는 일도 있는데 그것은 잘못이다. 독일어에서 'Nominal'이라는 단어는 '명사적'으로만
해석되는 것이 아니라고 한다. 이는 전통적인 영문법의 용어를 빌리면 주격 보어에 해
당하는 개념이다. "John is a good man."이나 "John is good." 같은 문장에서 'a
good man'이나 'good'에 해당하는 것이기 때문이다. 그러므로 우리는 이를 '보격보족
어'라 번역한다.

　국어에서 보격보족어에 해당하는 예는 다음 문장들에서 '이/가' 표지를 지닌 두 번째 명사구이다.

> (55) 가. 물이 포도주가 되었다.
> 　　　나. 영희가 호랑이가 무섭다.

　(55가)의 경우 '포도주가'라는 보족어가 주격보족어가 아니고 다만 격 표지가 주격보족어와 같은 형태일 뿐이라는 사실이 일찍부터 지적되어 왔고 그래서 학교문법에서도 이 '포도주가'라는 보족어에 대하여 주어가 아닌 '보어'라는 성분 명칭을 부여하여 기술하고 있다. 그러나 (55나)와 같은 문장에서는 두 번째 명사구 '호랑이가'가 무엇인가에 대해서는 학자들 간에 견해가 일치하지 않고 있는데 이 책에서는 이 '호랑이가' 같은 성분을 평가 대상을 의미하는 보격보족어라 한다.

　현행 학교문법에서는 '되다'나 '아니다'와 같은 특별한 서술어만이 'NP-이/가' 형태의 보족어를 요구하는 것으로 기술하고 있지만 실제 국어의 현실을 보면 형용사들이 그 결합가 자질에 따라 표면적으로 주격과 동일한 표지, 즉 '이/가'를 지닌 명사구를 두 개 또는 그 이상 요구하는 일이 빈번하다. 우리는 이러한 'NP-이/가' 중에서 주격보족어와 보격보족어를 구분하고자 한다.[45]

　'NP-이/가' 보족어들은 의미역을 기준으로 몇 가지 유형으로 나뉠 수 있다.

---

[45] 독일어의 경우 보격보족어는 앞에 열거한 'sein, werden, bleiben, scheinen' 등의 동사들에 국한하여 요구되는 것이지만 국어의 경우에는 여러 형용사들이 보격보족어를 요구함에도 불구하고 학교문법에서 보어를 요구하는 용언들에 관한 규정이 너무나 제한되어 있는 점은, 국어의 문법 기술이 독일어를 비롯한 외국어 문법의 기술에 너무 많은 영향을 받았기 때문이 아닌가 생각하게 하기도 한다.

(가) 평가 대상 : 나는 영이가 좋다.
(나) 지정 대상 : 나는 학생이 아니다.
(다) 소유 대상
ㄱ. 나는 돈이 없다.
ㄴ. 영이는 돈이 많다.

한편 보격보족어의 격 표지는 'Ø'로 실현되는 일이 있다. 'NP-Ø' 형태의 보족어는 '이다, 같다' 등의 제한된 형용사에 의하여 요구되며 '지정 대상'의 의미역을 가지게 된다.

4.3.2.2. 'NP-에/에게'

이 보족어는 평가 형용사 구문에서 판단자나 판단의 분야, 기준 등을 뜻하는 명사구로 나타나거나 태도 형용사 구문에서 수혜자를 의미하는 명사구로 나타나며 또 소재지나 분포의 장소를 나타내는 명사구로도 나타난다.

(가) 평가 기준(분야)
ㄱ. 인천은 서울에 가깝다.
ㄴ. 인삼은 건강에 좋다.
ㄷ. 그는 계산에 밝다.
(나) 판단자
ㄱ. 나에게는 그 일이 만족스럽다.
ㄴ. 철수에게는 영희가 가소로웠다.
(다) 수혜자
ㄱ. 영희는 철수에게 각별하다.
ㄴ. 철수는 아내에게 소홀하다.
(라) 장소

　　ㄱ. 과일이 바구니에 가득하다.
　　ㄴ. 철수는 집에 없다.

　동사 구문의 경우 'NP-에/에게'가 목표점의 의미를 띠고 나타나는 일도 있으나 형용사 구문의 경우 그 정태적인 의미 특성으로 인하여 목표점을 나타내는 'NP-에/에게' 보족어는 없다.

4.3.2.3. 'NP-와/과'

　이 보족어는 상관적 형용사의 가장 특징적인 유형인 비교 형용사에서 비교의 상대항을 의미하는 명사구 형태로 나타난다.

　　(가) 상대항
　　ㄱ. 인천은 서울과 가깝다.
　　ㄴ. 이것은 저것과 다르다.
　　ㄷ. 이것은 저것과 같다.

4.3.2.4. 'NP-에서'

　이 보족어는 '뛰어나다', '가깝다', '멀다' 등 특정 형용사 구문에서만 볼 수 있는 것으로 기본적으로는 평가 기준의 의미를 지닌 'NP-에/에게' 보족어와 큰 차이가 없다.

　　(가) 비교점
　　ㄱ. 인천은 서울에서 가깝다.
　　ㄴ. 인천은 서울에서 멀다.
　　(나) 평가 기준 : 철수는 이 분야에서 뛰어나다.

4.3.2.5. 'NP-보다'

이 보족어는 정도성의 의미를 가진 형용사에서 비교점을 나타내는
데 쓰인다.

(가) 비교점
    ㄱ. 철수는 영수보다 낫다.
    ㄴ. 영수는 철수보다 못하다.
    ㄷ. 철수가 영수보다 우세하다.

4.4. 형용사 구문의 기본 문형

그동안 형용사의 기본 문형에 관한 논의들 중에는 형용사를 한 자리
서술어인 것으로 기술하고 있는 것들이 많다. 대부분의 문법 개론서나
문형 연구들에서 "무엇이 어떠하다"를 형용사의 유일한 기본 문형으로
본 것이 그러한 입장을 말해 준다.

그러나 결합가의 관점에서 형용사들이 요구하는 보족어의 형태와
수를 고려하면 한 자리 형용사보다는 두 자리 형용사의 수가 더 많음을
알 수 있다. 수의적 보족어를 포함하면 형용사의 보족어 수는 더 많아
지지만 기본 문형을 설정하는 자리에서는 수의적 보족어의 수는 포함시
키지 않기로 한다. 상황어 역시 형용사의 결합가에 따른 성분이 아니므
로 기본 문형의 결합가 수에는 포함시키지 않는다. 다만 형용사의 의미
자질과 실제로 쓰이는 형용사 구문의 통사 구조를 더 잘 보여 주기 위
하여 기본 문형에서 보족어와 함께 제시하기로 한다.

수의적 보족어는 형태 면에서는 필수적 보족어와 매우 유사하므로

수의적 보족어와 필수적 보족어의 경계를 구분하는 것이 쉽지 않으나, 2장에서 기술한 기준을 바탕으로 수의적 보족어를 필수적 보족어와 구별하여 기본 문형에서는 괄호 '( )' 속에 넣어 제시하기로 하였다. 상황어의 경우에는 쌍괄호 '(( ))'로 묶어서 표시하기로 하였다.

주제는 결합가에 포함되지 않는 것으로 본다. 성분 주제의 경우 주제화 이전의 성분을 기준으로 보족어의 형태를 고려하여 결합가를 산정한다.

4.4.1. 기본 문형 설정의 원칙-0가 형용사 부정의 이유

동사나 형용사와 같은 서술어가 하나의 개별 단어로서 존재하는 것이 아니라 문장을 이루는 핵으로 존재한다고 할 때 통사적으로 완결된 문장 구조를 이루기 위하여 필요로 하는 명사구의 수를 서술어의 결합가라고 하였다. 그러면 국어 문장에서 서술어의 결합가 수는 어떻게 나타날까? 독일어의 경우 0가에서 3가까지의 동사가 존재한다고 하는데 국어의 경우에는 1가에서 3가까지인 것으로 설명하고자 한다.46)

그렇다면 국어에서 0가 서술어가 인정되지 않는 이유에 대해서 살펴보기로 한다. 모든 서술어가 개념적으로는 명사구 보족어를 요구한다고 생각되지만 실제로 어떤 서술어는 통사적으로 보족어를 하나도 요구하지 않아 결합가가 0가인 것으로 기술되는 예도 있다. 독일어나 영어와 같은 언어에서 비인칭 주어 'es'나 'it'를 취하는 'regen'이나 'rain'

---

46) 구체적인 내용은 후술될 것이지만 형용사의 경우에는 1가 형용사와 2가 형용사만 있는 것으로 기술하였다. 결합가 이론에서 결합가를 말할 때에는 필수적 보족어의 수만을 고려한다. '미안하다, 민망하다' 같은 태도 형용사의 경우에 세 개의 보족어가 나타나는 것으로 기술될 가능성도 없지 않으나 우리는 태도의 원인이나 이유가 되는 'NP-이/가'의 경우를 수의적 보족어로 보므로 이 형용사들에 대해서도 역시 2가인 것으로 설명한다. 3가는 동사에만 나타난다.

같은 동사들을 결합가 이론에서는 0가 서술어로 규정하고 있다. 비인칭 주어의 경우에도 통사적으로 어떠한 형태를 지니고 있음은 분명하다. 그러나 그 의미역을 규정하기 어렵기 때문에 영어나 독일어의 문법에서 비인칭 주어를 통사적 결합가에 따라 요구되는 보족어의 하나로 간주하지 않는다.

국어의 경우 어떤 '상황'이나 '사태' 등의 의미를 지닌 요소, 즉 진술의 대상이 개념적으로 요구되지만 그것을 표현하는 언어적 형태가 나타나지 않기 때문에 주어를 설정하지 못하는 문장이 있다.

(56) 불 이야![47]

(56)의 문장에서 주어는 무엇인가? '불'은 분명히 아니다. 그것은 주어에 대한 우리의 직관적 판단에 위배된다. 우리는 위의 문장에 보족어 '불'과 동일시되는 '상황'을 지시하는 주어를 상정할 수 있다. 그러나 그것은 논리·의미적으로 성립하지만 통사적으로는 성립하지 않는다. 영형태라는 것을 설정하여 그것을 주어로 인정할 수 있다면 통사적으로도 그 주어를 주격보족어로 인정할 수 있다. 그러나 필수보족어의 하나인 주격보족어가 영형태로 나타난다는 것은 납득하기 어렵다. 필수보족어는 문장 속에서 생략된다고 하더라도 복원이 가능한 것이 특징인데 영형태 주어에 대하여는 어떠한 언어 형식도 상정되지 않아 복원이 불가능하기 때문이다.[48]

---

47) 띄어쓰기는 현행 어문규범을 따르는 것이 원칙이지만 '이다'를 형용사의 하나로 간주하기 때문에 '이다' 구문의 용례를 보일 때에는 논의의 편의상 '이다'를 띄어쓰기로 하였다.
48) 윤석민(1989:2)에서는 "난 불고기요"와 같은 문장을 제시하고 그것은 "무엇을 드시겠습니까?"와 같은 물음을 상정할 때에만 그 의미를 추출할 수 있을 뿐 단독으로는 성립하기 어렵다는 언급을 하고 있는데 그런 경우에도 '난'이라는 명사구가 주어가 되지는 않는다. '난'은 주제이고 '불고기'가 1격보족어이며 '요'가 서술어(어간 '이-'가 생략된 형태임.)라

이렇게 보면 국어의 문장 중에는 주격보족어가 없는 문장도 있다는 결론이 된다. 그리고 그런 문장은 주격보족어를 필요로하지 않는 특별한 서술어에 의하여 요구되는데 그런 서술어에는 '이다'가 있는 것으로 본다.49)

그러나 국어에서 무주어문을 인정한다고 하더라도 국어의 서술어 중에 결합가가 0가인 서술어가 존재한다는 결론을 이끌지는 않는다. 왜냐하면 앞의 (56)과 같은 문장에서도 서술어 '이다' 하나만이 문장을 구성하는 것이 아니고 그 앞에 오는 '불'이 보족어로서 문장을 이루는 데 필수적으로 요구되기 때문이다.

이와 관련하여 '그러나', '그러므로', '그런데', '그렇지만' 등의 문법적 지위를 재고해 볼 필요가 있다. 이들 단어들은 학교문법에서 문장과 문장을 이어 주는 접속부사로 규정되어 있다. 그런데 이 단어들의 형태를 분석해 보면 다음과 같다.

> (57) 그러나   ― 그러하나   ― 그러하+-(으)나
> 　　　그러므로 ― 그러하므로 ― 그러하+-(으)므로
> 　　　그런데   ― 그러한데   ― 그러하+-(으)ㄴ데
> 　　　그렇지만 ― 그러하지만 ― 그러하+지만

(57)에서 보듯이 이들 접속부사들은 '그러하-'를 공통 어간으로 하는 활용의 패러다임을 보여 준다. 활용형만으로 본다면 이들 단어들을 형

고 분석하는 것이 우리의 입장이다.

49) 남기심(1968)에서는 "전보요!" 같은 예를 들어 임자말이 없이 한 개의 문장을 구성하는 것으로 보아야 할 것이라 하고, "나는 그를 만날 예정이다" 같은 경우에서 '예정이다'도 임자말이 없는 서술어라고 하였다. 이런 예를 보더라도 '이다'가 주격보족어를 취하지 않고 무표보격(1격)보족어만을 취하여 나타나는 문형을 이루는 일이 있다는 점을 확증할 수 있다.

용사로 보지 못할 이유가 없다. 그러나 우리가 이 단어들을 형용사로 보지 않는 것은 형용사의 일반적인 통사적 특질을 가지지 않았기 때문이라고 할 수 있다.

> (58) 가. 장미는 아름다운 꽃이다.
> 나. <u>그러나</u>
> 다. 세상에는 더 아름다운 꽃도 있다.

(58)에서처럼 '그러나'는 문두에서 선행 문장 (58가)와 후행 문장 (58다)를 연결하는 역할을 할 뿐 아무런 명사구 보족어도 지배하지 않기 때문이다.

(57)에 나열한 단어들에서 공통으로 추출되는 '그러하-' 부분의 의미 특성은 형용사로 쓰이는 '그러하다'의 의미와 다르지 않다. 앞 문장에 제시된 내용을 그대로 수긍하고 인정한다는 의미가 추출되기 때문이다.

이렇게 형태론적으로 형용사와 똑같은 활용형을 보이고 의미 면에서도 형용사의 속성을 가진 (57)의 단어들을 형용사라 하지 않는 것은 그 통사론적인 특성 때문이라고 할 수 있다. 이들 단어들의 통사론적 특성은 크게 두 가지로 나누어진다. 하나는 문장과 문장을 연결한다는 것이요, 다른 하나는 보족어 명사구를 지배하지 않는다는 것이다. 그러나 이 두 가지는 제대로 관찰된 특성인지 의심스럽다.

학교문법에서는 첫 번째의 특성 즉, 문장과 문장을 연결하는 기능을 중시하여 이들을 접속부사라 하였다. 그러나 이러한 '접속'의 기능은 이들 단어들의 활용형에서 어간에 교착되어 있는 연결어미에서 나오는 것이지 이들 단어들 전체에서 나오거나 어간 '그러하-' 부분에서 나오는 것은 아니다. 그러므로 (57)의 단어들이 접속의 기능을 한다고 해서 이들을 접속부사로 보는 것은 올바른 해석은 아니다.

그리고 이 단어들을 부사로 보는 것 자체에 이미 많은 문제점이 있다. 첫 번째 문제는 형태상으로 부사는 불변어인데 이들 단어들은 (57)에서 제시한 것처럼 어미 변화를 한다는 것이다. 이른바 접속부사들은 한 단어가 어미 변화를 하여 만들어진 다양한 형태들임에도 불구하고 이 일련의 형태들을 한 단어의 활용형으로 보지 않고 각각을 개별 단어로 인정하여 부사로 분류하는 것은 잘못이다. 두 번째 문제는 문장 속에서의 기능으로 보아 이들 단어들에서는 부사로서의 측면이 관찰되지 않는다는 것이다. 이들 단어들은 접속의 기능을 주로 하는 단어들이다. 부사가 접속의 기능을 가지는 것은 일반적인 현상은 아니다.50)

그렇다면 이들 단어들을 품사 분류하는 데에 가장 많이 고려된 특성은 보족어를 취하지 않은 점이라고 하겠다. 앞에서의 논의를 바탕으로 한다면 국어에서 어떠한 서술어도 보족어를 지배하지 않는 예는 없으므로 보족어를 지배하지 않는 (57)의 예들에 대해서는 문장의 서술어로 규정할 수 없기 때문에 이들을 서술어로 보지 않은 것이라고 할 수 있다. 의미상으로 보아서는 (58나)와 (58다)를 접속문으로 보고 '그러나'가 선행 문장의 서술어로 쓰였다고 할 수도 있는데 그렇게 하지 않는 이유는 (58나)에서 '그러나'의 지배를 받는 외현된 명사구 보족어가 없는 점 때문인 것이다.

여기서 다시 두 가지 문제를 생각해 볼 수 있다. 하나는 명사구가 외현되지만 않았을 뿐 기저에는 있는 것이라고 상정할 수는 없겠는가 하는 것이고 다른 하나는 명사구 보족어를 취하지 않는 것이 접속부사로 분류된 유형의 '그러하-' 활용형들에만 나타나는 특성인가 하는 것이

---

50) 고영근(1993:87)에서는 접속부사가 일반적인 부사와는 달리 문장과 문장을 이어 텍스트를 형성하는 기능을 가지고 있다는 점에서 이들을 접속부사라 하지 말고 접속사라는 독립된 품사 범주를 설정하여 넣을 것을 제안하고 있다.

다. 다음 예문을 보자.

(59) 가. 그건 <u>그러나</u> 이건 이렇다.
　　 나. 사실이 <u>그런즉</u> 어쩔 수가 없습니다.
(60) 가. 철수는 힘든 일을 끝냈다. <u>그러나</u> 철수는 만족하지 않았다.
　　 가'. 철수는 힘든 일을 끝냈다. *그것이 <u>그러나</u> 철수는 만족하지 않았다.
　　 가''. 철수는 힘든 일을 끝냈다. *아무리 <u>그러나</u> 철수는 만족하지 않았다.
　　 나. 철수는 그 일이 만족스러웠다. <u>그런즉</u> 철수는 그 일에 더 이상 매달리지 않았다.
　　 나'. 철수는 그 일이 만족스러웠다. *그것이 <u>그런즉</u> 철수는 그 일에 더 이상 매달리지 않았다.
　　 나''. 철수는 그 일이 만족스러웠다. *매우 <u>그런즉</u> 철수는 그 일에 더 이상 매달리지 않았다.

(59)는 '그러나', '그런즉'이 형용사 '그렇다'의 활용형으로 나타난 예이고 (60가)와 (60나)는 '그러나', '그런즉'이 각각 접속부사로 사용된 예이다. (59가)와 (59나)에서 형용사 '그렇다'의 결합가는 1가로서, 진술 '대상'을 주격보족어로 취한다. 그러나 (60가)와 (60나)의 예들에서 접속부사로 쓰인 '그러나'와 '그런즉'은 명사구 보족어를 취하지 못한다. (60가')이나 (60나')처럼 주격보족어를 첨가하면 비문법적인 문장이 된다. 접속부사의 예들은 외현된 주격보족어를 취하지 않았을 뿐더러 기저에 그것을 상정하기도 어렵다는 것을 알 수 있다. 그리고 (60가'')과 (60나'')에서 보듯이 '그러나'와 '그런즉'은 부사의 수식을 받지도 못한다. 이것은 '그러나'와 '그런즉'이 서술어의 자격을 갖지 않는 것을 의

미한다.

그렇다면 이렇게 보족어를 취하지 않는 '그러하다'는 접속부사로 쓰인 예들밖에 없는가? 다음 예문 (61)을 보자.

      (61) 가. 철수는 <u>그렇게도</u> 힘든 일을 끝냈다.
           가'. *철수는 <u>그것이 그렇게도</u> 힘든 일을 끝냈다.
           나. 철수는 <u>그렇듯</u> 아끼던 물건을 잃어버렸다.
           나'. *철수는 <u>그것이 그렇듯</u> 아끼던 물건을 잃어버렸다.
           다. 선생님께서 저를 <u>그토록</u> 아껴주시다니 고맙습니다.
           다'. *선생님께서 저를 <u>그것이 그토록</u> 아껴주시다니 고맙습
              니다.

(61가)~(61다)에 나오는 '그렇다'의 활용형들은 접속부사가 아닌데, 외현된 명사구를 보족어로 가지지 않는다. (61가')~(61다')이 성립하지 않는 것을 보아 주격보족어가 생략된 문장도 아니며 그것을 기저에 상정하기도 어렵다. 주격보족어를 가지지 않았으므로 국어에서 서술어는 하나 이상의 보족어를 취해야 한다는 원칙에 어긋난다. 그렇다면 이들에 대해서도 서술어로서의 기능을 인정할 수 없는 것인가?

이들을 서술어로 인정하지 않는다면 무엇이라고 해야 할까? 앞의 접속부사들의 예들처럼 활용형 하나하나를 별개의 단어로 인정하여 부사라고 해야 할 것인가? (61가)~(61다)에 나타난 '그렇게도', '그렇듯', '그토록' 같은 예들이 문장에서 어떤 기능을 하는지를 살펴보면 분명히 부사적인 쓰임이 발견된다. 이들 단어들은 바로 뒤에 나오는 서술어를 수식하기 때문이다. 그러나 이러한 기능은 앞의 접속부사들의 예에서처럼 '그러하-'에서 나오는 것이 아니고 '-게도', '-듯', '-도록' 같은 어미에서 나오는 것임이 분명하다. 그러므로 이들 활용형 하나하나를

개별 부사로 인정하는 것은 앞의 접속부사의 예와 마찬가지로 합리적인 방안은 아니라고 하겠다.[51]

그렇다면 여기서 국어의 서술어 중에는 명사구 보족어를 취하지 않아도 문장을 이룰 수 있는 것이 있다는 결론을 이끌어야 할 것인가? 다시 말하여 국어에 0가의 서술어가 있는 것으로 보아야 할 것인가의 문제가 생겨난다. (61)의 '그렇게도', '그렇듯', '그토록'을 형용사가 서술어로 사용된 예라고 보면 이러한 결론에 도달할 수밖에 없다. 이들 예는 분명히 '그렇다'라는 한 단어의 활용형이고 활용의 패러다임을 형성한다.

그러나 이들이 하나의 문장(여기서는 절)을 이끈다고 판단되지는 않는다. 의미 면에서도 이것들은 (59)의 예들에서 보는 것 같은 '그렇다'의 전형적인 의미인 '수긍'의 의미를 포함하는 것이 아니라 단지 추상적인 상태에 대해서 그냥 지시하는 의미만을 가지며 문장 속에서의 기능 면에서도 부사처럼 뒤에 나오는 용언을 수식하는 기능을 할 뿐이다. 이들 단어들이 (61가)~(61다)에서 보는 것처럼 어느 정도 활용의 패러다임을 이룬다고는 하지만 무엇보다 중요한 것은 종결형 어미를 취하는 예가 없다는 것이다. (61)의 예들은 (59)의 예들과 의미 면에서뿐 아니라 이런 점에서도 구별된다. 그러므로 우리는 (61)에 나오는 '그렇다'의 활용형들이 비록 다양한 어미 활용을 보이고 있다고 하더라도 형용사의 전형적인 쓰임인 것으로 인정하기 어렵다는 결론에 도달하게 된

---

51) 한편 '그렇다'의 예와 달리 '걸핏하면', '자칫하면', '하마터면', '아무튼', '여간해서' 같은 예들이 있다. 이 단어들은 형태상으로 보아서는 형용사의 활용형인 것처럼 보인다. 그러나 위에 제시한 것 같은 특별한 활용형만으로 쓰이며 명사구 보족어를 취하지 못할 뿐더러 의미상으로도 서술성이 없이 부사적으로만 기능한다. 그러므로 이들 예들에 대해서는 기원적으로 형용사의 활용형에서 왔으나 부사로 굳어진 예라고 설명하는 것이 훨씬 용이하다.

다. 형용사는 문장에서 의존소로 쓰여 수식 기능을 담당하더라도 그 결합가 특성에 따라 명사구 보족어를 취하는 것이 일반적이다.

> (62) 철수가 아주 그렇듯 영희도 꼼꼼하다.

(62)에서 '그렇듯'은 형용사 '그렇다'의 활용형으로 후행절을 수식하는 부사적 기능을 하고 있다. 그런데 주격보족어 '철수가'를 지배하고 상황어 '아주'의 수식도 받는다.

이렇게 보면 예문 (60)과 (61)에 나타나는 '그렇다'의 예들만이 주격보족어도 취하지 않고 상황어도 지배하지 못하는 속성을 보이는 것인데 이들에 대하여는 서술어로서의 쓰임을 인정하지 않는 방향으로 결론을 내리게 된다. 결국 국어의 문장에서 0가 서술어는 인정할 수 없다는 결론이 된다. 그리고 (60), (61)의 예문에 나오는 '그렇다'의 활용형들에 대해서는 형용사가 서술적 기능이 없이 수식적 기능만을 담당하는 한정적 쓰임의 예로 설명할 수 있을 것이다. 형용사가 주격보족어 없이 후행하는 체언을 수식하는 기능만을 하는 예로 '영락없다'와 같은 단어를 들 수 있다.

> (63) 가. 철수는 영락없는 거지꼴을 하고 나타났다.
> 　　　나. *거지꼴이 영락없다.
> 　　　다. *철수가 영락없다.

(63가)에서는 '영락없다'가 관형사형 어미를 취하여 후행 체언 '거지꼴'을 수식하고 있다. '영락없다'에 대해서는 주격보족어를 상정할 수가 없다. (63나)도, (63다)도 자연스럽게 성립하지 않는 것이다.[52]

---

52) 형용사나 동사가 이와 같이 활용형이 제한되는 예들에·대하여 김영욱(1997)에서는 불

우리는 이러한 논리를 앞의 접속부사의 경우에 적용해 보려고 한다. (59)에 쓰인 접속부사는 분명히 형용사의 활용형으로서 품사 면에서는 형용사인 점을 부정할 수 없다. 그러나 이들 예들은 명사구 보족어를 하나도 취하지 않고 문장 속에서 서술어로 기능하지도 않으며 수식어의 기능을 할 뿐이다. 그러므로 우리는 이런 예들에 대하여 형용사의 한정적 쓰임으로 규정하고자 한다. 따라서 국어 형용사는 일반적으로는 "풀이힘"이 있어 문장에서 서술어로 쓰이고 따라서 최소한 하나의 보족어를 지배하지만 특정한 몇몇 형용사들은 "풀이힘"이 없이 한정적인 쓰임만을 가지고 있다고 결론 내릴 수 있다.

이렇게 국어에서 0가 서술어를 인정하지 않는 것은 명사구 보족어를 요구한다는 점이 국어 서술어의 통사·의미론적 자질이라고 보기 때문이다. 동사나 형용사가 보족어 없이 단독으로 문장의 의미를 온전히 실현하는 일은 적어도 국어에서는 없는 것이다. 한편에서는 국어에 이른바 명사문이라는 것이 존재한다고 하여 마치 명사가 서술어로 쓰이는 문장이 일반적인 것처럼 설명하기도 하지만 우리의 입장에서는 그러한 이른바 명사문에서도 서술어는 '이다'이며 '이다'의 앞에 오는 무표지의 명사구는 명사문의 서술어가 아니라 '이다'의 보족어가 되는 것으로 설명하므로 "불 이야"처럼 주격보족어가 나타나지 않은 문장에서도 '불' 같은 무표보격(1격)보족어가 외현되는 점을 들어 '이다'를 0가 서술어로 기술하지는 않는 것이다.

4.4.2. 1가 형용사 문형

1-1. 【NP-∅ A】

완전동사라 하였다.

이 문형은 무표보격보족어 하나만을 필수보족어로 요구하는 형용사 문형이다. 이 문형에 속하는 형용사는 '이다' 하나뿐이다. 이 책에서는 '이다'를 형용사의 하나로 보고 '이다' 앞에 오는 무표형의 명사나 명사구는 보족어로 본다. '이다' 앞의 명사구에는 격표지가 외현되지 않는 특징이 있다.

'이다'를 서술격조사로 보거나 접사로 보는 논의에서는 '이다'가 선행한 'NP'와 함께 서술어라는 하나의 통사적 단위를 이루는 것으로 본다.53) 이러한 관점에 서면 이 문형에 속하는 문장은 보족어를 하나도 지배하지 않는 결과가 된다. 국어에서는 동사와 형용사가 문장을 구성하는 핵이 된다는 기본적인 사실에 비추어 볼 때 'NP'와 '이다'의 결합형은 동사인지 형용사인지 분명치 않게 되어 서술어에 'NP+이다'라는 구성 하나를 더 추가해야 하는 부담이 있다.

'NP+이다'의 정체가 무엇인지를 규정하는 일은 중요하지 않은 것이라고 할 수도 있다. 그러나 'NP+이다'를 서술어의 하나로 보게 되면, 이 외에도 서술어가 아무런 보족어 없이 단독으로 문장을 이루는 일이 국어에 있음을 인정해야 하는 결과가 된다. 즉, 국어는 0가 서술어가 존재하는 언어가 되는 것이다. 0가 서술어가 국어에 존재하게 되는 것 자체는 심각한 문제가 아니라고 할 수도 있다. 다른 언어들 가운데도 0

---

53) '이다'가 선행한 'NP'와 연결된다고 하는 것은 '이다'의 선행 명사가 관형어 등의 수식을 받는 것을 의미한다. 엄정호(1989)에서는 'X-이다'가 관형어의 수식을 받으므로 'X-이다'는 하나의 단어가 아니라고 하였다. 이것이 관형어의 수식을 받는다는 것은 이것이 한 단위의 용언이 아니라는 말인데 그 이유는 한 단어 중 일부만이 선택적으로 외부 요소의 수식을 받을 수는 없기 때문이다. 이는 어휘고도제약을 떠올리게 한다. '이다'가 접사이거나 서술격어미라고 보는 논의들은 'X-이다'가 한 단어임을 인정하는 것이므로 어휘고도제약에 위배되는 난점이 있다. 서술격조사설은 'X-이다'를 한 단어로 보지는 않았다는 점에서 어휘고도제약과 관계는 없지만 여전히 'X-이다'를 하나의 덩어리로 본다는 점에서는 비슷한 문제가 있다. X를 보족어로 보고 '이다'를 서술어로 볼 때에는 이런 문제가 해소된다.

가 서술어가 인정되는 언어들이 있기 때문이다. 그러나 'NP+이다'라는 서술어가 국어에서 0가 서술어로 존재한다고 하는 것은 국어에는 0가 서술어가 엄청나게 많이 존재한다는 것을 인정하는 말이 된다. 우리는 'NP+이다' 서술어의 목록을 가지고 있지는 않지만, 이론적으로 NP는 거의 무한한 생산성을 가지고 있다고 해도 과언이 아니므로 'NP+이다' 서술어의 목록도 거의 무한해진다.

'NP+이다'라는 구성을 하나의 서술어로 보는 것 자체에도 나름대로 많은 문제가 있다. 'NP+이다'라는 것은 'NP'가 일종의 변수로 작용해서 아주 다양한 'NP+이다'의 목록을 만들 수 있다는 것을 의미한다. 그러면 국어의 서술어라는 범주는 'NP'의 범주에 따라 규정되는 속성을 지니게 되고 서술어의 목록조차도 확립하기 어려운 상태가 되는데, 이것은 이해하기 어려운 일이다. 대개 어떤 성분으로 사용되는 것은 단어의 범주와 일치하는데 국어에서 이 'NP+이다'를 서술어로 인정하면 어떤 단어의 범주가 다른 단어의 범주에 거의 종속적이 되어 버리는 결과를 낳는 것이다. 그러므로 '이다'는 독립된 요소로 보아야지 선행 NP에 종속된 것으로 볼 수 없다는 생각이다. '이다'를 서술격조사라고 보는 논의와 '접사'라고 하는 논의는 '이다'를 선행 요소에 종속되는 것으로 보는 논의이므로 그런 점에서 받아들일 수 없는 것이다.

서술격어미설은 일면은 서술격조사설을 달리 말하는 성격의 것으로 해석되기도 하고[54] 다른 한편으로는 '이다'를 그 선행 요소와 함께 활용하는 단어로 인정한다는 것으로 받아들일 수도 있다. 어느 쪽이든 이 학설의 난점은 '명사의 서술성'이라는 개념에 있다. 문장 속에서 명사의 본유적인 성격은 서술어가 요구하는 논항으로 기능하는 일이다. 그런데 명사에 서술어미가 붙어 그것이 한 덩어리로 문장의 서술어 기능을 한

---

54) '격어미'를 '격조사'와 같은 개념으로 쓰는 문법 모델에서 그렇다.

다는 것은 명사의 본래 기능과 맞지 않는 것이다.

서술격조사설도 단지 분석적 관점에서 '이다'를 조사라 하여 다른 단어로 인정한다는 것뿐이지 선행 요소와 분리시켜 보는 것이 아니다. 이러한 설명은 국어에 괴이한 조사 하나를 더 인정해야 하는 부담까지도 지닌다. 국어에서 격을 표현하는 형태를 조사라 보았기 때문에 서술격조사를 설정하는 방법이 선택되었다고 할 수도 있지만 '서술격'이라는 용어 자체에는 또 다른 문제가 있다.

격은 서술어가 명사에 대하여 지니는 관계를 나타내는 것이며 서술어가 명사에 부여하는 것이다. 그런데 서술격조사는 그것이 결부된 형태인 한 단위의 서술어가 자기 단위의 일부인 명사에 격을 부여하는 결과가 되므로 논리적으로 모순이 있다.

서술격어미설과 서술격조사설의 공통된 문제점은 어미나 조사가 그 앞에 오는 요소의 품사적 속성을 바꾼다는 데에 있다. 이러한 기능은 접사에서나 볼 수 있는 것이다. 그러면 '이다'는 접사인가? 이러한 주장은 최근의 논의들에서 큰 비중을 차지하고 있다. 여기서는 시정곤(1993)의 논의를 중심으로 그 문제점을 살펴보기로 한다.

시정곤(1993)에서는 '이다'의 '이-'를 용언 어간으로 볼 수 없는 이유를 네 가지로 제시하면서 그 문제점을 해결하기 위해서는 '-이-'를 접사로 보아야 한다고 하고 있다. 접사는 일반적으로 단어 형성을 하는 것인데 '-이-'에는 단어 형성의 기능은 없으므로 파생접미사가 아닌 통사적 접사이며 그중에서도 어간형성접미사(특히 용언화접미사)라고 규정하고 있다.

시정곤(1993)에서, '이-'를 용언 어간으로 본 기존의 논의들을 반박한 근거들에 대해서는 차례차례 다시 반박을 할 것이지만 우선 시정곤(1993)의 결론에 대해서도 그 자체로 어떤 모순점이 드러남을 알 수 있다. 우선 용어의 개념 문제가 불투명하다. 시정곤(1993)에서는 파생과 굴절을 구분하지 않고 '접사'라는 용어를 쓰고 있다. 그런 뒤 다시 파생접사와 굴절접사를 구분하는 것이다. 그러면서도 어기라든가 어근이라는 '접사'에 대응되는 용어를 쓰지 않고 '어간'이라는 용어를 쓰고 있는데 이 '어간'이 무엇인지가 불투명하다. 아무튼 접사에는 파생접사와 굴절접사가 있다고 하였는데 이 중에 굴절접사는 '어미'와 같은 의미로 사용하고 있으면서 다시 굴절접사를 통사적 접사라는 명칭으로 바꾸고 있다. 결국 시정곤(1993)에서 말하는 통사적 접사란 전통적인 용어로 어미와 같은 것이라고 하겠다. 통사적 접사의 실례로 제시된 것이 다음과 같은 점이 이러한 해석을 뒷받침한다.

      (64) 〔〔영희가 〔밥을 먹〕었〕다 (시(6))[55]

(64)의 예에서 XP에 부착되는 '-었-'과 '-다'를 통사적 접사라고 하였다. 이 두 가지 예는 전통적으로 용언의 활용어미로 알려져 있던 것이다. 그리고 이 '-었-'과 '-다'는 성격이 다른데, 그것은 전자의 경우 또 다른 접사를 동반할 수 있지만 후자는 그렇지 못하기 때문이라고 하면서 이 차이를 고려하여 전자의 경우를 어간형성접미사라고 하고 후자를 굴절접사라고 한다고 하였다.

    결국 '이다'의 '이-'를 어간형성접미사라고 보는 것은 '이-'를 선어말어미 '-었-'과 같은 범주의 것으로 보는 것이라 하겠다. 이것은 '-었-'이 그 뒤에 다시 접사인 '-다' 등을 동반하는 것과 같은 성격을 '이-'가 가지고 있다는 점에 착안한 것이라 하겠는데 '이-'의 선행 요소와 '-었-'의 선행 요소가 얼마나 다른 것인지에 대한 배려가 전혀 없다는 점이 아쉽다.

---

55) 시정곤(1993)의 예문을 가져옴. 괄호의 짝이 맞지 않는다.

그리고 이렇게 보면 시정곤(1993)에서 말하는 '-이-'란 결국 선어말어미가 되고 만다.

문제는 '-었-'을 어간형성접미사라고 본 점에서 이미 싹튼 것이다. '-었-'의 선행 요소는 '-었-'이 있기 전에 이미 어간이었고 '-었-'은 어간을 만드는 어떠한 기능도 가지고 있지 않다는 것이 문제다. 시정곤(1993)에서 '접미사'를 '어미'의 의미로 쓰고 있으면서 '어간형성접미사'라는 말을 한다는 것은 "어미가 부착하여 어간을 이루는", 있을 수 없는 일을 기능으로 하는 문법 요소를 상정하는 것과 같다.

그리고 어간형성접미사는 굴절하지 못하고 다만 새로운 어간을 만드는 접미사인데 새로운 어간을 만든다는 것은 단어를 만든다는 것은 아니라고 하였다. 이 논의의 과정을 제대로 좇아가면 어간형성접미사가 새로운 어간을 만들지도 않거니와('먹-'과 '먹었-'이 다른 어간이라고 생각할 수 없으며 실제로 '먹었-'은 어간도 아니다. '먹었-'을 어간이라고 하는 것은 우리의 문법 체계를 송두리째 흔들어 놓는 일이다.) 만약 새로운 어간을 만든다면 그것은 다른 단어를 만드는 것을 함의해야 하는 것이 아닐까?

'용언화접미사'라는 용어는 다시 한번 혼란을 가중시킨다. 용언화접미사를 어간형성접미사의 하나라고 하였으면서 어간형성접미사는 단어를 만드는 것이 아니라는 말은 모순에 모순을 거듭한다. '용언화'라는 용어 자체가 용언이 아닌 것을 용언으로 만든다는 뜻인데 용언이 아닌 것이 용언으로 되었다면 이것이 어째서 단어를 만든 것이 아닌 게 되는가? 이것은 '파생'의 전통적 의미를 회피하려는 책략으로밖에 해석할 수 없다. 시정곤(1993)에서 '-이-'를 파생접사가 아닌 통사적 접사라고 하여 놓고 그러면 이 접사는 단어 형성을 하는 것이 아니므로 새로운 단어를 만들 수 없는 것이어서 마치 '-이-'를 선행 요소에 접미시켜 그 선행 요소, 즉 용언이 아닌 체언을 용언으로 만든다고 하면서 이 용언화

가 새로운 단어를 만드는 것이면 '-이-'가 파생접사가 되는 꼴이 되므로
그것을 회피하기 위하여 용언화를 하였으되 새로운 단어를 만든 것은
아니라고 강변하는 것은 자가당착이 아닐 수 없다.

어간형성접미사의 예로 들어 놓은 '-었-'과 '-이-'의 공통점은 뒤에
오는 어말어미밖에 없다. 이 점에 착안하여 '-이-'를 (용언)어간을 만드
는 접사라고 하는 것은 '-이-'를 선어말어미의 하나로 만드는 것과 마찬
가지의 문제점을 안는다. 그리고 '-이-'의 뒤에 다시 '-었-'이 올 수 있다
는 기초적인 사실이 시정곤(1993)에서는 간과되어 있다. '-이-'는 그 자
체로 용언의 어간이다. 이것은 '-이-'가 '-었-'과 같은 형태론적 특징을
보이는 요소가 아니라 '먹-'과 같은 형태론적 특징을 보인다는 점에서도
알 수 있다. 이렇게 어간을 접사라고 하여 놓고 이 접사가 붙어서 어간
이 이루어진다고 하는 것은 설명의 번잡함과 모순을 자초할 수밖에 없
는 논의라고 여겨진다.

결국 시정곤(1993)이 안고 있는 모순은 '-이-'를 접사라고 규정한 자
체 안에 잉태되어 있었던 것이다. 새로운 단어를 만드는 요소가 아닌
'이-'를 새로운 단어를 만드는 요소를 지칭하는 '접사'라고 이름하여 놓
고 이때의 접사는 새로운 단어를 만드는 기능을 하는 것은 아니라고 한
다면 이것은 앞뒤가 맞지 않아 논리적인 설득력을 잃게 된다.

시정곤(1993)에서는 '이다'의 용언설이 가지는 문제점을 지적한 뒤
그 문제점을 해결하기 위해서는 접사설을 받아들여야 한다고 하였는데
그 접사설이라는 것 자체가 얼마나 부당한지에 대해서는 이상의 설명만
으로도 어느 정도 납득이 되었으리라 본다.

이제 시정곤(1993)에서 '이-'의 용언 어간설을 비판한 근거들이 얼
마나 타당성이 있는 것인지를 살펴보기로 하자. 시정곤(1993)에서는
'이-'가 용언 어간이라는 점은 다음 네 가지의 의문 때문에 받아들여질

수 없다고 하고 있다. 그것을 그대로 제시하면 다음과 같다.

> (65) ㄱ. 왜 '-이-'의 선행 명사구가 격표지를 갖지 못하는가?
> ㄴ. 왜 '-이-'와 신행 명사구 사이에 어떠한 요소도 삽입될 수 없는가?
> ㄷ. 왜 '-이-'는 구개음화의 환경이 되는가?
> ㄹ. 왜 '-이-'는 음운론적 환경에 의해 생략 가능한가?

(65ㄱ)의 문제는 "철수는 학생이다"만이 가능하고 "*철수는 학생{이/을/과/에…} 이다"가 불가능한 점을 지적한 것이다. 이 사실에 대하여 그동안 '이다'의 보족어로 쓰인 두 번째 명사구는 격표지를 갖지 않는다는 점이 많이 지적되어 왔고(김창섭 1992) 격표지가 외현되지 않은 것은 내재적 주격표지가 음운론적 환경 때문에 나타나지 못하였을 가능성이 있다는 설명(졸고 1991)[56]과 형태론적 제약 때문이라는 설명(엄정호 1989) 등이 있어 왔다.

　시정곤(1993)에서는 격표지가 실현되지 않는 현상 자체에만 주목하거나 형태론적 제약 때문이라고 그 이유를 설명하는 것에 대하여 문제를 해결하는 것이 아니라 회피하는 것이라고 비판하고 있다. "문제의 해결을 위해서는 왜 '-이-'의 인접한 논항이 격을 갖지 못하는가, 그리고 형태론적 제약이라면 그 제약은 왜 생기며, 어떠한 제약인가를 밝혀야 할 것이다. 이에 대한 명확한 설명이 없는 논의는 더 이상 설득력을 가지지 못할 것이다"라고 하였는데 형태론적 제약이라는 설명에 대하여

---

56) 졸고(1991)의 논의는 내재적인 격 형태가 주격임에 주목하고자 한 것이지 보족어의 외적 형식 자체를 'NP-이' 형태로 보고자 한 것은 아니다. 그리고 격 형태를 '주격'이라고 한 것은 일반적으로 주격조사로 알려진 '이/가'의 형태라는 것만을 중립적으로 언급한 것이다. 이 책에서는 '이다' 앞에 나오는 명사구를 주격보족어라고 하지 않고 보격보족어라고 하였다.

그 제약이 생기는 이유를 밝혀야 한다고 한 것은 그 자체가 모순이다. 어떤 제약이 특정한 형태에만 국한하여 나타날 때 우리는 그것을 형태론적 제약이라고 한다. '가다'의 명령형이 '가거라'인 이유를 형태론적 제약의 하나로 설명할 수 있는데 이에 대하여 그런 제약이 생기는 이유를 밝혀야 한다고 하는 것은 비판을 위한 비판이라고 할 수밖에 없다.

그리고 '이-'에 인접한 논항이 격을 갖지 못한다고 지적한 것은 잘못이다. 격을 갖지 않은 것이 아니라 격표지가 외현되지 않은 것일 뿐이며 내재적 격이 주격 형태로 해석된다고 하는 것은 널리 받아들여지고 있는 사실이다. 첫 번째 의문에서 가장 중요한 것은 그 의문이 과연 '이다'를 용언으로 받아들일 수 없게 하는 것인가 하는 문제이다. 다시 말하여 '이다'의 선행 명사구에 격표지가 외현되어 있지 않다는 사실이 '이다'를 용언으로 보면 안 되게 하는 근거가 되느냐 하는 것이다.

국어의 격표지는 문법적·문법외적 사실들 때문에 빈번히 생략되는 특징을 가지고 있다. 격표지가 외현되지 않은 사실에 대한 해석도 학자들마다 달라서 외현되지 않았으면 격 자체가 부여되지 않은 것이라고 보는 학자도 있지만 대부분은 부정격이니 절대격이니 하는 것을 인정하는 방향으로 논의가 진행되고 있다. 그렇다면 Ø도 하나의 격표지로 보는 방법이 얼마든지 가능한데 '이다'의 선행 명사구에 대하여 격표지가 없다거나 격 부여 자체가 되지 않았다고 하는 것은 잘못이다. 그러므로 '이다'의 선행 명사구에 격표지가 적극적으로 나타나 있지 않는 점은 '이다'가 용언이 아닌 근거가 될 수 없다고 하겠다.

시정곤(1993)에서는 "국어의 격 부여가 S-구조에서 이루어진다고 가정하면, '-이-'의 인접 명사구가 격을 부여받을 수 없는 이유는 이와 같이 핵 이동을 통해 설명이 가능하다"고 하였는데 격 부여가 S-구조에서 이루어진다는 가정이 과연 받아들여질 수 있는 것인지도 의심스럽다. 이 문제는 아직도 논란거리로 남아 있는 것이기 때문이다.

(65ㄴ)의 의문은 일반적인 용언 어간의 경우에 그것이 논항으로 취하는 선행 명사구와의 사이에 다른 수식 성분 등이 개입할 수 있으나 '이다'의 경우에는 그렇지 못하다는 점에 착안한 것이라고 해석된다. 그래서 바로 이 점이 '-이-'가 접사라는 중요한 근거가 된다고 하였다. 소위 분리 가능성이 없다는 점이 '-이-'를 접사로 보게 하는 근거로 제시되고 있는 것이다. 그러나 이렇게 밀접한 연쇄를 이루는 점이 '이다'와 그 선행 명사구를 별개의 단어로 볼 수 없게 하지는 않는다. 단어와 단어의 연쇄에서도 우리는 이런 정도의 밀착 현상을 얼마든지 볼 수 있기 때문이다. 가령 관형사와 명사의 연쇄에서나 명사와 의존명사의 연쇄 등에서 그런 현상을 볼 수 있다.

(66) 가. 새 신
　　　가′ *새 깨끗한/예쁜 신
　　　나. 철수 때문에
　　　나′ *철수 반드시 때문에

(66가′)은 (66가)의 두 요소, 즉 관형사와 명사라는 별개의 단어 사이에 아무 것도 개입될 수 없음을 보여 주고 (66나′)은 (66나)의 명사와 의존명사 사이에 다른 요소가 들어갈 수 없음을 보여 준다. 이런 점에서 '이다'가 다른 부사 성분의 수식을 받지 않는 것은 '이다'의 의미 특성으로 돌려야 할 일이지 '이다'가 용언이 아닌 접사이기 때문이라고 설명할 근거는 안 된다고 본다. 더구나 '아니다'를 '아니'와 '이다'의 합성으로 본다면 '이다'의 선행 명사구가 '-이-'와 분리되지 않는 성질을 가진다고 말할 수는 없을 것이다.

(65ㄷ)의 문제는 "이것은 논이고 저것은 밭이다"에서 '밭이다'에 구

개음화라는 음운 현상이 적용된다는 점에 착안하여 '밭'과 '이다' 사이에는 단어 경계가 아니라 형태소 경계가 있음이 확인된다고 한 것이다. 그러나 이 현상은 뒤집어 말하면 '밭이다'가 '밭이+이다'로 나누어질 가능성을 제시할 수도 있어 오히려 위에서 제기한 ㄱ의 문제를 해소시키는 결과를 낳을 수 있다. 이런 점 때문에 '밭'과 '이' 사이에 형태소 경계가 있다는 사실은 '이다'를 접사로 보게 하는 적극적인 증거는 될 수가 없다.

(65ㄹ)의 문제도 음운론적인 것이다. '-이-'의 생략은 선행어의 음운론적 환경에 의하여 결정될 수 있는 것인데 이런 생략이 접사에서는 일어날 수 있으나 어간에서는 일어날 수 없다고 하는 것이 그 논점이다. 여기서 접사의 예로 들고 있는 것은 소위 격조사들과 부사형어미 '-아/어', 시제 형태소 '-았/었-' 등이고 어간의 예로 들고 있는 것은 "수박 이고 가는 처녀"의 예에 나오는 '이다(戴)'이다.57) 용언 어간인 경우에는 접사의 경우와 달리 음운론적 환경에 따라 어간이 생략되지 않는다는 것이다.

그런데 여기에 제시된 접사의 예가 '이다(是)'의 경우와 어떻게 비교될 수 있는지 의심스럽고 또 '이다'의 어간 '이-'가 같은 환경에서 일률적으로 생략되지는 않는 예를 무시해 버린 점이 아쉬운 점으로 지적될 수 있으며58) '이-'의 생략이 필수적인 것이 아니라는 사실에 주목하지 않

---

57) "이것은 수박이다/이것은 사과다"와 달리 "수박 이고 가는 처녀"는 성립하나 "*수박고 가는 처녀"의 예는 성립되지 않는다고 하고 있으나 음운론적 환경을 보여 주는 예로 되려면 '이다(戴)'의 경우도 '이다(是)'의 경우와 평행하게 "*사과고 가는 처녀" 식으로 기술되는 것이 옳다. "*이것은 수박다"도 성립하지 않기 때문이다.

58) '*바본 철수'의 예가 각주에 언급되어 있을 뿐 이에 대한 설명이 없다. 시정곤(1993)에서 동궤의 것으로 설명하고 있는 조사나 각종 어미들의 쌍과 비교해 보면 '이다'의 어간 생략이라는 것이 다른 어미류들처럼 이형태 관계로 설명될 수 있는 것이 아니라는 점이 금방 드러나는데 이렇게 간단히 언급하고 넘어간 것은 문제 자체를 무시해 버린 듯한 인상을 준다.

은 것도 문제가 된다. 그리고 용언의 어간도 환경에 따라 생략되는 일
이 있는지를 폭넓게 관찰하지 않은 결과 이런 결론에 도달한 것으로 보
인다. 가령 '넉넉하-'라는 어간에 '-지'가 결합하면 '넉넉지'가 된다든가
'먹어야 하겠다'가 '먹어야겠다'가 된다든가 하는 것은 어간이 생략되는
일이 국어에서 그리 드문 일이 아니라는 것을 보여 준다.

또한 '이다'의 어간 '이-'의 생략은 위에서 제시한 것처럼 순전히 음
운론적인 조건에 의해서만 발생하는 것도 아니다. 다음 예문 (67)은 받
침 없는 체언 뒤에서도 '이-'가 줄어들 수 없는 일이 있음을 보여 준다.

> (67) 가. 이것이 풀이다/나무다
>   나. 이것이 풀일 경우/*나물 경우/나무일 경우

(67가)에서 '이-'는 생략되었지만 (67나)에서는 똑같은 환경에서 '이-'
가 생략되지 않았다. 우리는 '이다'의 어간 '이-'가 생략되는 현상을 그
기능 부담량이 적은 점과 잉여적인 특성에 기인하는 사실로 설명하고자
한다.[59] 가령 '-어야 하다'와 같은 구성에서 '하-'라는 용언의 어간이 줄
어드는 경우를 살펴보자.

> (68) 가. 나는 밥을 먹어야 하겠다/먹어야겠다.
>   나. 철수는 밥을 먹어야 한다/*먹어얀다.

(68가)에서는 어간 '하-'가 줄어들었으나 (68나)에서는 '하-'가 줄어들
지 않았다. (67가)의 '이-'가 줄어들고 (67나)의 '이-'가 줄어들지 못하

---

59) 기능 부담량이 적다는 것은 '이-'가 어휘적 의미를 많이 가지고 있지 않다는 것이고 잉여
    적이라는 것은 선행 명사구 뒤에 어미가 바로 올 경우 '이-'가 들어 있음을 추측할 수 있
    다는 것이다.

였던 것과 표면적으로 같은 양상을 보여 준다. (67나)의 경우 '이-'가 단독으로 음절을 이룬 것이 아니라 다른 어미 요소와 함께 한 음절을 이루고 있고 (68나)의 경우에도 '하-'가 단독으로 음절을 이룬 것이 아니라 어미와 결합하여 한 음절을 이루고 있다. 이런 점에서 (67나)와 (68나)의 어간은 생략될 수 있는 선결 요건이 갖추어져 있는데도 불구하고 생략을 일으키지 않는 것이다.

이 경우를 바로 '이다'의 어간 '이-'의 줄임과 비슷한 관점에서 설명해 볼 수 있을 것이다. '-어야겠다'에서 '-겠-'이 그 앞에 '하-'가 온다는 사실을 충분히 예측하게 하고 '하-'의 의미가 어휘적인 면보다 거의 기능적인 면에 치우쳐 있다는 점이 '하-'를 문장 표면에 나타나지 않게 하는 것과 마찬가지로 '이-'의 경우에도 어미의 형태만으로도 어간 '이-'가 선접해 있는 사실을 충분히 예측할 수 있을 때, 그리고 음운론적으로 문제가 없을 때 의미 기능 부담량이 적은 '이-'는 생략될 가능성이 많아지는 것이라고 하겠다. 그러므로 음운론적인 조건은 '이다'의 어간 '이-'의 생략에 선결 조건이 되기는 하나 핵심적인 조건은 아닌 것이다.

이상의 논의를 통하여 '이다'를 형용사로 보는 입장이 어느 정도 분명해졌다고 가정하고 형용사 구문의 기본 문형에 대한 논의를 계속하기로 한다. 다음 (69)는 한 자리 형용사 '이다'가 이루는 문장의 예이다.

> (69) 가. 불 이야!
> 나. ((아이구)), 시어머니 야.
> 다. 항공모함 이다!
> 라. 커피 ((두 잔)) 이요.

(69)의 각 예문들은 주격보족어로 표현될 화용적 상황이 존재하지 않는 것은 아니지만 그 상황이 명시적으로 명사구의 형태로 나타나는 일

은 없으므로 이 경우의 '이다'는 하나의 보족어만을 요구하는 형용사로 본다. '이다'의 더 일반적인 의미는 '지정'으로서, 두 명사구를 일정한 관계로 연결하는 속성이 있지만 (69)의 경우에는 '이다'가 단순한 '지시'라는 기능적 의미만을 가지고 하나의 보족어만을 요구하는 형용사로 나타난 것이다.

1-2. 【 NP-는 (NP-보다) (NP-이) A 】

이 문형에 속하는 형용사는 '넓다, 쓰다, 짜다, 크다, 밝다, 예쁘다, 좋다, 두껍다, 얇다, 씩씩하다, 쓸쓸하다, 우울하다, 아담하다, 가늘다, 가냘프다, 수상하다, 서글프다, 순박하다, 서늘하다, 숭고하다, 왕성하다, 가능하다, 가파르다, 인색하다, 이롭다, 너그럽다, 흡족하다, 아프다……' 등이다. 이들 형용사는 일반적으로 대상의 성질이나 상태를 특별한 주관의 개입 없이 진술하는 의미를 지닌다. 실제 예문을 들면 다음과 같다.

> (70) 가. 소태는 (약보다) (맛이) 쓰다.
> 나. 축구공은 (야구공보다) (크기가) 크다.
> 다. 철수는 (영수보다) (키가) 크다.
> 라. 철수는 (영수보다) (표정이) 밝다.
> 마. 담요는 (이불보다) (두께가) 얇다.
> 바. 철수는 (영수보다) (기상이) 씩씩하다.
> 사. 영희는 (순희보다) (마음이) 쓸쓸하다.

(70)은 그동안 가장 전형적인 형용사 구문의 예로 다루어져 왔던 것인데 이 책에서는 수의적 보족어의 개념을 도입하여 이 문형의 실례를 상세화하여 보았다. 이 문형에서 첫 번째 보족어인 'NP-은/는'은 서술어

로 나타난 형용사의 '진술 대상'이다. 문장성분으로 말하자면 주어임이 틀림없지만 이 형용사의 주어는 의미역상으로 '진술 주체'가 되지 못하고 일반적인 진술, 즉 주관이 개입되지 않은 진술의 '대상'이 될 뿐이다.

두 번째 자리의 'NP-보다'는 서술어가 '정도성'의 의미 자질을 가지고 있기만 하면 문장에 나타나는 것이 허락된다. 그러므로 거의 대부분의 형용사 구문에 나타날 수 있다. 그러나 문형 〈2-6〉에서처럼 '낫다'와 같은 특별한 부류의 형용사가 서술어로 나타나거나 정도성의 부사가 'NP-보다'를 요구하지 않는 한 그 출현이 수의적이다. 바로 이 점 때문에 〈2-6〉에 나타나는 'NP-보다'를 제외한 모든 'NP-보다' 성분을 수의적 보족어로 규정하였다.

'NP-이/가'로 나타난 세 번째 명사구, 즉 보격보족어는 이 성분이 결여되었다고 하더라도 문장의 통사론적 성립 자체에 이상을 주지는 않으므로 수의적 보족어라 한다.

4.4.3. 2가 형용사 문형

2-1. 【NP-는 (NP-보다) NP-Ø A 】

이 문형에 속하는 형용사로는 '이다, 같다, 답다'를 들 수가 있다. '답다'는 기원적으로 접미사로서 형용사를 파생시키는 기능을 하여 왔으며 현대국어에서 그 단어 파생력은 줄었으나 '-답다'가 후접된 형태의 형용사는 아직도 많이 쓰이고 있다. 여기서 논의하는 '답다' 구문은 그런 파생 형용사의 일부로서 나타나는 '-답다'를 의미하는 것이 아님은 물론이다. 우리가 '답다'를 하나의 용언, 특히 '이다'와 유사한 통사적 특성을 지닌 형용사의 하나로 보는 것은 다음 (71)과 같은 예문들에 쓰인 '답다'의 경우이다.

(71)　가. 영희는 참으로 많이 배운 사람 답다.
　　　나. 철수는 결혼한 남자 답다.
　　　다. 김 선생님은 명문 대학의 교수 답다.
(71)′　가. 영희는 참으로 많이 배운 사람 이다.
　　　나. 철수는 결혼한 남자 이다.
　　　다. 김 선생님은 명문 대학의 교수 이다.
(71)″　가. 영희는 참으로 많이 배운 사람 같다.
　　　나. 철수는 결혼한 남자 같다.
　　　다. 김 선생님은 명문 대학의 교수 같다.
(71)‴　가. 영희는 참으로 많이 배운 사람이 아니다.
　　　나. 철수는 결혼한 남자가 아니다.
　　　다. 김 선생님은 명문 대학의 교수가 아니다.

(71)은 (71)′을 전제로 한 표현으로, 의미상으로는 (71)′이 객관적인 규정의 내용만을 담은 진술인 데 반하여 (71)은 화자의 주관적인 판단이 담긴 진술이라는 차이가 있다. (71)′의 발화는 객관적 사실에 위배해서 말하면 거짓이 된다. 그러나 (71)과 같은 판단은 화자 나름의 주관적 기준에 따른 것이므로 다른 근거에 의하여 참 거짓을 가릴 수 없다.

이렇게 화자의 주관적인 판단에 따른 진술이라는 특징에서는 '답다'와 '같다'가 매우 유사하다. (71)의 문장을 그대로 가져와 '답다' 자리에 '같다'를 대치시켜도 문장은 그대로 성립한다. (71)″이 그것이다. 그러면 '답다' 구문과 '같다' 구문의 의미상의 차이는 무엇인가? '답다' 구문과 '같다' 구문의 차이는 전제가 다르다는 데 있다. (71)이 (71)′을 전제한 표현이고 따라서 (71)′이 거짓이면 성립될 수 없는 표현이라고 할 때 (71)″ 구문은 (71)′이 전제되지 않은 경우에만 가능한 표현이다. 이때의 '전제'란 물론 외부적 사실로서의 전제이지만 여기에는 "화자가 판단한"이라는 단서가 붙는다. 화자가 (71)′의 내용을 알고 있을 때 (71)이 아닌 (71)″을 실현시키는 것은 불가능하다. 다시 말하여 화자는 자신이 알고 있는 한 (71)′이 아님을 전제하여 (71)″을 실현시키는 것이다. 그러므로 (71)″의 전제는 (71)‴이 된다. '아니다'는 '이다'의 부정문인 것을 당연히 받아들이고 있지만, '이다'와 '아니다'의 공통점은 '답다' 및 '같다'와 달리 객관적 사실의 진술이며 주관적 판단이 배제된 표현이라는 점에서 찾을 수 있다. 실제 예문은 다음과 같다. 이 문형에서는 두 번째 필수보족어가 무표보격보족어라는 점이 특징적이다. 다음에 제시할 〈2-2〉의 구문과 차이가 나는 것은 바로 이 점이다.

> (72) 가. 철수는 신사 이다.
> 　　가.′ 철수는 (누구보다) 신사 이다.
> 　　나. 철수는 신사 같다.
> 　　나′. 철수는 (누구보다) 신사 같다.
> 　　다. 철수는 신사 답다.
> 　　다′ 철수는 (누구보다) 신사 답다.

이 문형을 이루는 형용사들은 두 명사구 보족어를 연결하는 의미 특성을 지니고 있다. (72가)에서 '이다'는 "철수=신사"를 그 의미 내용으로 하고 있고 (72나)에서는 "철수≠신사"이나 철수가 '신사'의 속성을 많이 가지고 있음을 표현하고 있다. (72다)에서는 "철수=신사"를 전제로 철수가 '신사'의 속성을 많이 가지고 있다는 의미를 표현한다.

2-2. 【NP-는 (NP-보다) NP-이 A】

이 문형은 필수적 보족어로 'NP-은/는'과 'NP-이/가' 두 형태를 요구하고 'NP-보다'를 수의적 보족어로 지배할 수 있는 형용사가 중심이 되어 구성된다. 이 문형에 속하는 형용사로는 '아니다, 있다, 없다, 많다, 틀림없다, 분명하다, 간지럽다, 고프다, 아프다……' 등을 들 수 있다. 제1 명사구와 제2 명사구가 모두 '대상'의 의미역을 가지면서 제2 명사구의 출현이 필수적이라는 데에 이 문형의 특징이 있다. 이 문형에서 두 번째 필수보족어의 조사가 생략될 수도 있으나 이 문형을 〈2-1〉과 통합하여 기술하지 않은 것은 기본적으로는 조사의 형태가 존재하는 것으로 보았기 때문이다.

> (73) 가. 철수는 (그 누구보다) 학식이 있다.
> 　　나. 철수는 (영희보다) 초보자가 아니다.
> 　　다. 철수는 아는 것이 많다.
> 　　라. 나는 발등이 간지럽다.
> 　　마. 이것은 그의 작품이 틀림없다.
> 　　바. 그것은 거짓임이 분명하다.

(73)의 예문에서 첫 번째 명사구 'NP-은/는'은 주격보족어, 두 번째 명사구 'NP-이/가'는 보격보족어가 된다. 이 문장들은 두 번째 보족어가 없으면 완전한 문장이 될 수 없다.

2-3. 【NP-는 NP-이 (NP-이) (NP-보다) A】

'좋다, 싫다, 예쁘다, 가엾다, 불쌍하다, 슬프다, 피곤하다, 무섭다, 귀엽다, 크다, 가파르다, 수상하다, 가늘다, 그립다, 부럽다, 같잖다……' 등이 이 문형을 이룬다.

> (74) 가. 나는 영희가 (항상 웃는 것이) (철수보다) 좋다.
> 　　나. 나는 장미가 (색깔이) (백합보다) 예쁘다.

> 다. 영희는 호랑이가 (눈이) (사자보다) 무섭다.
> 라. *나는 영희가 (몸매가) (순희보다) 가냘프다.
> 라′. 영희는 (몸매가) 가냘프다.

(74가)~(74다)의 문장들이 이 문형의 예문에 해당한다. 기존의 논의들에서 심리형용사라고 했던 유형들과 평가 형용사들이 여기에 속한다. 이 문형의 특징은 '판단 주체'가 제1 명사구로서 문면에 나타난다는 것이다. 그리고 이 구문에서 판단 주체와 판단 대상의 의미 관계는 판단 주체가 판단 대상에 대하여 자신의 내부 영역으로 인식하지 않는다는 특징이 있다. 이 부분은 〈2-2〉에서 (73라)의 문장을 이루는 '간지럽다' 류의 형용사와 다른 점이다. '간지럽다'류는 감각 형용사로서 판단 주체가 자신의 내부 영역인 일부에 대하여 판단을 한다는 점에서 평가 형용사와 차이가 난다.

이 문형의 형용사들은 〈1-2〉의 구문을 이루는 형용사들과 상당수가 교집합을 이루기도 한다. 가령 '예쁘다'의 경우 특별한 판단 주체가 있어서 그의 판단 내용을 진술하는 경우 〈2-3〉의 문형을 선택하게 되고 일반적인 진술을 하는 상황에서 판단 주체의 출현이 불필요한 경우 〈1-2〉의 문형을 선택하게 되는 것이다. 그러나 이 두 문형을 이루는 형용사들이 완전히 일치하지 않는 것은 개별 형용사들의 의미 특성에 따라 객관적 상태 진술만을 허용하는 경우와 주관적 판단 진술만을 허용하는 경우가 나누어질 수 있기 때문이다. (74라)와 (74라′)은 '가냘프다'가 객관적 상태 진술만을 허용하여 〈2-3〉의 문형을 이룰 수 없고 〈1-2〉의 문형만을 구성하는 것을 보여 준다.

2-4. 【NP-는 (NP-보다) NP-에/에게 A】

이 문형에서는 필수보족어 'NP-는'이 '대상'의 의미역을 가지고 'NP-에/에게'가 '기준'의 의미역을 가지는 것으로 설명할 수 있다. 이 문형에 속하는 형용사는 '가깝다, 밝다[60], 어둡다, 좋다, 뛰어나다, 세심하다, 가득하다, 서운하다, 인색하다, 너그럽다, 이롭다, 익숙하다, 소홀하다, 용이하다, 자상하다, 만족스럽다, 알맞다, 흡족하다……' 등이 있다. 이 구문의 예문은 다음 (75)와 같다.

(75) 가. 이 일은 (저 일보다) 기적에 가깝다.
　　　나. 그는 (영희보다) 출판 일에 밝다.
　　　다. 나는 (너보다) 이 방면에 어둡다.
　　　라. 이 약은 (그 약보다) 몸에 좋다.
　　　마. 철수는 (영희보다) 계산에 뛰어나다.

이 문형을 이루는 형용사들도 〈1-2〉 구문을 이루는 형용사와 상당수가 교집합을 이룬다. 그러나 가령 '밝다', '좋다' 등이 〈1-2〉의 구문을 이룰 때에는 그 대상의 속성이나 상태를 비교적 일반적이고 객관적인 관점에서 진술하는 것이라면 〈2-4〉의 문형을 이룰 때에는 어떤 기준에 비추어 본 상태나 성질 판단의 의미를 가진다. 이 문형에서는 판단자가 문면에 나타나는 형태로는 실현되지 않아 화자와 판단자가 일치하는 문장으로 본다.

2-5. 【 NP-는 (NP-보다) NP-에서/에게서 A 】

이 문형을 이루는 형용사는 많지 않다. '멀다, 가깝다, 뛰어나다' 등

---

60) 형용사 '밝다'는 결합가가 1가인 것과 2가인 것의 두 종류가 있으며, 동사 '밝다'는 결합가가 1가로서 "날이 밝는다"와 같은 문장을 구성한다. 여기에서의 '밝다'는 2가의 결합가를 가진 형용사이다.

몇몇 형용사에서만 발견된다. 'NP-은/는'은 '대상'의 의미역을 가지고 'NP-에서/에게서'는 '비교점' 혹은 '평가 기준'의 의미를 갖는다. 예문은 (76)과 같다.

> (76) 가. 그 결과는 (기대보다) 우리 목표에서 멀다.
> 　　　나. 인천은 (대전보다) 서울에서 가깝다.
> 　　　다. 철수는 계산 기능 면에서 뛰어나다.

(76)의 예문에서 'NP-에서' 명사구가 없으면 완전한 문장이 되지 않는다.

2-6. 【NP-는 NP-보다 (NP-이) A 】

이 문형을 이루는 형용사는 '낫다, 덜하다, 못하다, 열등하다, 우수하다……' 등이다. 예문은 (77)과 같다.

> (77) 가. 형은 동생보다 (성적이) 낫다.
> 　　　나. 동생은 형보다 (체력이) 못하다.
> 　　　다. 이 책은 저 책보다 (두께가) 더 두껍다.

이 문형에서 'NP-보다'는 비교의 기준을 나타내는 보족어로서 이것이 실현되지 않으면 문장이 적격성을 잃게 되므로 필수적 보족어로 처리한다. 형태상으로는 수의적 보족어와 같은 모습을 하고 있지만 특정 형용사의 통사적 결합가에 따라 요구되는 성분이므로 필수적 보족어라고 하는 것이다. 이런 'NP-보다'는 '낫다', '덜하다'와 같은 형용사 자체에 의하여 요구되기도 하지만 '더'나 '덜' 같은 부사에 의하여 요구되기도 하므로 (77다)에서 보듯이 형용사에 'NP-보다'를 요구하는 자질이 없더라도 부사 '더'나 '덜'과 공기하면 'NP-보다'는 문장 표면에 필수적으로 나타난다. 이 경우 'NP-보다'는 형용사의 결합가에 따른 보족어가 아니라 부사의 보족어가 되는 것이므로 '두껍다'와 같은 형용사를 〈2-6〉의 구문 유형을 이루는 것으로 기술하지는 않는다.

2-7. 【 NP-는 (NP-보다) NP-와 (NP-이) A 】

이 문형을 이루는 형용사는 '어금버금하다, 비슷하다, 같다, 다르다, 멀다, 가깝다……' 등이다. 예문은 (78)과 같다.

> (78) 가. 철수는 (영수보다) 영희와 (실력이) 어금버금하다.
> 나. 진달래는 (달래보다) 철쭉과 (꽃모양이) 비슷하다.
> 다. 철수는 (영수보다) 영희와 (생각이) 다르다.

여기서 'NP-와/과'는 'NP-은/는'과 비교되는 '상대항'으로서 이것이 빠지면 문장이 성립되지 않으므로 필수적 보족어이다. 'NP-보다'는 'NP-와/과'로 나타난 상대항과 비교되는 항으로서 문장의 성립에 필수적이지는 않다.

이상에서 형용사 구문의 기본 문형이라 생각되는 예를 아홉 가지로 제시해 보았다. 문형이란 본래 문장의 뼈대를 보여 주는 개략적인 틀일 뿐 개별 용언의 결합가 특성을 완전히 보여 주는 것은 되지 못한다. 간단한 기술 속에서도 몇몇 형용사들이 여러 문형에 속하는 것을 보았는데 그것은 그 형용사들의 결합가 특성이 단일한 것이 아니어서 하나의 형용사가 여러 가지의 결합가를 가지는 것인 데에 연유하는 것이다.

예를 들면 '크다'의 결합가는 1가인 것이 하나, 2가인 것이 두 종류가 있어 '크다'가 이룰 수 있는 문형은 총 세 가지가 된다.

(79) ‘크다’의 문형
　　가. 1-2. 〈NP-는 (NP-보다) (NP-이) A〉
　　　　철수는 (영희보다) (키가) 크다.
　　나. 2-2. 〈NP-는 (NP-보다) NP-이 A〉
　　　　나는 (영희보다) 철수가 크다.
　　다. 2-4. 〈NP-는 (NP-보다) NP-에/에게 A〉
　　　　이 옷은 (영희보다) 철수에게 크다.

(79가)는 문형 〈1-2〉를 이루는 예로서 한 자리 서술어 ‘크다’의 예문을 보여 준다. ‘철수는’이 ‘크다’의 진술 대상인 주어, 즉 주격보족어이고 ‘키가’는 주격보족어로 나타난 진술 대상의 의미를 상세화해 주는 기능을 하는 보격보족어이다. 이 보격보족어는 수의적 보격보족어이므로 (79가)에서 ‘크다’는 1가 형용사이다. (79나)는 ‘나는’이 ‘크다’라는 진술 내용에 대한 판단의 ‘주체’로서 주어이고 ‘철수가’가 판단 ‘대상’인 보격보족어이다. 둘 다 필수보족어로서 ‘크다’가 두 자리 서술어로 나타난 것이다. (79다)에서의 ‘크다’ 역시 두 자리 서술어인데 주어인 ‘이 옷은’이 진술의 ‘대상’이 되고 ‘철수에게’는 여격보족어로서 ‘기준’이라는 의미역을 가진다.

　그런데 우리의 이론적 견지에서 보족어들은 위계를 가지고 있지 않으므로 (79)의 각 예문들에서 보족어로 나타난 명사구들은 서로 자리를 바꿀 수 있다. 즉 다음 (79′)과 같이 어순이 변화된 문장으로 나타날 수가 있는 것이다.

　　(79′) 가. 키가 철수는 크다.
　　　　　나. 철수가 나는 크다.
　　　　　다. 철수에게 이 옷은 크다.

(79′)의 각 예문들은 어순이 도치된 문장이니만큼 유표적이고 또한 중의적으로 해석되는 특징도 있다. 그러므로 이런 각각의 문장들이 실제 국어의 현실에 존재한다고 하더라도 그것은 어디까지나 기본 문형 속에 포함될 수 없는 것으로 본다. 이들 각 예들을 정밀하게 기술하고 설명하기 위해서는 변형이라는 기제를 도입할 수도 있을지 모르고 또 문형에서 기본 문형 외에 변화 문형이나 확장 문형 같은 것을 설정하여 설명할 수 있을지도 모르겠다.

단일 형태의 용언이 여러 가지의 결합가를 가지는 것은 그 용언의 의미가 단일하지 않기 때문이다. 가령 '같다'의 경우 〈2-2〉와 〈2-7〉의 구문에 동시에 속하는데, 전자의 경우에는 '같다'의 의미가 '유사'로, 후자의 경우에는 '같다'의 의미가 '동일'이나 '동등'으로 서로 다른 데에 기인하는 것이다. 그리고 '같잖다'라는 단어는 '같지 않다'의 축약으로 이루어진 단어이지만 '같다'와의 관련을 잃고 완전히 어휘화되어 새로운 단어로서의 결합가를 가진다.61) 즉 〈2-3〉의 문형을 이루는 형용사인 것이다. 이렇게 볼 때 의미가 통사적 특징을 좌우한다는 점이 다시 한 번 확인된 셈이다.

---

61) 남지순(1996)에서는 '같잖다'의 경우도 'NP-와' 명사구를 요구하는 형용사인 것으로 기술하고 있는데 이는 잘못이다. '같잖다'가 '같지 않다'의 줄임 형태인 경우라면 '같잖다'의 형태가 형용사 목록에 오를 수 없고 그 긍정형인 '같다'가 기술 대상이 되어야 한다. '같잖다'를 '같다'와 별개인 형용사로 올린 것은 이것을 이미 새로운 단어로 어휘화된 것으로 보았음을 의미하는 것인데 그렇다면 '같다'에 이끌려 보족어를 기술하여서는 안 된다.

심지어 '동(同)하다'와 같은 형태도 '같다'와 같은 유형의 형용사 부류에 속하는 것으로 기술되어 있는데 이러한 어형이 국어의 형용사 목록에 오를 수 있을 가능성은 없는 것으로 보인다. '부동(不同)하다'는 있으나 '동하다'는 어떤 사전에도 등재되어 있지 않고 실제 그러한 쓰임을 상정하기도 어렵다.

남지순(1996)에서는 이 밖에도 '열렬하다' 등의 형용사에 대해서도 'NP-와' 보족어를 요구하는 형용사인 것으로 기술하고 있는데 이 역시 우리의 직관에 위배되는 판단이다. 추측컨대 자료의 처리 과정에서 "NP-는 NP-와 열렬한 사이"와 같은 자료를 잘못 해석한 결과가 아닌가 싶다. 즉 '사이' 등의 특별한 명사에 의하여 요구되는 'NP-와'를 '열렬하다'와 같은 형용사에 의하여 요구되는 것으로 잘못 처리하였음직한 것이다.

제 5 장

결 론

1. 요약

2. 종합적 논의

3. 남는 문제

결 론

5.1. 요약

이 책에서는 국어의 형용사가 가지고 있는 여러 가지 특성을 고찰하는 데 있어서 국어의 형용사는 인구어 등 다른 언어에서의 형용사와 달리 문장의 서술어로 기능하므로 동사와 대등한 지위에 놓인다는 점을 크게 고려하여 형용사의 제 특성을 동사의 그것과 비교하는 관점에서 기술하였다.

여러 언어들에서 문장의 서술어가 될 수 있는 품사는 동사로 한정되는 경우가 많다. 국어에서도 형용사를 동사의 한 하위 범주로 보는 입장에 서면 동사가 곧 서술어라는 등식이 성립할 수 있다. 그러나 국어의 형용사는 동사의 한 하위 범주로 보기에는 여러 가지 면에서 동사와 다른 점이 많다. 그러면서도 국어의 형용사는 동사와 대등한 범주에 속하기 때문에 문장의 구성에서 핵이 되며 지배소적인 측면을 많이 가지고 있다는 특징이 있다.

2장에서는 형용사들의 내부 구조를 알아보기 위하여 형용사 형성

접미사들과 그 어기들의 성격에 대하여 살펴보았고 형용사가 어기가 되어 다른 품사류를 파생시키는 예도 살펴보았다. 빈도수가 높은 800여 형용사를 대상으로 분석한 결과 형용사를 형성하는 접미사로 석출된 것은 '-하다, -스럽다, -롭다, -답다, -겁/갑/겹/업/압다, -ㅂ다, -되다, -지다, -나다, -차다'이다. 이 중 '-하다'의 선접 어기는 한자어 어기가 고유어 어기에 비하여 압도적으로 많고 또 의존 형태소로 되어 있는 어기의 비율이 매우 높은 것으로 나타났다. 그리고 같은 '-하다' 형태의 접미사에는 동사 형성의 기능을 가지는 것과 형용사 형성의 기능을 가지는 것이 있는데,1) 형용사를 파생하는 경우와 동사를 파생하는 경우에 접미사 자체에 의미 차이가 나타날 뿐 아니라 어기의 특성도 많이 다르다. 형용사 파생 '-하다'는 정태적인 의미 특성을 지니고 있으며 어기에 특별한 의미를 덧붙이지는 않으면서 다만 형용사의 형태를 활용할 수 있는 형태로 만들어 주는 기능적인 면이 두드러진다. 이러한 점은 '-이' 접미사에 의한 형용사의 명사 파생에서 '-하다' 앞에 선행하는 어근이 어기가 되는 점과도 연관이 있다. 반면 동사 파생의 '-하다'도 동사의 형태를 확정하는 데 많이 기여하는 점은 형용사와 비슷하나 의미 면에서는 동태적인 의미가 두드러져 선행 어기의 내용에 행동성의 의미를 덧붙여 주는 경우가 많다.

활용을 한다는 점은 형용사의 가장 두드러진 특징 중의 하나로, 형용사를 확정하는 기준이 되기도 한다. 국어의 단어 범주 중 활용하는 단어는 동사와 형용사가 있는데 이 중에서 동사의 활용 양상과 형용사의 활용 양상은 달리 나타난다. 이 책에서는 형용사의 활용이 동사의 것과 다른 점을 주로 형용사의 의미 특성과 관련지어 설명하였다. '-느-'

---

1) '공부하다', '활동하다' 같은 경우의 '-하다'에 대하여 접미사가 아니라 어근이라고 보는 관점도 있다.

라는 선어말어미가 형용사 어간에 결합하는 것이 제약되는 이유를 정태적인 의미 특성과 관련지었고 형용사 어간에 결합하는 '-겠-'에서 의도의 의미보다 추량의 의미가 나타나는 이유 역시 형용사의 '비행동성'이라는 의미 특성과 관련지어 설명하였다. 이 밖에 '변화'의 의미를 전제하거나 내포하는 어미들도 형용사 어간에는 제약되는데 이것 역시 형용사의 의미 특성과 관련되는 것으로 보았다.

활용은 그동안 국어 문법의 연구에서 주로 형태·음운론적인 관점에서 연구되어 왔으나 사실 활용이라는 문법 현상은 어간과 어미의 결합 관계에서 드러나는 기능적인 측면이 더욱 본질적인 것이라 할 수도 있으므로 통사론이 다루어야 할 대상에 포함된다고 할 수도 있다. 그러므로 활용 형태만을 주목하여 그 활용상의 특징과 변이형, 교체형들에 관심을 기울여 왔던 기존의 연구 방식에서 벗어나 어간과 어미의 목록들을 조합하여 대응시켜 보고 가능하지 않은 결합형들에 작용하는 제약 기제에는 어떤 것들이 있는지를 통사·의미론적 관점에서 밝혀 보고자 하였다.

3장에서는 형용사라는 단어 부류가 가지는 의미론적인 특성과 화용론적 특성을 고찰하였다. 형용사의 의미론적 특성을 고찰하기에 앞서 무엇보다 먼저 고려되어야 할 것은 형용사가 어떤 장면에 쓰였느냐 하는 것이다. 단어의 의미란 개별적인 어휘의 특성만을 고찰하여 추출될 수 있는 것이 아니고 항상 문장 속에서의 쓰임을 고려하여 도출되는 것이고 이러한 특성은 명사와 같은 개념적인 단어류에 비하여 형용사나 동사와 같은 서술어의 경우에 더 두드러지는 특징이므로 형용사의 의미를 분석하는 데 있어서 상관적 장면과 비상관적 장면의 설정이 무엇보다 중요한 기준이 된다고 본 것이다.

형용사는 비상관적 장면에서는 다른 대상과의 관련 없이 하나의 대상의 상태나 성질, 존재 양상 등만을 표현하므로 일반적으로는 '대상'의 의미역을 지닌 명사구 하나만을 요구한다. 그러나 비상관적 감각 형용사의 경우에는 '대상'과 밀접하게 관련된 잉여적인 의미의 다른 명사구를 통사적으로 요구하므로 논리·의미상으로는 하나의 논항만을 요구하지만 통사적인 결합가는 2가인 것으로 나타나므로 2가 문형을 이루는 것으로 처리하였다. 그러나 비상관적 감각 형용사는 상관적 형용사에 속하는 감각적 평가 형용사와는 구별된다.

상관적 장면에서는 형용사가 어떤 대상이 다른 대상과의 관련 속에서 그 특성이 어떻게 파악되는지를 주된 의미 내용으로 하기 때문에, 비상관적 장면에서 한 대상의 속성을 표현하는 의미 내용을 가졌던 형용사가 상관적 장면에서는 그 대상에 대한 주체의 감각이나 정서 등 경험 내용이나 평가 등의 의미를 나타내게 되며 또 '태도 형용사'로 명명된 일군의 형용사는 어떤 대상이 다른 대상에 대하여 어떻게 대한다는 의미를 가지는 것으로 파악되었다. 분포나 비교, 지정 등의 형용사는 상관적 형용사의 하위 범주에만 속할 수 있는 형용사이다. 이러한 의미들이 성립하기 위해서는 반드시 둘 이상의 대상이 어떤 관계를 지니고 나타나야 하기 때문이다.

형용사가 기본적인 어휘 의미 면에서는 큰 차이가 없으면서도 상관적 장면과 비상관적 장면에서 이렇게 달리 나타나는 것은 형용사가 지닌 '주관적 판단성'이라는 특성 때문이다. 동사의 경우에는 어떤 주체의 행위나 동작, 사태에 대한 진술이 누구의 관점에서 보더라도 대체로 비슷할 수 있는 데 반하여 형용사의 경우에는 '성질이나 상태, 특성'이라는 것 자체가 보는 이의 관점이나 적용되는 대상에 따라서 다르게 인식될 소지가 많은 것이기 때문에 판단자가 문면에 나타나 형용사의 진술 내용이 그 판단자에 의한 것임을 밝히거나, 어떤 특정한 분야나 기준을 나타내는 명사구가 문장에 나타나 그 진술이 거기에 적용된 내용임을 밝히는 것이라고 설명할 수 있다. 이것이 형용사에 상관적 용법이 두드러지는 이유가 된다. 이 책에서는 형용사의 이러한 의미 특성을 주관적 판단성이라는 화용론적인 개념으로 설명하였다. 이 밖에 형용사가 의미 면에서 동사와 구별되는 점은 형용사는 대체로 '정도성'이라는 의미 자질을 가지고 있으므로 대부분의 형용사들이 'NP-보다'를 수의적 보족어로 취할 수 있다는 점이다.

　4장에서는 의존 문법의 개념들을 이용하여 국어 형용사의 통사론적 특징들에 대하여 논의하였다. 먼저 형용사가 문장에서 서술어로 쓰일 때, 그 통사적인 결합가 특성과 논리·의미적인 결합가 특성에 따라 어떤 명사구들을 보족어로 요구하는지를 살펴보았다. 결합가의 개념은 동사와 형용사가 공유하는 것이므로 일반적으로 서술어의 결합가란 어떤 개념인지를 살펴보고 국어의 실제 문장을 분석하거나 생성하는 데 있어서 이 개념이 어떻게 적용될 수 있는지도 고찰해 보았다.

　의존 문법에서의 결합가란 동사나 다른 어떤 문장성분이 완전한 문장이나 성분 형식을 이루기 위하여 통사·의미론적으로 필요로 하는 보족어가 올 수 있는 빈 자리의 수를 말하는데, 주로 서술어가 완전한 문장 구성을 이루기 위하여 보족어를 지배하는 특성으로 이해되었다. 즉 하나의 보족어를 지배하는 서술어는 결합가가 1가이며 둘이나 셋의 보족어를 지배하면 결합가가 2가나 3가가 된다. 결합가는 이러한 자릿수 자체를 지칭하는 개념이지만 자릿수만을 언급하는 데 그치는 것이 아니며 구체적으로 그 결합가를 가진 서술어가 지배하는 보족어의 형태와 종류에 대한 정보까지를 포함한다. 그래서 서술어의 결합가만 알면 그 서술어가 핵이 되는 문장을 정상적으로 생성시킬 수 있도록 하는 데에 결합가 기술의 목적이 있다고 할 수 있다.

따라서 이러한 결합가 개념은 이론적인 목적보다는 실용적인 목적이 강하다. 특히 모국어로서의 언어를 기술하는 데에 주안점이 있는 것이 아니라 한 언어의 결합가를 정확하게 기술하는 일은 그 언어를 외국어로 습득하고자 하는 사람들에게 많은 도움을 준다.

그런데 결합가의 기술이 단순하지 않은 이유는 하나의 형태를 가진 서술어(국어의 경우 동사나 형용사)가 단 하나의 결합가만을 가지는 것이 아니라 둘이나 셋 또는 더 많은 수의 결합가를 가지기도 한다는 점에 있다. 하나의 형태를 가지는 단어를 반드시 한 어휘 항목으로 볼 수 있는지 아니면 동형어로 보아야 하는지를 결정하는 문제가 이런 결합가 특성에서 나온다. 결합가는 통사적인 것이며 특히 필수보족어의 판별 기준은 통사적인 데에 두어야 하지만 하나의 형태를 가진 단어의 결합가가 둘 이상으로 나타나는 것은 대개 그 단어의 의미 특성에 기인한다. 의미가 달라지면 결합가가 다르게 나타나는 일이 많기 때문이다. 그러므로 결합가의 기술에 의미론적인 고려가 필요하고 또 다의어를 결정하는 문제도 이에 관련된다.

보족어는 서술어가 통사적으로 지배하는 명사구이기 때문에 그 명사구가 빠지면 문장이 적격성을 잃게 된다. 그런데 서술어가 논리·의미적으로 요구하고 형태상으로도 보족어와 유사해 보이지만 그 요소가 빠졌을 때 문장이 부적격해지지는 않는 보족어들이 있다. 우리는 그것을 수의적 보족어라 한다. 그리고 문장에서 서술어의 특별한 지배나 요구와 관련 없이 자유로운 위치에 나타나 시간이나 장소, 수량 등을 나타내는 수식 요소들을 상황어라 하는데, 이 상황어 중에는 순수 부사인 것도 있지만 명사구의 형태도 있어서 보족어와 형태상 구분이 어려운 경우도 있다.

국어에서 보족어의 형태는 명사구, 동사구, 문장의 세 가지가 있을 수 있는데 이 중 기본이 되는 것은 명사구이므로 명사구 보족어에 대해서만 살펴보았다. 명사구 보족어는 명사구에 조사가 결합된 형태이다. 무표보격보족어의 경우에도 조사가 없는 것이 아니라 'Ø'형이 결합되어 있는 것으로 보았다. 이 책에서 제시한 명사구 보족어는 'NP-은/는, NP-이/가, NP-Ø, NP-을/를, NP-에/에게, NP-에서/에게서, NP-(으)로, NP-와/과, NP-보다'인데 이 중에서 'NP-을/를'과 'NP-(으)로'는 형용사의 보족어로는 나타나지 않으며 'NP-Ø'는 형용사의 보족어로만 나타난다. 그리고 'NP-은/는'의 경우에는 형용사 구문에서는 무표적인 주격보족어가 되며 동사 구문에서는 유표적인 주격보족어가 된다는 특징이 있다.

국어에서 서술어는 보족어들을 그 결합가에 맞게 취하여 문장을 구성한다. 국어에서는 어떠한 문장도 서술어가 단독으로 이루는 경우는 없다고 본다. 영어나 독일어 등 인구어의 경우 이른바 비인칭 주어 구문을 이루는 동사들에 대해서는 그 동사들의 비인칭 주어 'it'나 'es' 등을 보족어로 인정하지 않기 때문에 이들 동사들을 결합가가 0가인 서술어로 규정하고 있지만 국어에서는 어떤 동사나 형용사도 아무런 보족어를 지배하지 않고 이들이 단독으로 문장을 구성하는 일은 없다고 보았다. 그래서 비록 주격보족어, 즉 주어가 없다고 판단되는 "불 이야!" 같은 문장에서도 '불'이라는 무표보격보족어가 있어서 그것이 '이다'에 지배되어 문장을 이루는 것으로 보았고 이때의 '이다'는 1가 형용사인 것으로 규정하였다. '이다'는 이렇게 특수한 구문을 만드는 특성이 있으나, 대상역과 기준역의 보족어를 주격보족어와 무표보격보족어로 하나씩 요구하는 2가 서술어로서의 특성이 더 일반적이다.

형용사의 통사적 특징 중 이 책에서 가장 관심을 많이 쏟은 부분은 형용사 구문의 주격보족어와 보격보족어 부분이다. 형용사 구문에서 무

표적이고 일반적인 주격보족어 형태는 'NP-은/는'이다. 이것은 동사의
경우 'NP-이/가' 보족어를 무표적인 보족어 형태로 가진다는 점과 대조
적인 것이다. 또한 형용사 구문에서 보격보족어는 'NP-이/가' 형태가
무표적인 형태이며 'NP-은/는' 형태는 유표적인 형태라는 점과도 대조
된다. 이러한 관점에서 그동안 이른바 주격중출 현상으로 논의되었던
여러 구문의 예들은 진정한 의미의 주격중출 현상이 아닌 것으로 보았
고 본유의 주제를 찾을 수 없는 구문들에 대해서는 "주격보족어-보격보
족어-서술어"의 구조를 지닌 것으로 보았다.

형용사의 문형은 개별 형용사들의 결합가 특성에 따라 결정되는 것
이다. 이에 따라 1가 형용사 문형 두 가지, 2가 형용사 문형 일곱 가지
를 설정하여 총 9개의 기본 문형을 제시하였다.

5.2. 종합적 논의

본 소절에서는 3장에서 제시한 형용사의 의미론적 하위 부류와 4장
에서 제시한 기본 문형들 간의 상관 관계를 논의해 본다. 즉 의미론적
분류에 따른 형용사 부류들이 어떠한 기본 문형의 틀에 적용되어 문장
을 형성할 수 있는지를 살펴보려는 것이다. 형용사는 의미론적 부류에
따라 선호하는 기본 문형이 있는 것으로 나타난다. 그러나 그 관계가
일대일의 대응 관계는 아니다. 하나의 의미 부류에 속하는 형용사라고
하더라도 둘 이상의 서로 다른 기본 문형을 이룰 수도 있고 또 여러 의
미 부류들이 한 가지의 문형을 이루는 경우도 많다.

의미 부류와 기본 문형의 대응 관계를 그림으로 제시하면 다음과 같
다.

의미 부류   기본 문형

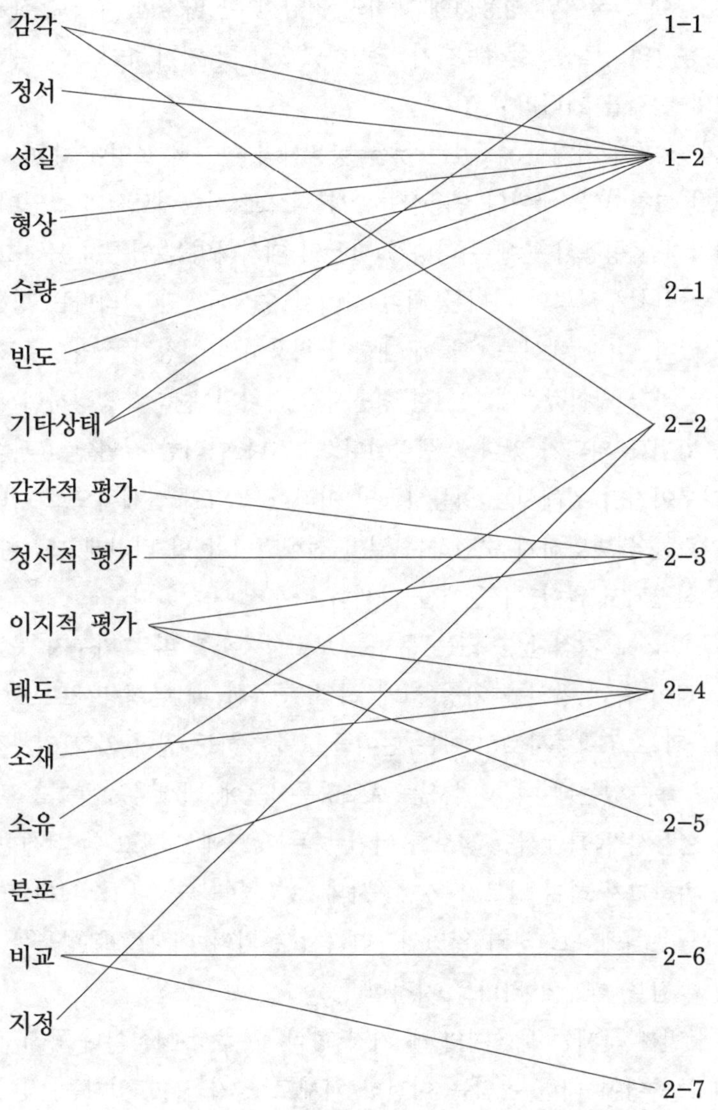

감각
정서
성질
형상
수량
빈도
기타상태
감각적 평가
정서적 평가
이지적 평가
태도
소재
소유
분포
비교
지정
1-1
1-2
2-1
2-2
2-3
2-4
2-5
2-6
2-7

5.3. 남는 문제

이상에서 국어의 형용사에 대하여 가능한 한 다양한 각도로 접근하여 형용사의 전모를 살펴보고자 노력하였으나 몇 가지 주제들이 여전히 설명의 손길을 기다리고 있다.

가장 먼저 지적할 수 있는 것은 형용사의 한정적 쓰임에 대한 더욱 상세한 고찰이다. 국어의 형용사는 기본적으로 서술어로서의 쓰임이 두드러지지만 형용사 중에는 다양한 활용의 패러다임을 이루지 못하고 관형사형이나 부사형의 어미를 취한 상태로 수식어로만 나타나는 형용사들도 있다. 이 책에서는 이들에 대하여 형용사의 한정적 쓰임으로 간단히 처리하고 넘어갔는데 이러한 형용사를 하나의 부류로 인정하여 기술하는 방법도 의의가 있다고 생각된다. 그러나 이러한 작업이 효과적으로 이루어지기 위해서는 형용사들의 이러한 쓰임이 실제적으로 나타나는 자료들을 다양하게 수집하는 일이 선행되어야 할 터인데 그러한 문제가 선결되지 않아 이 문제를 자세히 다루지 못하였다.

두 번째로 지적할 수 있는 문제는 보조형용사를 따로 다루지 못하였다는 점이다. 형용사를 가장 크게 하위 분류할 때 본형용사로 쓰이는 단어들과 보조형용사로 쓰이는 단어들을 분류하는 일이 가장 일차적이라고 할 수 있는데 이 책에서는 보조형용사들에 대해서는 부록으로 제시된 형용사 목록에서만 정보를 약간 주는 정도에 그치고 더 상세한 논의는 피하고자 하여 일부러 본형용사와 보조형용사를 나누어 보는 방법 자체를 논의에 고려하지 않았다. 따라서 논의의 대상을 본형용사에만 한정한 점을 한계의 하나로 지적한다.

세 번째 문제는 보족어의 세 가지 형식 중 문장 형식이나 동사구 형식의 보족어에 대한 논의는 여전히 과제로 남겨 놓고 있다는 점이다.

이 문제 역시 첫 번째 문제와 마찬가지로 실제 형용사 구문 자료를 다양하게 수집하는 일이 선행되어야 한다고 판단하여 제외하였던 것이다.

이 밖에도 기본 문형들만을 제시하고 문장들 사이의 변형 관계에 대해서는 관심을 기울이지 않았다는 점을 지적할 수 있다. 각 문형은 유형별로 대응될 수 있는 문장의 구조가 있지만 우리는 문장이 아무런 의미 변화 없이 다른 구문 유형으로 나타나지는 않는다는 생각을 기본적으로 가지고 있으므로 변형이라는 것을 인정하지 않았고 따라서 대응되는 문형들을 기술하는 방법을 선택하지 않았다.

그리고 국어의 문장에서 기본 문형이 보다 잘 기술되고 확립되기 위해서는 개별 용언들의 결합가에 대한 상세한 고찰이 뒷받침될 필요가 있는데 그런 개별적인 작업들을 정밀하게 수행하지 못했다. 이런 모든 문제들에 논의가 부족하였던 것을 아쉬워하며 훗날의 연구 과제로 남겨둔다.

참고 문헌

강명윤(1992), 한국어 통사론의 제문제, 한신문화사.
강명윤(1995), "주격 보어에 관한 소고", 생성문법연구 5.2, 한국문화사.
강명윤(1996), "이중주격어 구문에 대한 최소주의적 접근", 한국어학 4, 한국어학회.
강복수(1962), "문장의 개념 -언어 연구 대상으로서의 고찰-", 논문집 5(청구대학).
강은국(1993), 조선어 문형연구, 서광학술자료사.
고광주(1994), "국어의 논항구조와 국어사적 의미", 한국어문교육 7, 고려대 국어교육
　　　　　학회.
고광주(1995), "예외적 격표시 구성에서의 격교체", 우산 이인섭 교수 화갑 기념 논문
　　　　　집, 태학사.
고동혁(1992), 조선어문형개론, 사회과학출판사.(한국 문화사 영인)
고신숙(1987), 조선어리론문법(품사론), 과학, 백과사전출판사.
고영근(1970), "국어의 문형 연구 시론", 언어교육 1-2.
고영근(1973), "현대국어의 접미사에 대한 구조적 연구(III)", 어학연구 9-1.(고영근
　　　　　(1989)에 수록)
고영근(1981/1987), 중세국어의 시상과 서법, 탑출판사.
고영근(1989), 국어형태론 연구, 서울대학교 출판부.
고영근(1993), 우리말의 총체 서술과 문법 체계(보정판), 일지사.
고영근(1995), 최현배의 학문과 사상, 집문당.
고영근(1997), 표준 중세국어 문법론(개정판), 집문당.
고영근(1998), 중세국어의 시상과 서법(보정판), 탑출판사.
고창수(1987), "후치사 재고", 고대 어문논집 27.
구연미(1994), "임의 성분의 유형과 일치 현상", 한글 223.

권순희(1993), "심리용언의 인칭제약에 대한 비판적 고찰", 국어교육연구 55.

권은경(1993), "'-이다'고", 용운언어 3.(대전대)

권재일(1985), 국어의 복합문 구성 연구, 집문당.

권재일(1994), 한국어 문법의 연구, 서광학술자료사.

김경욱(1986), 독일어 Valenz 문법, 청록출판사.

김기혁(1993), "국어 선어말어미와 종결어미의 연속성", 한글 221.

김기혁(1995), 국어 문법 연구 – 형태·통어론 –, 박이정.

김남탁(1996), "성상형용사 구문의 구조 변천 – '좋다' 구문을 중심으로 –", 어문논총
　　　　30.(경북대)

김동식(1993), 현대국어 동사의 통사적 특성에 관한 연구, 서울대 박사 학위 논문.

김동찬(1992), "체언과 결합하여 쓰이는 ≪이다≫의 본질에 대하여", 조선어문 88.

김두봉(1922), 깁더 조선말본, 역대문법대계 1-23, 탑출판사.

김미형(1989), "형용사의 의미 유형과 구문의 차이", 제효 이용주 박사 회갑 기념 논문
　　　　집, 한샘.

김미형(1990), "생략과 정보구조", 자하어문논집 6·7.

김민수(1970), "국어의 격에 대하여", 국어국문학 49·50.

김민수(1981), 국어의미론, 일조각.

김민수(1994), "'이다' 처리의 논쟁사 –학교문법 통일안을 중심으로–", 주시경 학보 13.

김병홍(1996), 움직씨와 월성분, 우전 김형주 선생 회갑 기념 논총 간행 위원회, (우전
　　　　김형주 선생 회갑 기념 논총) 국어학 연구의 오솔길, 세종문화사.

김성규(1987), 어휘소 설정과 음운 현상, 국어연구 77.

김세중(1989), "국어 심리형용사문의 몇가지 문제", 어학연구 25-1.

김세중(1994), 국어 심리술어의 어휘의미구조, 서울대 박사 학위 논문.

김승곤(1986), 한국어 통어론, 아세아문화사.

김승곤(1996), 현대 나라 말본 형태론(고치고 기움판), 박이정.

김양식(1994), "상에 의한 한국어 동사의 분류", 언어학 논집 5.

김영욱(1997), 문법 형태의 연구 방법: 중세국어를 중심으로, 박이정.

김영희(1980), "정태적 상황과 겹주어 구문", 한글 169.

김영희(1974), "한국어의 「주관동사」에 대하여", 연세어문학 7.

김영희(1977), "단언서술어의 통사현상", 말 2.

김영희(1980), "평가구문의 통사론적 연구", 한국학논집 7.

김일웅(1984), "우리말 격 설정의 한 가능성", 새결 박태권 선생 회갑 기념 논총.

김일웅(1984), "풀이말의 결합가와 격", 한글 186.

김일웅(1986), "생략의 유형", 국어학 신연구, 탑출판사.

김일웅(1987), "월의 분류와 특징 –생성 과정과 관련하여–", 한글 198.

김정남(1991), 동사와 문장 구조의 관련성에 관한 연구, 국어연구 102.

김정남(1993), "주체 높임법과 관련한 이중 주어 구문의 문제", 국어학논집 1.

김정대(1990), "'-아, -게, -지, -고'가 명사구 보문소인 몇 가지 증거", 주시경학보 5.

김정호(1962), "생략(省略)에 대하여", 한글 130.

김정환(1994), 현대 국어의 서술절 내포문 연구, 경희대 교육대학원 석사 학위 논문.

김창섭(1981), 현대국어의 복합동사 연구, 국어연구 47.

김창섭(1984), "형용사파생 접미사들의 기능과 의미", 진단학보 58.

김창섭(1985), "시각 형용사의 어휘론", 관악어문연구 10.

김창섭(1994), 국어의 단어 형성과 단어구조, 서울대 박사 학위 논문.

김흥수(1986), "국어의 감각경험 표현에 대하여", 국어학신연구, 탑출판사.

김흥수(1989), 현대 국어 심리동사 구문 연구, 탑출판사.

김흥수(1990), "심리동사", 국어연구 어디까지 왔나, 동아출판사.

김희수(1993), 형용사 파생 접미사 '-답-', '-롭-', '-스럽-'에 대한 연구, 서강대 교육대
  학원 석사 학위 논문.

나진석(1971), 우리말의 때매김 연구, 과학사.

나찬연(1993), "우리말 이음에서의 삭제와 생략 현상", 우리말연구 3.

남기심(1965), "주어와 주제어", 국어생활 3.

남기심(1968), "그림씨를 풀이말로 하는 문장의 몇 가지 특질", 한글 142.

남기심(1969), 문형 'N₁-이 N₂-이다'의 변형분석적 연구, 계명논총 5.

남기심(1973/1986), 국어 완형 보문법 연구, 탑출판사.

남기심(1986가), "'서술절'의 설정은 타당한가?", 국어학 신연구, 탑출판사.

남기심(1986나), "'이다' 구문의 통사적 분석", 한불연구 7.

남기심(1989), "화자의 시점 옮기기와 문법", 제효 이용주 박사 회갑 기념 논문집, 한

샘.

남기심(1996), 국어문법의 탐구 I, 태학사.

남기심·고영근(1993), 표준 국어문법론(개정판), 탑출판사.

남윤진(1993), "비교와 비유", 국어사 자료와 국어학의 연구(안병희 선생 회갑 기념 논총), 문학과 지성사.

남지순(1993), "한국어 형용사 구문의 통사적 분류를 위하여 1 –심리 형용사 구문", 어학연구 29-1.

노은희(1994), "담화에서의 생략에 대한 비판적 고찰", 선청어문 22.

류목상(1969), "국어의 문장구성 단위에 대한 고찰", 중대 논문집 14.

리기만(1990), "조선어 주어의 특성", 조선어문 80.

마르띤 프로스트(1981), "조사생략 문제에 관하여", 한글 171.

민현식(1993), "성분론의 문제점에 대하여", 선청어문 21.

박병수(1974), *Complement Structures in Korean*, 백합출판사.

박순함(1970), "'격문법'에 입각한 국어의 '겹주어'에 대한 고찰", 어학연구 6-2.

박승빈(1935), 조선어학, 한국역대문법대계 1-50, 탑출판사.

박승윤(1983), "생략에서의 동일성 조건", 언어 8-1.

박승윤(1990), 기능문법론, 한신문화사.

박양규(1980), "주어의 생략에 대하여", 국어학 9.

박영순(1986), "고교 문법에서의 보어와 보문 처리 문제", 국어학 신연구, 탑출판사.

박정란(1994), 판단 동사 구문의 어순 재배치 연구, 서강대 석사 학위 논문.

박정섭(1992), "중주어와 중목적어", 생성문법연구 2.2, 한국문화사.

박진호(1994), 통사적 결합 관계와 논항 구조, 서울대 석사 학위 논문.

박치원(1994), "'NP$_1$-이 NP$_2$-가 P-다' 구문의 통사론적 고찰", 언어학논집 5.

배현숙(1989), '싫다' 구문의 의미 분석, 고려대 석사 학위 논문.

백춘범(1992), 단어결합과 어울림연구, 사회과학출판사.(한국 문화사 영인)

서정목(1991), "한국어 동사구의 특성과 엑스-바 이론", 국어학의 새로운 인식과 전망, 민음사.

서정목(1993), "계사구문과 그 부정문의 통사구조에 대하여", 국어사 자료와 국어학의 연구(안병희 선생 회갑 기념 논총), 문학과지성사.

서정수(1968), "국어의 기본구문과 명사구절의 생성문법적 분석", 어학연구 4-2.

서정수(1971), "국어의 이중 주어 문제 -변형생성 문법적 분석- ", 국어국문학 52.

서정수(1977), "'겠'에 관하여", 말 2.

서정수(1991), 현대 한국어 문법 연구의 개관, 한국문화사.

선우용(1994), 국어 조사 '이/가', '을/를'에 대한 연구, 국어연구 124.

성기철(1985), "국어의 주제 문제", 한글 188.

성광수(1973), "국어 주어 및 목적어 중출현상에 대하여", 문법연구 1.

성광수(1974), "국어 보어 설정에 대한 재고", 국어국문학 64.

성기철(1984), "현대국어 주체대우 연구", 한글 184.

성낙수(1987), "이른바 도움그림씨 '싶다'의 연구", 한글 196.

손남익(1995), 국어 부사 연구, 박이정.

손호민(1980), "Theme-Prominence in Korean", *Korean Linguistics* 2, ICKL.

송병학(1987), "영형 주어", 언어 7.(충남대 어학연구소)

송석중(1993), 한국어 문법의 새 조명, 지식산업사.

송철의(1992), 국어의 파생어 형성 연구, 태학사.

송철의(1995), "'-었-'과 형태론", 국어사와 차자표기(소곡 남풍현 선생 회갑 기념 논총), 태학사.

시정곤(1993), "'이다'의 '이-'가 접사인 이유", 주시경학보 11.

신선경(1998), '있다'의 어휘 의미와 통사 구조 연구, 서울대 박사 학위 논문.

신수송(1997), "독일어의 문법적 주어기능에 관한 이론적 고찰", 어학연구 33-1.

신연주(1988), 국어 보어설정의 기준과 한계, 고려대 교육대학원 석사 학위 논문.

신현숙(1981), "'을'의 의미", 자하어문논집 1.(상명여사대 국어교육과)

심인섭(1985), "우리말의 생략 현상 연구", 부산대 교육대학원 석사 학위 논문.

심재기(1982), 국어 어휘론, 집문당.

안명철(1982), "처격 '에'의 의미", 관악어문연구 7.

안명철(1985), "보조조사 '-서'의 의미", 국어학 14.

안명철(1995), "'이'의 문법적 성격 재고찰", 국어학 25.

양명희(1990), 현대국어 동사 '하-'의 의미와 기능, 국어연구 96.

양정석(1995), 국어 동사의 의미 분석과 연결이론, 박이정.

양정호(1991), 중세 국어 파생 접미사 연구, 국어연구 105.

언어 문학 연구소 언어학 연구실(1961), 조선어 문법 1, 학우서방.

언어 문학 연구소 언어학 연구실(1963), 조선어 문법 2, 과학원출판사.

엄정호(1989), "소위 지정사 구문의 통사구조", 국어학 18.

엄정호(1990), 종결어미와 보조동사의 통합구문에 대한 연구, 성균관대 박사 학위 논문.

엄정호(1993), "'-이다'의 범주 규정", 국어국문학 110.

오미자(1994), 의존 문법에 의한 독일어와 한국어의 보충어 비교, 서울대 석사 학위 논문.

오대환(1994), 풀이씨 '있다'에 대한 연구, 연세대 석사 학위 논문.

우형식(1987), "'-(으)ㅁ, -기'의 분포와 의미기능", 말 12.

우형식(1993), "서술구조와 문장의 구조 기술", 외대 논총 11.

우형식(1994), "동사의 결합가 기술에 대한 방법론적 접근", 한글 225.

우형식(1996), 국어 타동구문 연구, 박이정.

우형식·정유진 역(1998), 격과 결합가, 그리고 전산언어학, 한국문화사.

원대성(1985), 명사의 상적 특성에 대한 연구, 서울대 석사 학위 논문.

유동석(1984), 양태 조사의 통보 기능에 관한 연구, 국어연구 60.

유동석(1990), "조사생략", 국어연구 어디까지 왔나, 동아출판사.

유동석(1993), 국어의 매개변인 문법, 서울대 박사 학위 논문.

유현경(1997), 국어 형용사 연구, 연세대 박사 학위 논문.

윤우열(1992), "'무주어문'과 인칭", 인문학연구 19.(중앙대)

윤평현(1994), "국어의 보어에 대하여(1) -학교문법 체계를 중심으로-", 어문논총 14·15.(전남대)

이관규(1992가), "격의 종류와 특성", 국어학 연구 백년사, 일조각.

이관규(1992나), "서술어와 서술관계", 주시경학보 10.

이관규(1993), "기본문형의 몇 가지 문제", 우리어문연구 6·7, 우리어문연구회, 국학자료원.

이관규(1995), "국어의 문장 분석 방법", 우산 이인섭 교수 화갑 기념 논문집, 태학사.

이광숙(1990), "독어 교육에서 의존 문법의 응용 가능성", 독일문학 44.

이광호(1988), "국어의 '목적어-주어 동지표문' 연구", 국어학 18.

이근영(1987), "국어 문형 분류에 대한 고찰", 건국 어문학 11·12.

이기갑(1987), "의도 구문의 인칭 제약", 한글 196.

이기동(1981), "조사 '에'와 '에서'의 기본 의미", 한글 173·174.

이기동(1995), 영어 동사의 의미(上)(下), 한국문화사.

이남순(1981), 현대국어의 시제와 상에 대한 연구, 국어연구 46.

이남순(1985), "주격중출문의 통사구조", 국어국문학 93.

이남순(1988), 국어의 부정격과 격표지 생략, 탑출판사.

이병걸(1969), "독일어의 품사 분류고", 서울대교양과정부 논문집 1.

이병우(1971), "독일어 문장의 기본 구조와 변형의 다양성", 문경 28·29.

이병찬(1984), "보족어와 첨가어 설정의 문제점", 독일문학 34.

이병찬 외(1990), 의존 문법의 이론과 실제, 세기문화사.

이상억(1970), "국어의 사동·피동 구문 연구", 국어연구 26.

이상억·김영석(1993), 현대 형태론, 학연사.

이수련(1993), "판단풀이씨의 의미·통어적 기능", 우리말 연구 3.

이숭녕(1969), "주격 중출의 문장 구조에 대하여", 어문학 20.

이승욱(1939), "주어의 통사에 관한 소고", 국문학논집 3.(현대국어문법 수록)

이승재(1994), "'-이-'의 삭제와 생략", 주시경학보 13.

이영경(1992), 17세기 국어의 종결어미에 대한 연구, 국어연구 108.

이윤표(1994), "주어 중출 현상은 존재하는가?", 서남대 논문집 1.

이윤하(1993), "어말어미 '-(으)이'에 대하여", 국어사 자료와 국어학의 연구(안병희 선
        생 회갑 기념 논총), 문학과 지성사.

이은경(1996), 국어의 연결 어미 연구, 서울대 박사 학위 논문.

이익섭(1978), "피동성 형용사문의 통사구조", 국어학 6.

이익섭·임홍빈(1983), 국어문법론, 학연사.

이익환(1987), "이중주어 구문에 대한 분석", 말 12.

이점출(1984), "독일어 동사의 Valenz 기술과 Valenzlexika -Helbig와 Engel의 이
        론을 중심으로-", 독일문학 34.

이점출(1992), "기능동사구의 논리·의미적 표현", 인문학 연구 19(중앙대 인문과학

연구소).

이정민(1976), "Cases for Psychological Verbs in Korean", 언어 1-1.

이정민(1978), "'알다'라는 말의 분석", 마음 1, 사유회.

이지양(1982), 현대국어의 시상형태에 관한 연구, 국어연구 51.

이필영(1981), 국어의 관계 관형절에 대한 연구, 국어연구 48.

이필영(1993), 현대국어의 인용구문에 관한 연구, 서울대 박사 학위 논문.

이필영(1994), "속격 및 수량사구 구성의 격 중출에 대하여", 국어학 연구(남천 박갑수 선생 화갑 기념 논문집).

이현희(1994가), 중세국어 구문연구, 신구문화사.

이현희(1994나), "계사 '(-)이-'에 대한 통시적 고찰", 주시경학보 13.

이호승(1997), 현대국어의 상황유형 연구, 국어연구 149.

이홍식(1996), 국어 문장의 주성분 연구, 서울대 박사 학위 논문.

이희자(1994), "'-이다'와 '발화문'", 주시경학보 13.

이희자(1994), "국어의 '주제부/설명부' 구조 연구", 국어학 24.

임국진(1992), "L.Tesnière 통사체계에 있어서 상황어의 기능에 대한 고찰", 중앙 대학교 인문과학 논문집 35.

임동훈(1996), 현대 국어 경어법 어미 '-시-'에 대한 연구, 서울대 박사 학위 논문.

임동훈(1997), "이중주어문의 통사구조", 한국문화 19.

임채경(1993), "심리술어구문의 통사적 특성", 현대문법연구 3.

임홍빈(1972), 국어의 주제화 연구, 국어연구 28.

임홍빈(1974), "주격중출론을 찾아서", 문법연구 1.

임홍빈(1980), "{-겠-}과 대상성", 한글 170.

임홍빈(1985가), "{-시-}와 경험주 상정의 시점", 국어학 14.

임홍빈(1985나), "국어의 '통사적인' 공범주에 대하여", 어학연구 21-3.

임홍빈(1987가), 국어의 재귀사 연구, 신구문화사.

임홍빈(1987나), "국어의 명사구 확장 규칙에 대하여", 국어학 16.

임홍빈(1989), "통사적 파생에 대하여", 어학연구 25-1.

임홍빈·장소원(1995), 국어문법론1, 한국방송대학교 출판부.

임홍빈(1997가), "통사적 연구의 반성을 위한 몇 가지 제언", 서울대학교 인문학 연구소 학술 강연회 발표요지.

임홍빈(1997나), 북한의 문법 연구, 한국문화사.

임홍빈(1997다), "국어 굴절의 원리적 성격과 재구조화", 관악어문연구 22.

임환재(1994), "발렌츠와 텍스트 맥락", 텍스트언어학 2.

장석진(1974), "보이나 안 들리는 '너'와 '나'", 어학연구 10-2.

장석진(1985), 화용론 연구, 탑출판사.

장석진(1993), 정보기반 한국어 문법, 언어와 정보.

장영천(1985), "독일의 발렌츠 이론 연구", 부산대 인문논총 28.

전병천(1988), "현대독일어의 기본통사구조 기술 수단으로서의 발렌츠이론 및 실제", 독일문학 41.

전은주(1994), "국어 동사 결합의 공기 제약과 구성 순서", 한국어문교육 7.

정교환(1974), "국어문형고", 국어국문학 65 · 66.

정문수(1986), "한국어 심리동사의 동태성", 동양문화연구 1.

정병우(1991), 독일어 동사의 보충어와 상황어의 구분에 관한 연구, 서울대 석사 학위 논문.

정은선(1994), "이중 주어문의 고찰", 언어학 논집 4.

정인상(1980), 현대 국어의 주어에 대한 연구, 국어연구 44.

정인수(1994), 국어 형용사의 의미 연구, 영남대 박사 학위 논문.

정재윤(1982), 국어 동사 의미구조 연구, 고려대 석사 학위 논문.

정재윤(1994), "국어 형용사 소고", 국어교육 83 · 84.

정철주(1982), 현대국어의 정도부사 연구, 한국학 대학원 석사 학위 논문.

조영수(1983), "독어 바렌츠 사전에 관하여", 논문집 13.(경기대학/인문, 사회)

조일영(1995), "선어말어미 '-더-'의 양태적 의미", 우산 이인섭 교수 화갑 기념 논문집, 태학사.

조항근(1975), 국어 문장구조에 관한 통사론적 연구 -기본문형 설정을 중심으로-, 성균관대 석사 학위 논문.

주경혜(1988), 주시경의 구문도해에 대한 의미론적 연구, 고려대 석사 학위 논문.

주시경(1910), 국어문법, 한국역대문법대계 1-11, 탑출판사.

천기석(1993), "운동동사와 상태동사의 비교", 한국언어문학 31.

최규수(1993), "시점과 문형의 관계", 우리말연구 3.

최기용(1993), "한국어 지정사 구문에 대하여", 언어학 15.

최명옥(1991), "어미의 재구조화에 대하여", 김완진 선생 회갑 기념 논총 -국어학의 새로운 인식과 전망, 민음사.

최수영(1984), "주제화와 주격 조사", 어학연구 20-3.

최수영(1993), "한국어 주제/주어 조사 '는', '가'의 패러다임 -수학적 모형과 교재분석을 중심으로-", 어학연구 20-3.

최용관(1982), 동사와 선택제약 연구, 성균관대 석사 학위 논문.

최창렬 외(1986), 국어의미론, 개문사.

최현배(1937/1984), 우리말본, 정음사.

최현배(1956), "잡음씨의 세움-이론적, 사실적 및 비교언어학적 논증-", 한글 120.

탁희성(1993), "국어의 주어와 주제 고찰", 숭실어문 10.

하치근(1994), "국어 통사적 접사의 수용 범위 설정에 관한 철학적 논의", 언어와 언어교육 9.

한국어 사전 편찬실(1991), 현대 한국어 사전 편찬을 위한 한국어 자료의 선정과 그 전산적 처리에 관한 연구, 1989년도 연세대학교 학술 연구비에 의한 연구 보고서.

한동완(1988), "국어의 주어와 확대투사원리", 서강어문 6.

한영목(1992), 국어 구문도해 문법론, 한신문화사.

한영목·이금영(1994), "중주어문에 관한 연구", 언어 15.(충남대 어학연구소)

한우근(1976), "독일어 형용사 문형 연구", 성신여대 연구논문집 9.

홍사만(1995), "신문기사 교열의 사례 분석 - 오용례를 중심으로 -", 어문론총 29.(경북대)

홍재성(1985), "한국어 경쟁 구문에 대한 몇 가지 지적", 한글 187.

홍재성(1987), 현대 한국어 동사구문의 연구, 탑출판사.

홍재성 외(1997), 현대 한국어 동사 구문 사전(기초편), 두산동아.

홍재성(1998), "동사·형용사의 사전적 처리", 새국어생활 8-1.

濱之上幸, "기능문법의 관점에서 본 '-이다'", 주시경학보 13.

油谷幸利(1987), "현대 한국어의 동사 분류 -aspect를 중심으로- ", 조선학보 87.

Aijmer, K. and Altenberg, B. et al.(1991), *English Corpus Linguistics*,

Longman.

Baayen, H. & Lieber, R.(1991), "Productivity and English Derivation", *Linguistic Inquiry* 29.

Cho, Euiyon(1988), *Some Interactions of Grammar and Pragmatics in Korean*, Ph.D. dissertation, University of Illinois at Urbana-Champaign.

Chomsky, N.(1965), *Aspects of the Theory of Syntax*, The MIT Press.

Engel, U.(1982), *Syntax der deutschen Gegenwartssprache*, Schmidt.

Engel, U.(1988), *Deutsche Grammatik*, J. Groos.

Fillmore, C.(1968), *The Case for Case*, 남용우, 임선호외 역(1986), 격문법이란 무엇인가, 을유문화사.

Gaston Van der Elst(1990), *Syntaktische Analyse*, 소만섭 역(1996), 독어 문장론, 한국문화사.

Gyung-Jae Jun(1993), *Eine kontrastive Studie über die Satzbaupläne des Deutschen und des Koreanischen*, Peter Lang.

Hong, Ki-Sun(1991), *Argument Selection and Case Marking in Korean*, Ph.D. dissertation, Stanford University.

Jee-Sun, Nam(1996), *Classification Syntaxique des Constructions Adjectivales en Coréen*, John Benjamins Publishing Company.

Jürgen Kunze(1975), *Abhängigkeits-grammatik*, Akademie-Verlag.

Kuno, S.(1973), *The Structure of the Japanese Language*, MIT Press.

Kuno, S.(1987), *Functional Syntax*, The University of Chicago Press.

Larson, R.K.(1988), "On the Double Object Construction", *Linguistic Inquiry* 19.

Lee, Hong Bae(1987), "On Empty Categories in Korean", 언어 12-2.

Lyons, J.(1977), *Semantics* 1, Cambridge University Press.

Radford, A.(1988), *Transformational Grammar*, Cambridge University Press.

Rosen, S.T.(1989), *Argument Structure and Complex Predicates*, Doctoral Dissertation, Brandeis University.

Sells, P.(1985), *Lectures on Contemporary Syntactic Structures*. CSLI,

Stanford University.

Shankara Bhat, D.N.(1994), *The Adjectival Category*, John Benjamins Publishing Company.

Shibatani, M.(1976), "Relational Grammar and Korean Syntax", 어학연구 12-2.

Somers, H.L.(1987), *Valency and case in computational linguistics*, Edinburgh University Press.

Stockwell, R.P.(1977), *Foundations of Syntactic Theory*, Prentice-Hall, Inc.

Tarvainen, K.(1981), *Einführung in die Dependenzgrammatik*, 이점출 역 (1991), 의존문법개론, 한신문화사.

Tesnière, L.(1959), *Eléments de syntaxe structurale*, Paris.

Williams, E.(1980), "Predication", *Linguistic Inquiry* 11-1, MIT Press.

Yang, In-Seok(1972), *Korean Syntax*, 백합 출판사.

᠄ 부록 : 주요 형용사 목록

▪ 범 례

1. 이 형용사 목록은 연세대학교 사전편찬실에서 만든 연세 말뭉치 I(300만 마디)의 자료에서 빈도 10회 이상으로 나타나는 용언 가운데 형용사로 판단되는 것들을 가려 뽑은 것이다.
2. 괄호 속의 아라비아 숫자는 형용사의 문형을 나타내는 것이다. '-'의 앞에 위치하는 숫자는 해당 형용사의 결합가와 일치한다.
3. 형용사 부류의 명칭은 의미론적 분류 결과에 따라 붙인 것이다. 비상관적 형용사와 상관적 형용사라는 정보는 잉여적이므로 제시하지 않고 그 하위 부류의 명칭만을 적었다. 부류의 명칭은 다음과 같다.

  - ▪ 비상관적 형용사 - 정서, 감각, 성질, 형상, 색채, 빈도, 수량
  - ▪ 상관적 형용사 - 정서적 평가, 감각적 평가, 이지적 평가, 태도, 소재, 소유, 분포, 비교, 지정

가깝다(2-4) 이지적 평가, (2-7) 비교
가냘프다(1-2) 형상
가늘다(1-2) 형상
가능하다(2-3) 이지적 평가
가득하다(2-4) 분포
가볍다(1-2) 성질, (2-3) 감각적 평가
가쁘다(1-2) 감각
가상하다(2-3) 이지적 평가
가엾다(2-3) 정서적 평가
가파르다(1-2) 형상
가혹하다(2-4) 태도
각박하다(2-4) 이지적 평가
각별하다(2-4) 태도
간결하다(1-2) 성질
간곡하다(1-2) 성질, (2-4) 태도
간단하다(1-2) 성질
간절하다(2-3) 정서적 평가
간편하다(2-4) 이지적 평가
감미롭다(1-2) 성질, (2-3) 감각적 평가
값싸다(1-2) 성질
값지다(1-2) 성질
강경하다(2-4) 태도
강렬하다(1-2) 성질
강인하다(1-2) 성질
강하다(1-2) 성질, (2-4) 이지적 평가
같다(2-1) 지정, (2-7) 비교
개운하다(1-2) 감각
거대하다(1-2) 형상
거룩하다(1-2) 성질
거북하다(1-2) 감각, (2-3) 정서적 평가

거세다(1-2) 성질
거창하다(1-2) 형상
거칠다(1-2) 성질/형상
걱정스럽다(2-3) 정서적 평가
건강하다(1-2) 성질
건방지다(2-4) 태도
건실하다(1-2) 성질, (2-4) 태도
건장하다(1-2) 성질
건전하다(1-2) 성질, (2-3) 이지적 평가
건조(乾燥)하다(1-2) 성질
검다(1-2) 성질, (2-3) 감각적 평가
검푸르다(1-2) 성질, (2-3) 감각적 평가
게으르다(1-2) 성질
격렬하다(1-2) 성질, (2-4) 태도
격심하다(1-2) 성질
격하다(1-2) 성질
견고하다(1-2) 성질
견실하다(1-2) 성질
결연하다(1-2) 성질
겸손하다(1-2) 성질, (2-4) 태도
겸허하다(1-2) 성질, (2-4) 태도
겹다(2-4) 이지적 평가
경건하다(1-2) 성질, (2-4) 태도
경미하다(1-2) 기타 상태
경솔하다(1-2) 성질, (2-4) 이지적 평가
경쾌하다(2-3) 감각적 평가
고고하다(1-2) 기타 상태
고귀하다(1-2) 성질
고달프다(2-3) 정서적 평가
고독하다(1-2) 정서

고되다(2-3) 정서적 평가

고맙다(2-3) 정서적 평가

고상하다(1-2) 성질

고소하다(1-2) 성질, (2-3) 감각적 평가/정
　서적 평가

고요하다(1-2) 기타 상태

고유하다(2-4) 이지적 평가

고통스럽다(2-3) 정서적 평가

고프다(2-2) 감각

곤란하다(2-4) 이지적 평가

곧다(1-2) 성질

곱다(1-2) 형상

공공연하다(2-4) 이지적 평가

공교롭다(1-2) 성질

공연하다(1-2) 성질

공정하다(2-4) 태도

공평하다(2-4) 태도

공허하다(1-2) 기타 상태

과감하다(1-2) 성질, (2-4) 태도

과격하다(1-2) 성질, (2-4) 태도

과다하다(2-4) 이지적 평가

과도하다(2-4) 이지적 평가

과중하다(2-4) 이지적 평가

관계없다(2-3),(2-4) 이지적 평가

관대하다(1-2) 성질, (2-4) 태도

광범위하다(1-2) 성질

광범하다(1-2) 성질

광활하다(1-2) 기타 상태

괜찮다(2-3) 이지적 평가

괴롭다(2-3) 정서적 평가

광장하다(1-2) 성질

교묘하다(1-2) 기타 상태

교활하다(1-2) 성질

구수하다(2-3) 감각적 평가

구슬프다(1-2) 성질

굳건하다(1-2) 성질

굳다(1-2) 성질

굵다(1-2) 형상, (2-3) 감각적 평가

굵직하다(1-2) 형상, (2-3) 감각적 평가

궁금하다(2-3) 정서적 평가

궂다(1-2) 기타 상태

귀엽다(2-3) 정서적 평가

귀중하다(2-3) 이지적 평가

귀찮다(2-3) 정서적 평가

귀하다(2-3) 이지적 평가

균등하다(2-7) 비교

그러하다(1-2) 기타 상태

그럴듯하다(1-2) 기타 상태

그렇다(1-2) 기타 상태

그르다(2-3) 이지적 평가

그릇되다(2-3) 이지적 평가

그립다(2-3) 정서적 평가

그만이다(2-3)/(2-4) 이지적 평가

그만하다(1-2) 기타 상태

그윽하다(1-2) 기타 상태

그지없다(2-2) 지정

극렬하다(2-4) 태도

극심하다(1-2) 성질

근사하다(2-3)/(2-4) 이지적 평가

근소하다(1-2) 기타 상태

근엄하다(1-2) 성질, (2-4) 태도

급격하다(1-2) 성질

급급하다(2-4) 태도

급박하다(1-2) 성질

급속하다(1-2) 성질

급하다(1-2) 성질

기구하다(1-2) 기타 상태

기름지다(1-2) 성질

기막히다(1-2) 성질, (2-3) 정서적 평가

기묘하다(1-2) 형상, (2-3) 이지적 평가

기민하다(1-2) 성질, (2-4) 이지적 평가

기발하다(1-2) 성질

기쁘다(1-2) 성질, (2-3) 정서적 평가

기이하다(1-2) 형상

긴밀하다(2-7) 비교

긴박하다(1-2) 기타 상태

긴요하다(2-3)/(2-4) 이지적 평가

길다(1-2) 형상, (2-4) 이지적 평가

깊다(1-2) 형상

깊숙하다(1-2) 기타 상태

까다롭다(1-2) 성질

까마득하다(1-2) 기타 상태

깔끔하다(1-2) 성질

깨끗하다(1-2) 성질, (2-3) 감각적 평가

꾸준하다(2-4) 태도

꿋꿋하다(2-4) 태도

끈질기다(1-2) 성질, (2-4) 태도

끊임없다(1-2) 빈도

끔찍하다(2-3) 정서적 평가

끝없다(1-2) 기타 상태

나른하다(1-2) 감각

나쁘다(1-2) 성질, (2-4) 이지적 평가

나약하다(1-2) 성질

난감하다(2-3) 이지적 평가

난처하다(2-3) 이지적 평가

난해하다(2-3) 이지적 평가

날씬하다(1-2) 형상

날카롭다(1-2) 형상/성질, (2-4) 이지적 평가

남다르다(1-2) 성질

남짓하다(2-1) 지정

납작하다(1-2) 형상

낫다(2-6) 비교

낮다(1-2) 형상

낯설다(2-3) 이지적 평가

낯익다(2-3) 이지적 평가

냉담하다(2-4) 태도

냉정하다(2-4) 태도

냉철하다(1-2) 성질, (2-4) 태도

넉넉하다(1-2) 기타 상태

넓다(1-2) 형상

노련하다(2-4) 이지적 평가

놀랍다(2-3) 정서적 평가

농후하다(2-4) 분포

누렇다(1-2) 성질

눈물겹다(2-3) 정서적 평가

느긋하다(1-2) 성질

느리다(1-2) 성질

늙다(1-2) 형상

늠름하다(1-2) 형상

능숙하다(2-4) 이지적 평가

능하다(2-4) 이지적 평가

늦다(1-2) 형상

다급하다(1-2) 성질

다르다(2-7) 비교

다름없다(2-7) 비교

다부지다(1-2) 성질

다양하다(1-2) 형상

다정하다(2-4) 태도

다채롭다(1-2) 형상

다행스럽다(2-4) 이지적 평가

다행하다(2-4) 이지적 평가

단단하다(1-2) 성질

단순하다(1-2) 성질, 형상

단정하다(1-2) 형상

단조롭다(1-2) 성질, (2-3) 이지적 평가

단호하다(2-4) 태도

달콤하다(1-2) 성질, (2-3) 이지적 평가

담담하다(2-4) 태도

답답하다(2-3) 정서적 평가

당당하다(2-4) 태도

대견하다(2-3) 이지적 평가

대단하다(1-2) 성질

대범하다(1-2) 성질, (2-4) 태도/이지적 평가

대수롭다(2-4) 이지적 평가

더럽다(1-2) 성질, (2-3) 감각적 평가

덥다(1-2) 성질/감각

도도하다(1-2) 성질, (2-4) 태도

독실하다(2-4) 태도

독특하다(1-2) 성질

독하다(1-2) 성질

동등하다(2-7) 비교

동일하다(2-7) 비교

두껍다(1-2) 형상

두렵다(2-3) 정서적 평가

두텁다(1-2) 성질

두툼하다(1-2) 성질

드넓다(1-2) 성질

드높다(1-2) 성질

드물다(1-2) 빈도

든든하다(1-2) 정서, (2-3) 정서적 평가

듯싶다 〔-ㄴ〕 보조

듯하다 〔-ㄹ〕 보조

따갑다(1-2) 감각, (2-3) 정서적 평가

따뜻하다(1-2) 성질

따분하다(1-2)정서, (2-3) 정서적 평가

따스하다(1-2) 성질

딱딱하다(1-2) 성질, (2-3) 감각적 평가

딱하다(2-3) 정서적 평가

떠들썩하다(1-2) 기타 상태

떳떳하다(2-4) 태도

또렷하다(1-2) 성질, (2-4) 감각적 평가

똑같다(2-7) 비교

똑똑하다(1-2) 성질

뚜렷하다(1-2) 성질

뚱뚱하다(1-2) 형상

뛰어나다(2-4)/(2-5) 이지적 평가

뜨겁다(1-2) 성질, (2-3) 감각적 평가, (2-4) 이지적 평가

뜸하다(1-2) 빈도
마땅하다(2-4) 이지적 평가
막강하다(2-4) 이지적 평가
막대하다(1-2) 성질
막막하다(1-2) 기타 상태, (2-3) 정서적 평
　가
막연하다(1-2) 성질
막중하다(1-2) 성질
만만찮다(2-3) 정서적 평가
만만하다(2-3) 정서적 평가
만족스럽다(2-3) 정서적 평가
만하다(2-2) 지정, [-ㄹ] 보조
많다(2-4) 분포
맑다(1-2) 성질
맛있다(1-2) 성질, (2-3) 감각적 평가
매끄럽다(1-2) 성질, (2-3) 감각적 평가
매섭다(1-2) 성질
맵다(2-3) 감각적 평가
맹렬하다(1-2) 성질
멀다(1-2) 성질
멀쩡하다(1-2) 성질
멋있다(1-2) 성질, (2-3) 정서적 평가
멋지다(1-2) 성질, (2-3) 정서적 평가
메마르다(1-2) 성질
명랑하다(1-2) 성질
명료하다(1-2) 성질
명백하다(1-2) 성질
명쾌하다(1-2) 성질
명확하다(1-2) 성질
모질다(1-2) 성질, (2-4) 태도

모호하다(1-2) 성질
목마르다(1-2) 감각
못마땅하다(2-3) 정서적 평가
못지않다(2-1) 지정
못하다(2-6) 비교
묘하다(1-2) 성질
무겁다(1-2) 성질, (2-3) 감각적 평가
무관심하다(2-4) 태도
무관하다(2-7) 비교
무기력하다(1-2) 형상
무난하다(2-4) 이지적 평가
무덥다(1-2) 성질
무디다(1-2) 성질, (2-4) 이지적 평가
무력하다(2-4) 이지적 평가
무료하다(2-3) 정서적 평가
무리하다(2-4) 이지적 평가
무모하다(1-2) 성질, (2-4) 태도
무방하다(2-4) 이지적 평가
무분별하다(1-2) 형상
무사하다(1-2) 형상
무색하다(1-2) 형상
무섭다(1-2) 성질, (2-3) 정서적 평가,
　(2-4) 태도
무성하다(2-4) 분포
무수하다(1-2) 수량
무식하다(2-4) 이지적 평가
무심하다(2-4) 태도
무의미하다(2-4) 이지적 평가
무자비하다(1-2) 성질, (2-4) 태도
무질서하다(1-2) 형상

무책임하다(1-2) 성질, (2-4) 태도

묵직하다(2-3) 감각적 평가

문란하다(1-2) 기타 상태, (2-4) 태도

뭉클하다(1-2) 감각

미묘하다(1-2) 성질

미미하다(1-2) 수량

미세하다(1-2) 성질

미숙하다(1-2) 형상, (2-4) 이지적 평가

미안하다(2-4) 태도

미약하다(1-2) 성질

미진하다(1-2) 성질

미흡하다(2-4) 이지적 평가

민감하다(1-2) 성질, (2-4) 이지적 평가/태도

민망하다(2-4) 태도

밀접하다(2-7) 비교

믿다(2-3) 정서적 평가

바르다(1-2) 성질

바쁘다(1-2) 형상

반갑다(2-3) 정서적 평가

반듯하다(1-2) 성질, 형상

발랄하다(1-2) 성질

밝다(1-2) 성질, (2-4) 이지적 평가

방대하다(1-2) 형상

방만하다(1-2) 성질

배고프다(1-2) 감각

벅차다(1-2) 정서

번거롭다(2-3) 정서적 평가, (2-4) 이지적 평가

벌겋다(1-2) 성질

법하다[-ㄹ] 보조

변변하다(2-4) 이지적 평가

별나다(1-2) 성질

별다르다(1-2) 성질

보드랍다(1-2) 성질, (2-3) 감각적 평가

보람차다(1-2)기타 상태

부끄럽다(2-3) 정서적 평가, (2-4) 이지적 평가

부드럽다(1-2) 성질, (2-3) 감각적 평가

부럽다(2-3) 정서적 평가

부질없다(2-4) 이지적 평가

분명하다(2-2) 지정

분방하다(1-2) 기타 상태

분주하다(1-2) 성질, (2-4) 태도

분하다(1-2) 정서, (2-3) 정저석 평가

불가결하다(2-4) 이지적 평가

불가능하다(2-4) 이지적 평가

불가피하다(2-4) 이지적 평가

불규칙하다(1-2) 성질

불리하다(2-4) 이지적 평가

불분명하다(2-2) 지정

불쌍하다(2-3) 정서적 평가

불안정하다(1-2) 성질

불안하다(1-2) 정서

불우하다(1-2) 기타 상태

불충분하다(2-4) 이지적 평가

불쾌하다(2-3) 정서적 평가

불투명하다(1-2) 성질

불편하다(2-4) 이지적 평가

불필요하다(2-3)/(2-4) 이지적 평가

불합리하다(1-2) 성질, (2-4) 이지적 평가

불행하다(1-2) 정서

불확실하다(2-2) 지정

붉다(1-2) 성질

비겁하다(2-4) 태도

비슷하다(2-7) 비교

비싸다(2-6) 비교

비장하다(1-2) 정서

비정하다(1-2) 성질, (2-4) 태도

비좁다(2-4) 분포

비참하다(2-3) 정서적 평가

빈번하다(1-2) 빈도

빈약하다(1-2) 형상, (2-4) 이지적 평가

빠듯하다(2-4) 이지적 평가

빠르다(1-2) 성질, (2-4) 이지적 평가

빨갛다(1-2) 성질

빼어나다(2-4) 이지적 평가

빽빽하다(2-4) 분포

뻔뻔스럽다(1-2) 성질, (2-4) 태도

뻔하다(2-2) 지정

뼈아프다(1-2) 감각

뼈저리다(1-2) 감각

뾰족하다(1-2) 형상

뿌듯하다(1-2) 정서, (2-3) 정서적 평가

사납다(1-2) 성질, (2-4) 태도

사람답다→ 답다

사사롭다(1-2) 성질

사소하다(1-2) 성질

삭막하다(1-2) 성질

산뜻하다(1-2) 감각

산적하다(2-4) 분포

살벌하다(1-2) 성질

상관없다(2-7) 비교

상냥하다(2-4) 태도

상당하다(2-4) 비교

상세하다(2-4) 이지적 평가

상이하다(2-7) 비교

상쾌하다(1-2) 정서

새까맣다(1-2) 성질

새롭다(2-4) 이지적 평가

새삼스럽다(2-3) 이지적 평가

색다르다(2-3) 이지적 평가, (2-7) 비교

생생하다(1-2) 기타 상태, (2-3) 이지적 평
가

생소하다(2-3)/(2-4) 이지적 평가

서글프다(1-2) 정서

서늘하다(1-2) 성질

서럽다(1-2) 정서

서운하다(2-3) 정서적 평가

서툴다(2-4) 이지적 평가

선량하다(1-2) 성질, (2-4) 태도

선명하다(1-2) 성질

선하다(1-2) 성질, (2-4) 태도

섬뜩하다(2-3) 정서적 평가

섬세하다(1-2) 성질, (2-4) 이지적 평가

섭섭하다(2-3) 정서적 평가

성급하다(1-2) 성질

성기다(1-2) 형상

성숙되다(1-2) 기타 상태

성숙하다(1-2) 기타 상태

성실하다(1-2) 성질, (2-4) 태도
성싶다[-ㄹ] 보조
세다(1-2) 성질
세련되다(1-2) 형상
세밀하다(2-4) 이지적 평가
세심하다(2-4) 이지적 평가, 태도
세차다(1-2) 성질
소란하다(1-2) 기타 상태
소박하다(1-2) 성질
소용없다(2-4) 이지적 평가
소중하다(2-4) 이지적 평가
소홀하다(2-4) 이지적 평가, 태도
손쉽다(2-4) 이지적 평가
솔직하다(2-4) 태도
쇠약하다(1-2) 성질
수려하다(1-2) 성질
수많다(1-2) 수량
수상하다(2-3) 이지적 평가
수없다(1-2) 수량
수월하다(1-2) 성질
수줍다(1-2) 정서
순박하다(1-2) 성질
순수하다(1-2) 성질
순조롭다(1-2) 성질
순진하다(1-2) 성질
순탄하다(1-2) 형상
순하다(1-2) 성질
숭고하다(1-2) 성질
숱하다(1-2) 수량, (2-4) 분포
쉽다(2-3)/(2-4) 이지적 평가

스스럼없다(1-2) 기타 상태
슬기롭다(1-2) 성질
슬프다(1-2) 정서, (2-3) 정서적 평가
시급하다(2-4) 이지적 평가
시끄럽다(1-2) 성질, (2-3)감각적 평가
시다(1-2) 성질, (2-3)감각적 평가
시리다(2-2) 감각
시원하다(1-2) 성질, (2-2) 감각
신기하다(2-3) 이지적 평가
신비하다(1-2) 성질
신선하다(1-2) 기타 상태
신성하다(1-2) 성질
신속하다(1-2) 기타 상태
신중하다(2-4) 이지적 평가/태도
신통하다(1-2) 성질, (2-3) 이지적 평가
싫다(2-3) 정서적 평가
심각하다(1-2) 성질
심상하다(1-2) 성질
심심하다(1-2) 정서
심오하다(1-2) 성질
심하다(2-4) 이지적 평가/태도
싱겁다(2-3) 감각적 평가
싱그럽다(1-2) 성질
싱싱하다(1-2) 성질
싶다[-고] 보조
싸늘하다(1-2) 성질, (2-4) 태도
싸다(1-2) 성질, (2-3) 이지적 평가
쌀쌀하다(1-2) 성질, (2-3) 감각적 평가,
　(2-4) 태도
썰렁하다(1-2) 기타 상태

쓰라리다(2-2) 감각

쓸데없다(2-4) 이지적 평가

쓸쓸하다(1-2) 정서

씁쓸하다(1-2) 성질, (2-3) 감각적 평가/정서적 평가

씩씩하다(1-2) 성질

아깝다(2-3) 정서적 평가

아늑하다(2-3) 정서적 평가

아니다(2-2) 지정

아니하다[-지] 보조

아담하다(1-2) 성질

아득하다(1-2) 기타 상태

아랑곳없다(2-4) 태도

아름답다(2-3) 정서적 평가

아리송하다(2-3) 이지적 평가

아무렇다(1-2) 기타 상태

아묾다(1-2) 기타 상태

아쉽다(2-3) 정서적 평가

아프다(1-2) 감각

안녕하다(1-2) 기타 상태

안락하다(1-2) 성질, (2-3) 정서적 평가

안이하다(1-2) 기타 상태

안일하다(1-2) 성질, (2-4) 이지적 평가

안전하다(1-2) 기타 상태

안타깝다(2-3) 정서적 평가

알뜰하다(1-2) 성질

알맞다(2-4) 지정

알차다(1-2) 기타 상태

암담하다(1-2) 기타 상태

암울하다(1-2) 기타 상태

앙상하다(1-2) 형상

애매하다(1-2) 정서, 성질

애석하다(2-3) 정서적 평가

애절하다(1-2) 성질

애처롭다(2-3) 정서적 평가

애틋하다(1-2) 정서

야릇하다(1-2) 정서

야무지다(1-2) 성질

약삭빠르다(1-2) 성질, (2-4) 이지적 평가

약하다(2-4) 이지적 평가

얄팍하다(1-2) 형상

얌전하다(1-2) 성질, (2-4) 태도

양호하다(1-2) 기타 상태

얕다(1-2) 형상

어둡다(1-2) 기타 상태

어떠하다(1-2) 기타 상태

어떻다(1-2) 기타 상태

어렵다(2-3) 이지적 평가, (2-4) 이지적 평가

어리다(1-2) 기타 상태

어리석다(1-2) 성질

어색하다(2-4) 이지적 평가

어설프다(2-3) 이지적 평가, (2-4) 태도

어수선하다(1-2) 기타 상태

어엿하다(2-2) 지정

어이없다(2-3) 정서적 평가

어지럽다(1-2) 감각

억세다(1-2) 성질

억울하다(1-2) 정서

언짢다(1-2) 정서, (2-3) 정서적 평가

엄격하다(1-2) 성질, (2-4) 태도
엄밀하다(1-2) 성질
엄숙하다(1-2) 기타 상태
엄연하다(1-2) 기타 상태
엄정하다(1-2) 성질, (2-4) 이지적 평가/태
　도
엄중하다(1-2) 성질
엄청나다(1-2) 수량, (2-3) 정서적 평가
없다(1-2) 수량, (2-2) 소유, (2-4) 분포
엉뚱하다(1-2) 성질
여리다(1-2) 성질
여전하다(1-2) 기타 상태
역력하다(2-4) 이지적 평가
연약하다(1-2) 성질
열렬하다(2-4) 태도
열악하다(2-4) 이지적 평가
얇다(1-2) 성질
영락없다(2-2) 지정
영롱하다(1-2) 기타 상태
영리하다(1-2) 성질, (2-4) 이지적 평가
영원하다(1-2) 성질
예리하다(1-2) 성질, (2-4) 이지적 평가
예민하다(1-2) 성질, (2-4) 이지적 평가/태
　도
예쁘다(1-2) 성질, (2-3) 정서적 평가
오만하다(1-2) 성질, (2-4) 태도
오묘하다(1-2) 성질
온건하다(1-2) 기타 상태
온당하다(2-4) 이지적 평가
온전하다(1-2) 기타 상태

온화하다(1-2) 성질
올바르다(1-2) 기타 상태
옳다(1-2) 기타 상태
완강하다(2-4) 태도
완고하다(1-2) 성질, (2-4) 태도
완만하다(1-2) 형상
완벽하다(2-4) 이지적 평가
완전하다(1-2) 기타 상태
왕성하다(1-2) 기타 상태
외롭다(1-2) 정서
요란하다(1-2) 형상
용감하다(1-2) 성질
용이하다(2-4) 이지적 평가
우렁차다(1-2) 성질
우세하다(2-6) 비교
우수하다(1-2) 성질, (2-6) 비교
우습다(1-2) 성질, (2-3) 정서적 평가
우아하다(1-2) 성질
우연하다(1-2) 기타 상태
우울하다(1-2) 정서
울창하다(1-2) 기타 상태
웅대하다(1-2) 형상
웅장하다(1-2) 형상
원대하다(1-2) 성질
원만하다(1-2) 성질
원활하다(1-2) 성질
월등하다(2-6) 비교
웬만하다(1-2) 기타 상태
위대하다(1-2) 형상
위태롭다(1-2) 기타 상태

위험하다(1-2) 성질

유감스럽다(2-3) 정서

유능하다(2-4) 이지적 평가

유력하다(2-4) 이지적 평가

유리하다(2-4) 이지적 평가

유망하다(2-4) 이지적 평가

유명하다(1-2) 기타 상태

유별나다(1-2) 성질, (2-4) 이지적 평가

유사하다(2-7) 비교

유연하다(1-2) 성질

유용하다(2-4) 이지적 평가

유익하다(2-4) 이지적 평가

유일하다(2-4) 분포

유치하다(1-2) 성질, (2-3) 이지적 평가

유쾌하다(1-2) 정서, (2-3) 정서적 평가

유해하다(2-4) 이지적 평가

유효하다(1-2) 성질

육중하다(1-2) 성질

윤택하다(1-2) 기타 상태

은근하다(1-2) 성질

은밀하다(1-2) 기타 상태

은은하다(1-2) 성질

의아하다(2-3) 정서적 평가

의연하다(2-4) 태도

의젓하다(2-3) 이지적 평가

이다[1](1-1) 기타 상태, (2-1) 지정

이러하다(1-2) 기타 상태

이렇다(1-2) 기타 상태

이롭다(2-4) 이지적 평가

이름나다(2-4) 이지적 평가

이만하다(1-2) 기타 상태

이상하다(2-3) 이지적 평가

익숙하다(2-4) 이지적 평가

인간답다→답다

인색하다(1-2) 성질, (2-4) 태도

일정하다(1-2) 성질

있다(2-2) 소유

자그마하다(1-2) 형상

자랑스럽다(2-3) 정서적 평가

자명하다(2-2) 지정

자상하다(2-4) 태도

자세하다(1-2) 성질

자연스럽다(1-2) 성질, (2-3)/(2-4) 이지
  적 평가

자욱하다(2-4) 분포

자유롭다(1-2) 기타 상태

자유스럽다→자유롭다

작다(1-2) 형상, (2-4) 이지적 평가

잔인하다(1-2) 성질, (2-4) 태도

잔잔하다(1-2) 형상

잘다(1-2) 형상

잠잠하다(1-2) 기타 상태

잡다하다(1-2) 수량

장엄하다(1-2) 성질

재미있다(1-2) 성질, (2-3) 정서적 평가

재빠르다(1-2) 성질, (2-4) 이지적 평가

---

1) 말뭉치 자료에서는 용언으로 제시하고 있지 않아 이 목록에서 제외될 수 있었던 것
  이지만 이 책에서는 '이다'를 중요한 형용사의 하나로 보므로 목록에 넣었다.

잦다(1-2) 빈도

잽싸다(1-2) 성질

쟁쟁하다(2-4) 이지적 평가

저렴하다(1-2) 기타 상태

저명하다(1-2) 기타 상태

저조하다(1-2) 기타 상태

적나라하다(2-4) 이지적 평가

적다(1-2) 수량

적당하다(2-4) 이지적 평가

적막하다(1-2) 기타 상태

적법하다(1-2) 성질

적잖다→적다

적절하다(2-4) 이지적 평가

적정하다(2-4) 이지적 평가

적합하다(2-4) 이지적 평가

절묘하다(1-2) 성질, 형상

절박하다(1-2) 기타 상태

절실하다(2-3) 정서적 평가

젊다(1-2) 기타 상태

점잖다(1-2) 성질

정갈하다(1-2) 성질

정겹다(2-3) 정서적 평가

정교하다(1-2) 형상

정답다(2-3) 정서적 평가

정당하다(2-4) 이지적 평가

정밀하다(1-2) 성질

정의롭다(1-2) 성질

정중하다(2-4) 태도

정직하다(1-2) 성질, (2-4) 태도

정확하다(1-2) 기타 상태

조그마하다(1-2) 형상

조그맣다(1-2) 형상

조급하다(1-2) 정서

조속하다(1-2) 기타 상태

조심스럽다(2-3)/(2-4) 태도

조용하다(1-2) 기타 상태

조잡하다(1-2) 성질/형상

조촐하다(1-2) 성질

족하다(2-4) 이지적 평가

좁다(1-2) 상태

좋다(2-3) 정서적 평가, (2-4) 이지적 평가

죄송하다(2-4) 태도

줄기차다(1-2) 성질

중대하다(1-2) 성질

중요하다(2-4) 이지적 평가

즐겁다(1-2) 정서, (2-3) 정서적 평가

즐비하다(2-4) 분포

지겹다(2-3) 정서적 평가

지극하다(1-2) 성질, (2-4) 태도

지대하다(1-2) 성질

지독하다(1-2) 성질, (2-4) 태도

지루하다(2-3) 정서적 평가

지리하다(2-3) 정서적 평가

지저분하다(1-2) 기타 상태

지혜롭다(1-2) 성질, (2-4) 이지적 평가

직하다[-ㅁ] 보조

진실하다(1-2) 성질, (2-4) 태도

진지하다(2-4) 태도

진하다(1-2) 성질

질기다(1-2) 성질

질다(1-2) 기타 상태

집요하다(2-4) 태도

짙다(1-2) 성질

짜다(1-2) 성질, (2-3) 감각적 평가, (2-4) 태도

짜릿하다(2-2) 감각

짤막하다(1-2) 형상

짧다(1-2) 형상, (2-4) 이지적 평가

짭짤하다(2-3) 감각적 평가

차갑다(1-2) 성질, (2-4) 태도

차디차다(1-2) 성질

차분하다(1-2) 성질

착실하다(2-4) 태도

착잡하다(1-2) 정서

착하다(2-3) 이지적 평가

찬란하다(1-2) 기타 상태

참담하다(1-2) 정서

참답다(1-2) 성질

참되다(1-2) 성질

참신하다(1-2) 성질

참혹하다(1-2) 기타 상태

창백하다(1-2) 기타 상태

창피하다(2-4) 정서

처절하다(1-2) 정서

처참하다(1-2) 정서

천박하다(1-2) 성질

철저하다(2-4) 이지적 평가/태도

청결하다(1-2) 성질

청렴하다(1-2) 성질

청명하다(1-2) 성질

청아하다(1-2) 성질

청정하다(1-2) 성질

초라하다(1-2) 형상

초연하다(2-4) 태도

초조하다(1-2) 정서, (2-3) 정서적 평가

촉박하다(1-2) 기타 상태

총명하다(1-2) 성질

추악하다(1-2) 성질

축축하다(1-2) 기타 상태

춥다(1-2) 감각

충만하다(2-4) 분포

충분하다(2-4) 이지적 평가

충실하다(2-4) 태도

취약하다(2-4) 이지적 평가

측은하다(2-3) 정서적 평가

치밀하다(1-2) 성질, (2-4) 태도

치열하다(1-2) 성질, (2-4) 태도

친근하다(2-6)/(2-7) 비교

친숙하다(2-6)/(2-7) 비교

친절하다(2-4) 태도

친하다(2-7) 비교

침울하다(1-2) 기타 상태

침착하다(1-2) 성질

캄캄하다(1-2) 기타 상태

쾌적하다(1-2) 정서

크다(1-2) 형상

큼직하다(1-2) 형상

타당하다(2-4) 이지적 평가

탁월하다(2-4) 이지적 평가

탁하다(1-2) 성질

탄탄하다(1-2) 성질

태연하다(1-2) 성질/기타 상태

터무니없다(1-2) 성질

통쾌하다(2-3) 정서적 평가

투명하다(1-2) 성질

투철하다(2-4) 이지적 평가/태도

특별하다(2-4) 이지적 평가

특수하다(2-4) 이지적 평가

특이하다(2-4) 이지적 평가

특정하다(2-4) 이지적 평가

튼튼하다(1-2) 기타 상태

틀리다(2-7) 비교

틀림없다(2-2) 지정

판이하다(2-7) 비교

팽배하다(2-4) 푼포

팽팽하다(1-2) 기타 상태

편리하다(2-4) 이지적 평가

편안하다(1-2) 정서, (2-3) 정서적 평가

편하다(2-4) 이지적 평가

평등하다(2-7) 비교

평범하다(1-2) 성질

평온하다(1-2) 기타 상태

평화롭다(1-2) 기타 상태

포근하다(1-2) 정서/성질, (2-3) 감각적 평가

포악하다(1-2) 성질, (2-4) 태도

푸근하다(1-2) 정서

푸르다(1-2) 성질

푸짐하다(2-4) 분포

풍부하다(2-4) 분포

풍성하다(2-4) 분포

풍요하다(2-4) 분포

피곤하다(1-2) 감각

피로하다(1-2) 감각

필요하다(2-3)/(2-4) 이지적 평가

하얗다(1-2) 성질

하찮다(2-3) 이지적 평가

한가롭다(1-2) 기타 상태

한가하다(1-2) 기타 상태

한산하다(1-2) 기타 상태

한심하다(2-3) 이지적 평가

한없다(1-2) 수량

한적하다(1-2) 기타 상태

합당하다(2-3)/(2-4) 이지적 평가

해괴하다(1-2) 성질/형상

해롭다(2-4) 이지적 평가

해맑다(1-2) 성질

해박하다(1-2) 기타 상태

행복하다(1-2) 정서

향기롭다(1-2) 감각, (2-3) 감각적 평가

허다하다(2-4) 분포

허름하다(1-2) 기타 상태

허망하다(1-2) 정서

허무하다(1-2) 정서

허술하다(2-4) 이지적 평가/태도

허약하다(1-2) 성질

허전하다(1-2) 정서

허탈하다(1-2) 정서

험난하다(1-2) 성질

험하다(1-2) 정서

헛되다(1-2) 기타 상태

현격하다(1-2) 기타 상태, (2-7) 비교

현란하다(1-2) 성질

현명하다(1-2) 성질

현저하다(2-4) 이지적 평가

형편없다(1-2) 기타 상태

호되다(2-4) 태도

혹독하다(2-4) 태도

혼란하다(1-2) 기타 상태

혼잡하다(1-2) 기타 상태

홀가분하다(1-2) 정서

화려하다(1-2) 성질

화사하다(1-2) 성질

확고하다(1-2) 성질

확실하다(2-2) 지정

환하다(1-2) 기타 상태, (2-4) 이지적 평가

활달하다(1-2) 성질

활발하다(1-2) 성질

황량하다(1-2) 기타 상태

황폐하다(1-2) 기타 상태

황홀하다(1-2) 정서

후련하다(1-2) 정서

후미지다(1-2) 기타 상태

훈훈하다(1-2) 감각, (2-3) 감각적 평가

훌륭하다(1-2) 성질

흐리다(1-2) 기타 상태

흐뭇하다(2-3) 정서적 평가

찾아보기

ㄱ

-Ø- 69, 84
간접 높임법 86
간접성 68
감각적 경험 45
감탄법 74
강조 용법 65
같다 231
같이 54
객관동사 19
객관적 상태 진술 234
객관적 용법 103
객관형용사 101
-게 52
-겠- 88, 91
격틀 101, 103
견줌 그림씨 97
결합가 27, 51, 137, 141, 142
경험주 182
계기성 76, 79, 83

+고유 35
고유어 어기 40
-고자 80, 81
공범주 185, 196
공범주 주어 198
공주어 161
과정 78
+과정성 75, 78
과정성 75
과정적 77, 78, 81
관형사형 어미 83
구문 103
굴절접사 220
-기 54, 84
기능 부담량 227, 228
기본 문형 193, 206, 237, 239
기준 235
끝 15

찾아보기 283

(ㄴ)

나무 그림 169
내재적 격 224
내적 경험 102
-네 70
논리·의미적 결합가 144, 145
논항 구조 161
-느- 70, 71, 73
-느라고 83
-는 73
-ㄴ- 71

(ㄷ)

다의어 187
단발어 44
단언 서술어 119, 120
답다 230
-답다 43, 47
-답다1 47
-답다2 47
대상 120, 126, 127, 144, 192,
　　　235, 236
대치 가능성 167
동사구 176
동음 현상 55
동음어 현상 55
동태성 75, 81, 83

동태적 83
동형어 51, 187
두 자리 서술어 102, 159, 160

(ㄹ)

-려고 81
-려다 81
-롭- 45
-롭다 32, 43, 45, 46

(ㅁ)

명령형 67
명사문 216
명사파생 접미사 57
명사형 어미 83
목적 80, 83
무섭다 104
무정체언 150
무주어문 170, 209
무표적(unmarked) 선어말어미 59
무표적인 주격 196
무표적인 주어 197, 198, 199
무표지형 147
+미흡성 44

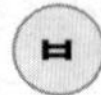

반의어 62
배타적 분포 54
배타적인 분포 54
변형 189, 239
변화 문형 239
보격보족어 192, 203
보어 16, 158, 159
보족어 13, 27, 54, 138, 139
복합형용사 24
부가어 52
부사화 53
부정격 224
분야 115
불변어 211
블로킹(blocking) 54
비과정적 31, 73
비교 형용사 98, 100
비교점 205, 206, 236
비동일 주어 제약 77
비동태적 73
비상관적 장면 106, 111, 116, 117,
　　　145, 192
비상관적 형용사 26, 105, 110
비양도적 소유 107
비인칭 주어 207
비인칭 주어문 170
비자립 형식 40
비직접성 91

비행동성 88, 91
빈도수 44

상 73
상관적 장면 106, 111, 116, 117,
　　　145
상관적 형용사 26, 105
상대항 115, 205
상태 동사 15
상태성 31
상호보족어 151
상황어 27, 52, 139, 146, 162, 163,
　　　164, 165, 207
생략 가능성 167
생산성 44, 45, 46, 57
서술격어미설 218
서술격조사 217, 218
서술어 14
서술절 174, 175, 192, 193
서술절 내포문 172
선어말어미 84, 220
-성(性) 42
성분 주제 184, 185, 207
성분절 175
Self-Controllable 90
소유 대상 204
속성 104, 117

수의적 보족어 108, 133, 146, 153,
  155, 163, 207, 229
수의적인 교체형 46
수혜자 115, 204
-스럽다 43, 44, 45, 46
심리 형용사 110
심리동사 19, 102
심리적 형용사 100
심리형용사 19, 101, 234
쓰임문 167

양태적 의미 83
양태적인 의미 82
어간형성접미사 219, 220, 221
어근성 명사 40
어기 42, 45, 57
-어라 74
어순 뒤섞기 175
어휘문법 21
어휘화 239
억 16
언 16
언표 내적 효력 120
없이 53
엇 15
AGR 87
연결어미 75, 210

영접미사 51
영파생 20, 50, 51, 52
용언화접미사 219, 221
유기감각 형용사 100
유연성의 상실 70
유정체언 150
유표적 197, 239
유표적인 주어 197, 198, 199
-(으)∅- 91
-(으)ㄴ 것 84
-(으)러 80
-(으)려고 80
-(으)려다 80
-(으)시- 85, 86, 87
-(으)이 69, 70
-음 54, 84
의도 83
의미론적 분류 113
의미역 101, 103, 107, 200
의외성 199
의존 문법 27, 137
-이 33, 52, 54
이다 15, 17, 209, 217, 218
'이다' 통합 구성 24
이형태 45
인칭 제약 127, 129, 130
인칭 제약성 123
일치 87
일치소 85
있다 65
잉여적 227

-자 75, 77
＋자립 35
자립 형식 40
자립성 39, 42
-자마자 75, 77
장소 204
전용 99
전제 231
전통 문법서 95
절대격 224
접근성 44
접미사 32, 43, 48
접사 218
접속부사 209, 210, 211, 213
정도성 131, 132
정서 104
제1 유형 117, 122, 126, 200
제2 유형 117, 123, 128, 200
존재 부정 190
존재 형용사 99, 112
존재사 16, 17
종결어미 66
주격보족어 168, 169, 192
주격중출 172
주격중출문 181
주관동사 19
주관적 용법 103
주관적 판단 45

주관적 판단 진술 234
주관적 판단성 116, 119
주관적인 판단 231
주관형용사 101
주어 208
주제 182, 192, 193, 207
주제 부각형 언어 190
주제화 183, 185
주체 120, 121, 124, 127, 144
중성동사 19
중의성 82, 185
중의적 239
지시 형용사 100
지정 112
지정 대상 204
지정 형용사 112
지정사 15, 16, 17
직설법 72
직설법 현재형 61
진술자 124, 127, 128

척도성 명사 55
청유형 67
체계문 167
추량 88, 91

찾아보기 **287**

ㅌ

타동사로 파생 50
태도 형용사 111
통사적 결합가 144, 145, 236
통사적 접사 219
통합 관계 32
튀기 이동 188
튀기 이동 189

ㅍ

파생 명사 55
파생 부사 53
파생 형용사 33
파생어 43
판단 대상 234
판단 주체 234
판단자 115, 116, 118, 121, 122,
  124, 127, 128, 131, 156,
  183, 188, 192, 197, 204, 235
판별 기준 50
평가 116, 117, 118, 197
평가 기준 204, 205, 236
평가 대상 203
평가 형용사 111, 234
품사적 양면성 20
피동사 91
피해주 182

필수적 보족어 146, 153, 155, 163,
  207

ㅎ

-하 45
-하다 32, 34, 42, 57
하지요체 68
하지체 68
한 자리 서술어 102, 160
한자어 어기 40
한정적 쓰임 215
해라체 69
해요체 68
해체 68
행동성 88
행위 78
현실법 71
형용사의 판별 기준 62
형태·음운론적 제약 46
형태론적 제약 223
형태소 경계 226
화자의 시점 옮기기 127
화제 182
확장 문형 239
활용 60
활용 패러다임 60, 64
활용의 양상 64
활용의 패러다임 209

저|자|소|개

김 정 남

부산 출생(1965)
서울대학교 인문대학 국어국문학과 졸업(1989)
서울대학교 대학원 석사·박사 과정 수료(문학박사)(1991, 1998)
서울대, 한양대, 가톨릭대, 인하대 등 강사 역임
현재 경희대학교 한국어학과 교수

【논저】

국어 형용사의 의미 구조(2001)
'만하다'의 위상 정립을 위하여(2002)
'aa-하다' 형용사의 형태·의미론적 특징(2003)
대학 작문 교육에서 텍스트 이론의 적용 가능성에 대한 검토(2004) 등

국어 형용사의 연구

인 쇄 2005년 2월 13일
발 행 2005년 2월 23일
저 자 김정남
펴낸이 이대현
편 집 이태곤 안현진 권분옥 박윤정 김보라
펴낸곳 도서출판 **역락** / 서울 성동구 성수2가 3동 301-80
    (주)지시코 별관 3층(우133-835)
전 화 3409-2058(대표) 3409-2060(편집부) FAX 3409-2059
이메일 yk3888@kornet.net / youkrack@hanmail.net
홈페이지 www.youkrack.com
등 록 1999년 4월 19일 제2-2803호

정가 15,000원
ISBN 89-5556-361-2-93710

* 잘못된 책은 교환해 드립니다.